西部民族地区电子商务品牌专业群建设研究与实践

陈 刚 莫丽梅 秦清梅 李 翔 **编著**

中国财富出版社有限公司

图书在版编目（CIP）数据

西部民族地区电子商务品牌专业群建设研究与实践 / 陈刚等编著 . — 北京：中国财富出版社有限公司 , 2022.11

ISBN 978-7-5047-7798-0

Ⅰ.①西… Ⅱ.①陈… Ⅲ.①民族地区—职业教育—电子商务—学科建设—研究—广西 Ⅳ.①F713.36

中国版本图书馆 CIP 数据核字（2022）第 202081 号

策划编辑	孟　婷	**责任编辑**	敬　东　杨白雪		**版权编辑**	李　洋
责任印制	尚立业	**责任校对**	孙丽丽		**责任发行**	董　倩

出版发行　中国财富出版社有限公司

社　　址	北京市丰台区南四环西路 188 号 5 区 20 楼　邮政编码　100070
电　　话	010 - 52227588 转 2098（发行部）　　010 - 52227588 转 321（总编室）
	010 - 52227566（24 小时读者服务）　010 - 52227588 转 305（质检部）
网　　址	http：//www.cfpress.com.cn
经　　销	新华书店
书　　号	ISBN 978-7-5047-7798-0/F・3742
开　　本	710mm×1000mm　1/16
印　　张	24
字　　数	393 千字

排　　版	宝蕾元
印　　刷	北京九州迅驰传媒文化有限公司
版　　次	2024 年 11 月第 1 版
印　　次	2024 年 11 月第 1 次印刷
定　　价	88.00 元

前　言

在当今时代，全球经济正经历着深刻的变革，数字化浪潮汹涌澎湃，电子商务作为这股浪潮中极具活力的新兴力量，已然重塑了世界的商业模式。它以跨越时空的独特优势，打破了传统交易的诸多限制，为各地区经济发展注入了全新的动力，开辟出前所未有的发展路径。

我国西部民族地区，这片广袤而神秘的土地，承载着丰富多样的自然资源、璀璨绚丽的民族文化以及淳朴真挚的人文风情。然而，不可忽视的是，长期以来，受地理位置偏远、交通不便、经济基础薄弱等诸多不利因素的桎梏，其经济发展水平相较于东部发达地区，存在着较为明显的差距。在这样的现实困境下，电子商务的蓬勃兴起，宛如一道希望之光，照亮了西部民族地区经济发展的新征程，为其实现弯道超车、跨越发展提供了绝佳契机。

正是基于这样的时代背景和地区发展需求，电子商务品牌专业群建设在西部民族地区显得尤为重要且迫在眉睫。专业群建设绝非是相关专业的简单拼凑，而是以产业链、创新链为导向，深度整合各类专业资源，使其形成一个相互协作、协同共进的有机整体。这一有机整体涉及人才培养方案的精心制订、课程体系的科学改革、师资队伍的有力建设以及实训基地的完善打造等多个关键环节，每一个环节都紧密相连、相辅相成，共同影响着专业群建设的成效。

本书聚焦于西部民族地区电子商务品牌专业群建设的研究与实践，旨在进行全面且深入的探讨，以期为该地区的相关发展提供具有针对性和可操作性的指导建议。

在西部民族地区电子商务专业群建设研究概览部分，我们将以宏观的视角，全面而细致地剖析该地区在开展此项建设时所面临的诸多机遇与挑战。深入探究当地独特的地理、文化、经济等因素如何影响着电子商务的发展，梳理出其区别于其他地区的发展需求与显著特点。这不仅有助于我们准确把握西部民族地区电子商务发展的现状，更为后续各方面的建设举措提供了坚实的现实依据。

在专业群人才培养方案方面，我们深知人才是推动电子商务发展的核心要素。因此，我们将着重围绕如何依据西部民族地区的实际情况，量身定制一套科学合理的人才培养方案。这意味着要培养出的人才既要具备扎实的电子商务专业知识，能够熟练掌握电子商务运营、营销、物流等各个环节的核心技能，又要深入了解当地丰富的民族文化，懂得如何将民族文化元素巧妙融入电子商务业务中，从而打造具有民族特色的电子商务品牌。同时，还要充分考虑到地区发展的特殊需求，使培养出的人才能够扎根西部民族地区，切实为当地经济发展贡献力量。从精准定位培养目标，到大胆创新培养模式，我们将努力为人才培养勾勒出一条清晰且切实可行的路径。

课程体系改革无疑是专业群建设的重中之重。传统的课程设置往往难以满足电子商务快速发展以及西部民族地区特殊发展的双重要求。因此，我们将深入研究如何打破常规，突破传统课程设置的局限。一方面，要积极引入最新的电子商务理论与实践成果，确保学生能够接触到行业前沿知识；另一方面，要充分融入西部民族地区的特点，挖掘西部民族地区的特色资源，构建起一套既具有地方特色又能与市场需求紧密对接的课程体系。通过这样的课程体系，让学生在扎实掌握电子商务通用技能的基础上，能够凭借对本土优势的深入理解，在未来竞争激烈的电子商务领域中独树一帜，展现出西部民族地区电子商务人才的独特魅力。

师资队伍建设是关乎专业群能否实现可持续发展的关键所在。优秀的教师队伍犹如一盏明灯，照亮学生前行的道路。在本书中，我们将深入探讨如何吸引、培养和留住一批既精通电子商务专业知识，又对西部民族地区情况了如指掌的优秀教师。通过提供多样化的培训机会、建立合理的激励机制以及加强与外界的交流合作等多种途径，全面提升师资队伍的整体素质，为专业群建设提供坚实的人才保障。只有拥有一支高素质、专业化且稳定的师资队伍，才能确保在人才培养、课程改革等方面的各项举措得以有效落实，从而推动专业群建设不断向前发展。

实训基地建设则是保障学生能够将所学理论知识有效转化为实际操作能

力的重要平台。对于西部民族地区而言，结合当地产业特色打造实训基地显得尤为重要。我们将深入研究如何依据当地的特色产业，如特色农产品、民族手工艺品等，打造出功能完备、贴近实际业务的实训基地。在实训基地中，学生能够亲身体验电子商务业务的各个流程，从产品拍摄、详情页制作到线上营销推广等，在真实的环境中积累宝贵的实践经验，提高自身的实践能力。这样的实训基地不仅能够为学生提供实践锻炼的机会，还能为当地产业发展培养出一批熟悉电子商务业务的专业人才，实现教育与产业的良性互动。

另外，通过呈现和分析一系列典型案例，我们将以最直观的方式展示西部民族地区在电子商务品牌专业群建设过程中的成功经验与宝贵教训。这些案例涵盖了不同方面的建设实践，从人才培养的创新举措到课程体系改革的有效尝试，再到实训基地建设的特色做法等。通过对这些案例的深入剖析，我们希望能够为其他地区在开展类似的电子商务品牌专业群建设时提供有益的借鉴与参考，少走弯路，提高建设效率。

编 者

2024 年 8 月 30 日

目　录

1　西部民族地区电子商务专业群建设研究概览

2　专业群人才培养方案

3 课程体系改革

4 师资队伍建设

5 实训基地建设

6 典型案例

1

西部民族地区电子商务专业群
建设研究概览

▶▶ "思政领航、标准引领、项目驱动"岗课赛证融通综合育人模式创新与实践

——以广西物资学校电子商务专业为例

一、相关背景

在 2021 年召开的全国职业教育大会上，推动岗课赛证融通综合育人，成为会议精神的亮点之一，并被视为培养高素质技术技能人才的创新育人模式。深入贯彻习近平总书记关于职业教育的重要指示，落实全国职业教育大会精神，按照《国家职业教育改革实施方案》，引导各地各校围绕立德树人根本任务，构建"三全育人"体系，深化"课程思政"建设；引导各地各校切实推进国家教学标准落地，积极探索岗课赛证融通育人模式，实现职业教育提质培优需要增值赋能。为促进职业教育高质量发展，大幅提升新时代职业教育现代化水平和服务能力，国家启动实施《职业教育提质培优行动计划（2020—2023 年）》（以下简称《计划》）对职业教育提出了明确要求：把提高质量作为重点，以服务为宗旨，以就业为导向，推进教育教学改革。《计划》进一步明确提出，要以习近平新时代中国特色社会主义思想特别是习近平总书记关于职业教育的重要论述武装头脑、指导实践、推动工作，加强职业道德、职业素养、职业行为习惯培养、职业精神、工匠精神、劳模精神等专题教育。

二、构建适应 1+X 证书制度的岗课赛证融通的双主体综合育人体系

目前，电商行业普遍存在学生实习难、就业难、学校培养复合型技术技能人才难、企业招人难等问题。《国家职业教育改革实施方案》提出要"深化复合型技术技能人才培养培训模式改革"。1+X 证书制度在专业基础能力方面和就业、创业方面为学生提供了相应的制度设计，反映了行业对

技术技能人才能力的需求。职业技能标准是根据职业标准和岗位要求开发的，反映了对应职业的工作领域、工作任务和技能要求等内容。职业技能标准通过全面梳理电商专业的职业面向、培养规格和毕业要求，将1+X制度中的职业技能等级标准与人才培养方案有效衔接，构建了适应1+X证书制度的岗课赛证融通的综合育人体系，解决了课程内容与职业标准、教学过程与生产过程相脱节的问题，该育人模式贯通学生、准员工、员工、熟练工、高素质职业技术技能人才的人才链，有利于深化复合型技术技能人才的培养。

学校电商专业岗课赛证融通综合育人模式能够取得当前的效果，得益于对"岗"的需求认知较深、较准且有代表性，对"赛"和"证"的选择具有品质保证，对"课"的改革体现了系统建构、对接融合、模块序化、学测一体等特点。推进岗课赛证融通综合育人模式有望从根本上解决电商专业长期存在的"学习难以致用""理论和实践脱节""传统教学无法满足社会需求"等问题，从而真正培养出一大批应用型、复合型、创新型的电商高素质技术技能人才。

三、构建"农商项目引领、岗课赛证融通、服务家乡振兴"的人才培养模式

服务"1"与"X"的有机衔接，校企深度融通，共同研究制订专业人才培养方案。将1+X职业等级证书培训和国际（家）技能竞赛内容纳入专业教学，实现岗课赛证融通。协同政府、行业实现政校企行四方同温共导，构建"农商项目引领、岗课赛证融通、服务家乡振兴"的人才培养模式（如图1所示），推进人才培养模式转型升级，有效提高人才培养质量。

政校企行四方协同建设"农商校中企"电商运营公司，开发以广西地方特色农产品为主的电商项目，将实际运营的真实项目作为项目方向课程。在项目方向课程学习阶段，教师、企业、学生三方根据学生意愿和能力特长，组建项目方向班，按照学徒制模式开展生产性实践教学，学生在项目方向班中拥有学生和员工的双重身份，团队教师既是教学老师也是企业师

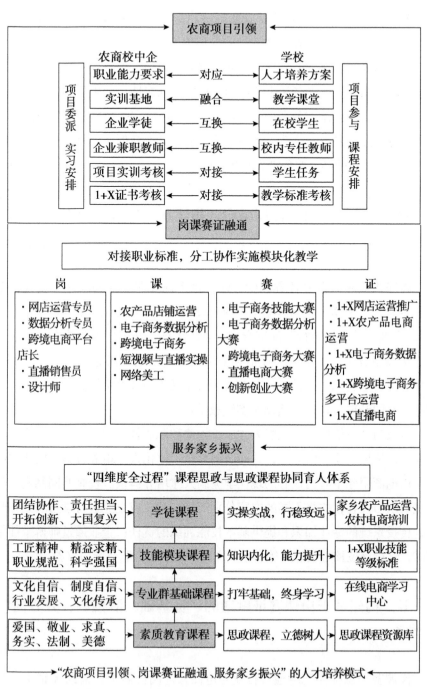

图1 "农商项目引领、岗课赛证融通、服务家乡振兴"的人才培养模式

傅。学生学业评价也分为学业成绩考核和企业实绩考核，构建了科学有效、全面全程的"学校＋企业"的双模监控评价体系。

通过师徒制项目方向的学习实践，改变以教师为中心的传统教学理念，突出学生的主体地位，提高学生学习的主动性和创造性，学生从被动学习转化为主动学习。把广西地方特色农产品融入运营项目，不仅能激发学生热爱家乡、服务家乡、振兴家乡的热情，还能有效孵化一批电商创业项目，积累创业典型案例，树立创业榜样，服务地方经济发展。

四、"政校企行"深度融合，构建双主体育人的现代学徒制人才培养体系

岗课赛证融通需要各方深度合作，要实现岗课赛证融通综合育人，单靠一家企业、一所学校的合作难以达到理想效果，本成果探索的亮点在于"破界"，实现了"政校企行"深度合作，学校主导，并与广西壮族自治区农业农村厅机关服务中心、电商行业指导委员会、广西电子商务协会、广西拼播播文化传媒有限公司、广西农小二农业科技有限公司等共同成立"校中企"，校企双方共同开展公司运营活动及实践教学。

学校与企业依据技术技能人才成长规律和职业教育规律，结合工作岗位实际需要，依据职业资格标准，共同研制校企一体化人才培养方案，校企共同构建了以电商服务中心为核心的现代学徒制人才培养体系。校企共同制定每学期学徒的学习内容，并将不同的内容分别安排在学校或企业进行学习实践。学校承担传授系统的专业知识和提供基本技能训练的责任；企业通过师傅带徒弟的形式，进行岗位核心技能训练、企业文化渗透和综合职业能力培养。

五、构建基于岗课赛证融通的"宽基础、活模块、分方向"课程体系

岗课赛证怎样实现融通？行业对电商人才岗位需求，借助 X 证书，变成了工作领域、工作任务等。而课程设置则直接瞄准了岗位需求，并通过课程

解构、重构，实现课程模块与证书技能点等一一对应。X 证书在教学目标、教学内容、教学资源、考核内容上深度融合，通过常规课程学习与考核，学生同步完成职业技能等级证书学习和考试并拿到证书。新构建的电商类专业核心课程体系，特别重视课程思政，针对电商职业岗位特点，充分挖掘思政元素融入课程标准，为教师在教学实施中实现课程思政提供了具体方案。与此同时，每年举办的全国职业院校技能大赛也成了高素养培养的"指挥棒"，充分检验电商专业的教学成果。电商专业校企联动，以行业标准为引领，对接岗位要求，共同开发以农商企业真实项目为引领的特色活页式教材，贯穿多门专业核心课程，围绕工作任务构建专业知识网，将教学内容与考证、大赛、任务有机融合，构建岗课赛证融通的模块课程和分方向个性化培养的现代学徒制课程。实现学生职业能力与社会需求无缝对接。

将数字素养、人工智能等新一代信息技术课程纳入通识课程，提高阅读写作、生活体育、文化艺术和劳动教育等素质课程数量。构建"宽基础、活模块、分方向"课程体系（如图 2 所示），做到底层基础课素质教育课程、专业群基本课程可共享，中间核心技能课专业技能模块课程可融合，高层方向项目课程（学徒课程）可选择。遵循学生学习成长规律，参照工作过程及岗位任务的逻辑组织课程。迭代完善教学标准，准确定位培养目标、教学内容和学习评价，培养适应人工智能时代要求的技术技能人才。

1. 宽基础：共建通用课程，实现电子商务专业群优质资源共享

广西物资学校（以下简称物校）专业群以电商专业为核心专业，包含跨境电商专业、直播电商服务专业、电商专业（农村电商方向）、电商专业（数据分析方向）4 个专业（方向）。物校电子商务专业群围绕农村电商产业链发展状况，进行专业群建设调研，及时把握专业群各岗位能力需求变化，及时调整专业群课程体系，构建专业群的课程体系，课程之间彼此联系，开放共享。

以学生就业需要、学生就业面广、行业中有典型意义、对形成专业人才规格有重要意义、立足中职培养人才规格、具有一定导向、突出工作过程导向、能够实现一体化教学为选择依据，选出电商专业群中有共同需求的五门课程——新零售、商品拍摄、美学、人工智能、大数据作为通用课程，通用课程由精通这些课程的专业团队负责，其他专业共享课程资源。充分利用 i 博

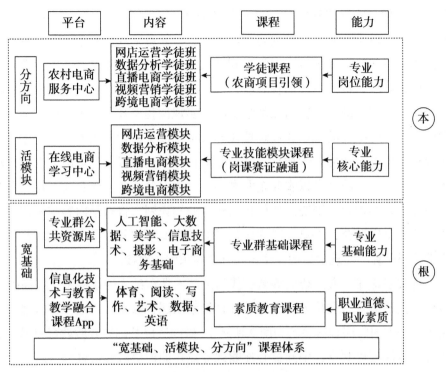

图 2 "宽基础、活模块、分方向"课程体系

导平台优化教学过程，提高教学效果，并将职业资格考试融入专业教学过程中，强调职业岗位所需知识的学习、技能的掌握和职业素养的培养。

2. 活模块：构建适应 1+X 证书制度的岗课赛证融通的模块化课程

（1）对接行业职业标准，重构"岗课赛证融通"的模块化课程内容

目前，课堂教学的案例、知识点单一，难以覆盖 1+X 职业技能等级认证和行业认证考试；授课方式和考证模式差距较大，导致考证通过率较低。通过"以岗定课、课证融合、以赛促教"构建课程标准和教学体系，即课程内容设置与电商的实际岗位能力要求相衔接，根据职业技能等级认证和行业认证的内容要求优化课程内容，根据考证内容来进行教学设计，并以考证通过率和技能竞赛方式检验教学效果。职业技能大赛成绩已经成为衡量中职教育教学质量的一个重要指标，部分中职院校实施技能大赛引领下的新型人才培养模式，存在着教学内容专门为职业技能大赛项目内容设置的纯粹技能化倾向。每届的职业技能大赛，各学校各专业一般都会挑选几个尖子生由优秀的教师长

期辅导，有时会忽视正常的日常教学。职业技能大赛如何走进课堂，没有得到有效解决。通过"以岗定课、课证融合、以赛促教"构建课程标准和教学体系，让所有学生都能公平地享受优秀教育资源。

课程是保证人才培养目标顺利实现的关键，通过开发与职业技能等级证书标准相融合的课程体系，可以实现 X 证书与现代学徒制专业课程的融合发展。岗课赛证融通——"岗"是工作岗位、"课"是课程体系、"赛"是职业技能大赛、"证"是职业技能等级证书，构建贯通学生、准员工、员工、熟练工、高素质职业技能技术人才链。其中，课程体系是融合的核心与载体。将电商专业相关职业的岗位技能标准及职业技能鉴定标准纳入电商专业课程教学体系，实现了 1+X 证书制度导向下的教学与职业的高度融合。依据职业技能等级标准要求，重构课程体系，开发涵盖 X 证书等级标准相关内容的专业课程体系。与此同时，每年校企深度合作举办的全区职业院校技能大赛以及教师专业技能比赛也成了人才培养的"指挥棒"，充分检验各校电商专业的教学成果。岗课赛证融通的模块化课程内容，如图 3 所示。

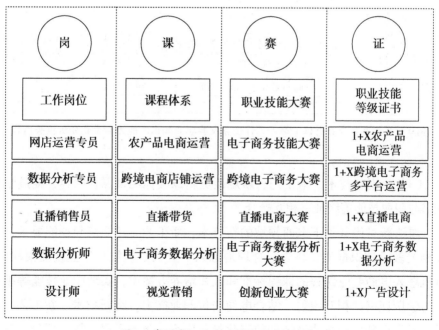

图 3　岗课赛证融通的模块化课程内容

（2）围绕职业岗位任务，开发符合职业技能等级标准要求的课程标准

靶准"三标"，明确新时代背景下专业岗位群的知识目标、能力目标和素养目标。以问卷调查和实地走访等方式对往届毕业生、电商行业和企业充分开展调研，形成《电子商务专业岗位职业能力调研报告》，明确电商在新时代背景下岗位群的职业岗位要求和典型工作任务，深入分析国家《电子商务专业教学标准》、1+X 职业能力评价标准、电商行业最新规范标准，靶准这"三标"中的知识、能力和素养要求，对照工作任务一一分解，完成电子商务专业岗位（群）工作任务及其职业知识、能力和素养分析报告内容（如图 4 所示）。

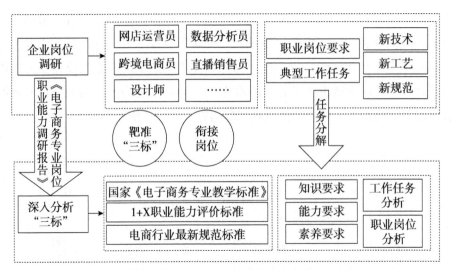

图 4　电子商务专业岗位（群）工作任务及其职业知识、能力和素养分析报告内容

（3）依据新技术、新工艺、新规范更新课程标准及课程内容，促进学历证书与职业技能等级证书相互融合

厘清新时代背景下电商领域的新技术、新工艺、新规范和技能要求，形成相关教学知识框架，科学、合理地融入专业核心模块和专业技能模块中，有机融入电商专业课程的课程标准和人才培养方案中，实现职业技能等级证书与学历证书的相互映射。结合电商岗位职业能力，将新技术、新工艺、新规范科学合理地转化成系统的数字化教学内容、教学手段、教学评价，三者

全过程、全要素、全参与，有机融入电子商务专业课程的课程标准和课程内容。完成专业课程体系的信息化、在线化、智能化转型，实现职业技能等级证书与学历证书的相互映射，促进技术技能人才培养培训模式和评价模式改革，增强人才就业竞争力。

3. 分方向：构建分方向个性化培养的现代学徒制课程

学生在第 4 学期通过技能确定自身学习的专项技能方向。电商专业通过职业岗位划分，分为五个方向学徒班，即农产品电商运营学徒班、跨境电商学徒班、直播电商学徒班、数据分析学徒班、视觉营销学徒班，并引入与之相对应的企业真实实践项目或成立订单班，对与之配套的方向课程进行专项技能培养，并到与技能方向对口的企业进行跟岗，真正做到与职业岗位无缝链接（如图 5 所示）。

方向学徒班	实践项目	方向课程	职业技能证书
农产品电商运营学徒班	淘宝店铺运营	网店运营管理	1+X网店运营推广
跨境电商学徒班	跨境电商定单	跨境电商运营	1+X跨境电子商务多平台运营
直播电商学徒班	与MCN机构合作，打造网红主播	直播带货实操	1+X直播电商
数据分析学徒班	店铺数据分析	数据分析应用	1+X电子商务数据分析
视觉营销学徒班	店铺装修设计	网店美工	1+X广告设计

图 5　构建分方向个性化培养的现代学徒制课程

六、全面推进课程思政，实现思想政治教育与技术技能培养融合统一

职业素养的核心是工匠精神和创新创业精神，现行职业教育没有将职业素养教育列入职业教育的重要内容；职业素养教育缺少课程化建设，缺少专

门的教材、教师、评价和教学。电商专业从教师、评价、教材和课堂四个维度去研究学生的职业素养，并将此体现在教学中，贯穿育人的全过程。建立"课程思政"联动机制，执行集体备课制度，思政教育专家、企业导师和专任教师共同挖掘以"鲁班精神""工匠精神"为核心的职业素养和以"严谨求实""精益求精"为核心的科学精神等德育因素和德育内涵，梳理各门专业课程所蕴含的思想政治教育元素和所承载的思想政治教育功能，融入课堂教学各环节，贯穿于专业技能知识的传授，实现全员育人。

以"店铺运营"课程思政为例

店铺运营课程是电商专业的核心课程，也是物校电商专业的品牌课程，从 2008 年开设至今历经多次课改，2016 年开始融入思政内容，进行三层进阶思政价值导向，即热爱家乡、乐于服务家乡、能为家乡振兴贡献。该课程在坚持正确的政治方向下，筛选导向正确的素材，植入思政元素，通过各类素材，讲好中国农村电商故事，展示中国农村电商魅力，增强四个自信，根植热爱家乡的情怀。课程在多媒体数字资源中为每个任务设计了配套的"教法、学法指南"，其中，"思政融入"方案指导教师在具体任务中如何做好课程思政，并提出课程思政元素、思政融入的知识点，以及融入的方式。

"将思政融入课程中，融进每一节课里"是本次课改的一大重点。电商行业作为新兴行业，与其相关的法律法规仍在不断建设和完善中，许多商业行为处于灰色地带。对于学生年龄小、法律意识淡薄的现象，我们把相关法律法规、诚信经营等理念贯穿整个学科，并立足学科本身，从学习观、人文观、世界观、人类命运共同体、文化自觉与自信、弘扬中华优秀传统文化等诸多课程思政元素进行教学设计。"店铺运营"课程分别从不同的侧重点对每个章节进行了"课程思政"的教学设计（如表 1 所示）。

表 1　　　　　　　　　"店铺运营"课程思政的教学设计

章节	课程思政结合点	思政教学目标
项目 1 店铺开设	（1）解读《中华人民共和国电子商务法》； （2）平台规则学习	（1）灌输法律教育和责任教育； （2）树立"做有规，行有矩"的行为意识

（续表）

章节	课程思政结合点	思政教学目标
项目2 店铺管理	（1）盗用店铺图片违规侵权； （2）大学生身份证被盗用案例	（1）树立知识产权意识； （2）建立诚信经营的理念； （3）树立法律安全意识
项目3 数据营销	（1）2020年新冠疫情的健康码系统； （2）淘宝千人千面	（1）建立人类命运共同体意识； （2）消费者平等权
项目4 内容营销	（1）短视频的文化输出； （2）"巧妇九妹"扶贫助农的成长史	（1）中国的文化自信，培养爱国主义情操； （2）了解党的"两个一百年"奋斗目标，建立幸福感、感恩意识，以及互帮互助意识
项目5 客户服务	（1）3秒回复定律； （2）会员生日关怀； （3）客户沟通案例	（1）时间管理观念； （2）团队合作意识； （3）沟通技巧及文明礼仪

七、小结

总之，以课程思政育人体系领航，以电商行业标准和1+X证书标准为引领，推进岗课赛证融通综合育人模式，与企业联手创设"企业课堂"，将课堂教学从教室转移到企业第一线，企业师傅手把手进行教学指导，教学内容有针对性，保障学生学习到企业一线的先进技能，真正实现产教融合，实现学生由单纯的理论学习到岗位实践的相互融合，有效解决教、岗、赛脱节问题，实现学生职业能力与社会需求无缝对接。从而真正培养出一大批应用型、复合型、创新型的电商行业高素质技术技能人才。

▶▶ 基于"农商结合、校企共育、项目引领"的服务农村直播电商现代学徒制人才培养模式的构建

现代学徒制已成为现代职业教育人才培养模式改革的方向，广西物资学校对直播电商专业人才现代学徒制培养模式进行了深入探究。构建"学校主导 + 企业为辅"可持续的校企合作新模式；对接区域产业需求，构建"农商结合、校企共育、项目引领"的直播电商人才培养模式；建立适合直播电商人才成长的学徒运行机制；构建现代学徒直播人才培养的校企一体化课程体系；以培养优秀直播电商人才为目的，采用适应行业需求的现代学徒制教学模式；成立直播电商培训学院，对外开展培训；锤炼"亦师亦商"农商型双师成为专业师傅，打造品牌师资队伍；构建"两点一线"的直播电商人才考核评价体系。

一、职业院校现代学徒制直播电商人才的培养趋势

1. 直播电商人才缺口呈井喷式扩大

2020 年，直播电商的发展迈上新台阶，政府全面"入场"，中央及地方政府机构纷纷发文支持直播电商行业发展。2020 年，中华人民共和国人力资源和社会保障部（以下简称人社部）等部门分别发布了"全媒体运营师"等 16 个新职业和"互联网营销师"等 9 个新职业。该职业下又增设了"直播销售员"工种。毫无疑问，直播行业顺应市场经济的发展，已成为当下火爆的营销方式及热门的就业方向。

2. 现代学徒制下的直播电商人才的培养

所谓现代学徒制即通过企业与学校深度合作，教师与企业师傅联合教学，以培养学生技能为主的现代人才培养模式。该模式作为一项教改制度，起源于英国，它是将传统学徒理念与现代职业教育理论相结合的教学模式，能满足当前职业教育发展的需要。激发企业的参与度是保障该模式顺利实施

的关键，这一点已经在德国双元制的成功经验中得到验证。现代学徒制的实施极大地调动了企业的参与度，也能提高职业院校专业学生的对口就业率，较大程度缓解了因企业对专业技术人员的需求与人才市场的匮乏所产生的问题。

现代学徒制通过校企共育人才，深化校企合作，促进产教融合，共同完善教学资源，达到提高学生专业技能以符合企业需求的目的。作为一种新型的现代职业教育制度，现代学徒制通过学校与企业的深入合作、岗位技能与课程教学有机融合、专业实践与企业实习来实现产教高度结合。

直播电商专业作为新兴的前沿专业，有别于其他传统专业，其专业知识与技能随着技术不断更新，始终处于快速迭代的状态。这意味着在培养直播电商人才方面，职业院校更加需要与行业紧密连接，深入企业内部，屹立在行业前沿，掌握最新的直播电商运营与网络营销方法。而适用于职业教育的现代学徒制则被认为是目前培养直播电商人才的最佳培养模式。

3. 学校成立直播电商现代学徒制班

广西物资学校积极开展校企深度融合共育人才，校企合作探索"直播带货"，培养企业急需的新技能人才，促进学校资源和社会资源优化组合。目前，学校已正式开设电子商务（直播方向）专业并与广西拼播播文化传媒有限公司达成深度合作，成立淘宝直播村播学院广西物资学校孵化基地；成立现代学徒制试点班暨"拼播播"订单班，由企业师傅亲自教授直播实践技能，让学生充分感受企业文化及工匠精神，开展直播带货实战训练。

二、现代学徒制下直播电商人才培养改革措施

1. 构建"学校主导 + 企业为辅"可持续的校企合作新模式

在试行现代学徒制的过程中，在以校企为"双主体"的协同育人模式下，由于各方的责权利存在不同，有时会出现协调不到位、学校与企业双方责权不明确等问题，导致出现"企业冷"和"学生冷"等"冷热不均"的现象，这些都是困扰现代学徒制发展的因素。只有积极主动地探索适合目前我国现阶段职业教育的校企合作模式及现代学徒制，明确校企合作的界线，才能改

变"两冷"的现状。引企业进校园的"学校主导 + 企业为辅"的合作模式被认为是可持续发展的，且是能有效破解"两冷"难题的基于现代学徒制的人才培养模式。

目前关于校企合作人才培养的模式主要有两种：一种是以企业为主，学校为辅；另一种是以学校为主，企业为辅。而不管哪种模式，都必须符合"师傅带徒弟""工学结合""工作情景"这三个现代学徒制的基本特征。在以学校为主导的模式中，学校缺少企业的真实项目和实战师傅，因此要校企合作；在以企业为主导的模式中，企业已经具备了工作的真实环境、工作团队，但又缺乏专业的教师团队和对学生的育人经验。

由于以企业为主导的模式依然存在"两冷"状况，职业教育应选择以学校为主导的校企合作模式，引进企业人才，培养理实一体的"双师型"教师；坚持以"工学结合"作为人才培养的核心，积极与企业、行业对接；注重理论与技能的综合培养，突出学生在"做中学"。为了实现现代学徒制的育人要求，学校应创设情境教学条件，以学生为主体，真正培养出符合社会需求的人才，具体可从以下几个方面努力：①在教学中创设体现工作任务的真实场景。②引进具有丰富行业经验的专家，培养真正的"双师型"教师。③将项目教学引进课堂，并适当让师生到企业进行现场教学，同时制定教师指导、学生实习相关规范要求，促进人才培养的效果和质量。

2. 对接区域产业需求，构建"农商结合、校企共育、项目引领"的直播电商人才培养模式

打破传统产教融合的格局，由学校主导、政府服务、企业辅助搭建"政校企立交桥"（如图 1 所示），以服务区域农村直播电商为中心，围绕人才培养、专业建设、课程改革、师资建设、评价改革、学生创新能力提升等多方面进行开放办学，"相加"升级为"相融"，形成以产教深度融合为主要引领和支撑的人才培养模式和发展方式，真正实现政校企三方无缝对接。大力引进区域大型直播电商培训企业、直播电商运营企业、农村电商服务企业，共同开展农产品直播电商实践教学及公司运营活动。融合政府、产业、行业、企业、乡村等多方资源共同构建直播电商教育生态圈，通过教学资源共建共享机制，实现教学有载体、流通有渠道、经营有人才。

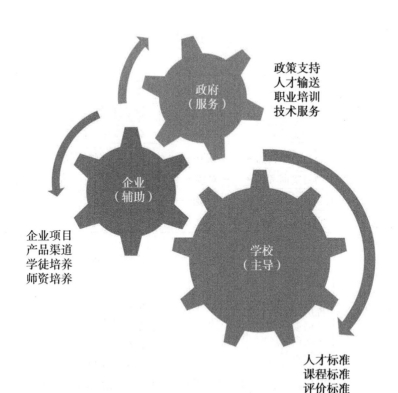

图 1　政校企立交桥

　　学校主导，并与广西电子商务协会、金桥产业园、广西电子商务职业教育教学指导委员会、广西县域电商发展促进会、广西拼播播文化传媒有限公司、广西农小二农业科技有限公司等共同成立"农商校中企"，校企双方共同开展公司运营活动及实践教学。学生进入学校后就具备了两种身份——学生和主播，"农商校中企"成为教学的主要模式，教学依托"农商校中企"开展，在"农商校中企"教学管理框架下由亦师亦商农商型双师教师利用农产品电商运营作为实训项目，指导学生依托"农商校中企"开展各类直播带货项目，完成生产性实训。学生专业课教学和生产性实训均按照"项目引领"的理念开展，采用"专业＋校中企"的产教融合教学模式。"农商结合、校企共育、项目引领"校企合作人才培养模式如图 2 所示。

　　"农商结合、校企共育、项目引领"校企合作直播人才培养模式采用的是

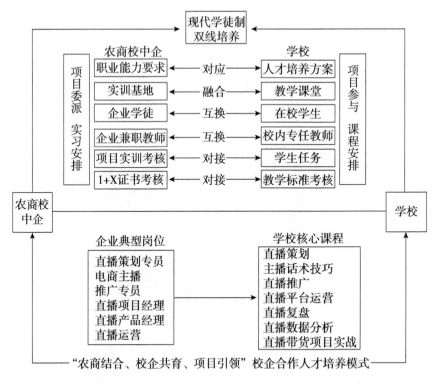

图 2　"农商结合、校企共育、项目引领"校企合作人才培养模式

以学校主导、政府服务、企业辅助的新模式，将校企合作落到实处，真正使学生在政府扶持服务下，在学校和企业两个平台上得到交叉融合培养，开展真正的企业直播带货实战，告别了模拟、虚拟、仿真的局限与不足，促进其职业技能和职业素养更好地形成。

3. 建立适合直播电商人才成长的学徒运行机制

学校与企业根据直播电商人才成长规律和职业教育规律，结合工作岗位实际需要，依据职业资格标准，并根据学校与企业共同制定的直播人才培养方案，确定每学期的学习内容，并将不同的内容分别安排在学校或企业进行学习实践。学校承担传授系统的专业知识和提供基本技能训练的责任；企业通过师傅带徒弟的形式，进行岗位核心技能训练、企业文化渗透和综合职业能力培养。校企双方根据直播电商专业学生学习特点，设计了三年的现代学徒制人才培养运行模式，如图 3 所示。

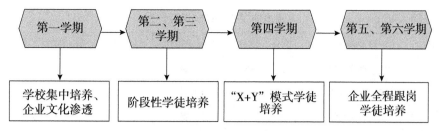

图 3 现代学徒制人才培养运行模式

第一学期是学校集中培养、企业文化渗透阶段，企业通过一线专家讲座、企业参观考察等形式帮助学徒了解企业文化、了解专业。第二、第三学期是阶段性学徒培养阶段，企业师傅深入课堂，带领学徒完成生产项目，开展以周、月为单位的集中生产实训。第四学期是"X+Y"模式学徒培养阶段，即每周 X 天在校内集中学习，Y 天进入企业进行岗位学徒实践。每周 X 天的校内集中学习主要完成文化课及专业基础技能的学习，每周 Y 天的岗位学徒实践由企业负责，根据企业实际生产需要，指导学生参与企业实际生产工作，在企业师傅的指导下进一步熟练岗位核心技能。第五、第六学期是企业全程跟岗学徒培养阶段，学校指导教师协助管理。在逐渐强化的学徒培养过程中，师傅的人数越来越多，学生的岗位分工越来越明确，培养越来越精细化，效果良好。

4. 构建现代学徒制直播人才培养的校企一体化课程体系

深度融入企业元素，优化课程设置与内容，学校与企业共同研发了一套适合现代学徒制直播人才培养的校企一体化课程体系，岗位标准融入课程体系，核心课程对接企业生产流程。校企共同开展职业能力分析、岗位典型工作任务调研，并将岗位典型工作任务转化为工学一体化的课程体系，明确了学校授课内容、企业培训内容、企业岗位培养内容，明晰了双方的培养目标和规格，建立了学校、企业衔接顺畅的能力培养体系，校企共同开发数字化学习资源，学校教学引入企业技术、企业标准的商业化案例资源，学徒培养过程将企业案例库中真实案例有机植入学校教学项目，开展项目驱动教学。直播电商现代学徒制课程计划如表1所示。

表1 直播电商现代学徒制课程计划

学期	专业课程	学分	课时	学校上课时间	企业学徒时间	学徒育人模式
第一学期	电子商务基础	2	36	18周	—	学校集中培养、企业文化渗透
	新媒体营销	4	72	18周	—	
	消费心理学	2	36	18周	—	
	演讲与口才	2	36	18周	—	
	直播电商基础	4	72	18周	—	
第二学期	直播策划	4	72	10周	8周	阶段性学徒培养
	直播话术技巧	4	72	10周	8周	
	视觉设计	4	72	18周	—	
	短视频拍摄与剪辑	4	72	10周	8周	
第三学期	店铺运营	4	72	14周	4周	
	直播平台运营	4	72	10周	8周	
	直播复盘与数据分析	4	72	10周	8周	
	1+X 直播电商考证	6	108	18周	—	
第四学期	直播带货项目实战	12	360	—	18周	"X+Y"模式学徒培养
第五学期	跟岗实习	30	600	—	18周	企业全程跟岗学徒培养
第六学期	跟岗实习	30	600	—	18周	

5. 以培养优秀直播电商人才为目的，采用适应行业需求的现代学徒制教学模式

采用现代学徒制教育模式应结合社会和行业需求，校企合作教学。在该种模式下培养的电商专业学生，在学习上应打破传统模式，可以采用学校实训室、企业办公室、生产现场等多种情景教学。结合企业明确以学生成才为导向进行相关课程设计与实践环节，适当使用信息化手段，突破时空限制。与企业共同商讨并确认实习实践时间。有效解决之前学生在实习过程中不能持续学习的问题。灵活课程模式可以在传统教学时间的基础上，采用线上线下方式，灵活分配。

以直播专业的课程与实践为例，由于直播专业的特点（如观看高峰通常在晚上），采用传统的授课时间，学生将无法真正获得直播经验，会出现话术设计无法适用企业真实场景、练习无法互动等问题，这也严重影响到学生的学习热情和自信心，而如果灵活采用现代学徒制人才培养模式则更有利于开展各种场景教学。

现代学徒制教学模式的开展贯穿学生入学到就业全过程，采用招生暨招工模式，学生报名后由学校与企业共同组织面试和筛选，并体现出以企业为主导。在面试过程中采用标准化人才测评，进行双向择优选择，在尊重学生意愿的同时也保证企业的主动性。学校与企业根据相关协议确保学生能在企业相应的岗位学习与训练。整个过程都由学校与企业同时不断考核考评，让学生能达到现代学徒制的人才培养要求，实现好是真好、优是真优的人才选拔。

6. 成立直播电商培训学院，对外开展培训

学校于 2020 年开始携手政府、培训企业、农业电商企业共同开发适合农民、城乡个体户的培训模式，深入基层为农民工、农户、个体户等群众提供各类直播电商培训与指导。直播培训学院的模式为"农产品直播服务提供商"，由教学团队 + 企业导师 + 院校教师三方合作的讲师团，与培训企业、示范县政府合作形成农村电商服务提供商，为"农村电商小白""农产品运营小老板""农商企业家"提供直播电商服务，全程跟踪指导服务农产品直播电商运营，定制个性化培训课程，服务农商企业标准化运作，塑造高知名度电商服务品牌。

7. 锤炼"亦师亦商"农商型双师成为专业师傅，打造品牌师资队伍

职业学校教师普遍缺乏实战经验，这与企业"盈利"的目的相悖，学校不能期待通过企业单方无偿提供教学服务的合作方式来完成产教融合，只能进行阶段性小规模短期合作，产教融合持续性较差。基于校企产教融合实现"双赢"的目的，完善奖励机制，牵手企业深度合作，大力输出教师开展农村电商培训，并以此为契机倒逼教师掌握各大电商平台运营技能，利用真实平台与真实项目开展教学与培训，促进教师带领学生开展农产品电商运营，在为企业带来效益、为学生与农民输出技能的同时，也实现了亦师亦商农商型双师教师的锤炼，实力的提升使企业主动持续输送真实电商项目，合作得以有效开展，同时也培养了广西农村电商急需人才。

8. 构建"两点一线"的直播电商人才考核评价体系

打破传统的评价体系，形成"两点一线"的直播电商人才考核评价体系，以学生多方面、全程表现作为考核的标准，给出客观的评价，实现因材施教的教育理念，增强学生学习的信心。

"两点"是考核评价过程性的两个维度：以职业素养、职业情怀养成教育的直播电商项目实施过程为考评内容。一是直播带货项目的课堂考核，由学校教师完成学生知识、技能、素质的考核，项目分阶段考评，最后核算成相关课程成绩。二是直播项目实施的企业考核，企业老师对学生项目工作过程中的责任意识、规章意识、契约意识等工作规范和职业素养进行考评。

"一线"突出养成教育的项目实施效果结果性考评：将直播项目实施效果作为考评的最终内容，通过企业的绩效考评制度考核学生的项目完成情况。

三、小结

现代学徒制在电子商务专业中的实施不仅需要制度与资源，更要明确我们的培养目的，认真研究现代学徒应有的知识、素质、职业能力的培养标准，将学生、企业、学校与社会有机结合，共同努力。通过学生学习专业技能掌握必要技术，体验岗位场景并了解企业文化、管理制度、工匠精神、行为规范等隐性课程，校企共同协作培养出真正道德高尚、品德端正、德技双修的直播电商专业人才，达到现代学徒制的工作目的。

▶▶ 中等职业学校跨境电商人才培养模式改革探究

随着我国跨境电商进入迅猛发展时期，跨境电商外贸成为活跃的新业态。国家高度重视跨境电商等贸易新业态发展，先后出台《"十四五"利用外资发展规划》《商务部关于加强"十四五"时期商务领域标准化建设的指导意见》《"十四五"电子商务发展规划》等政策，为跨境电商产业提供了良好的发展环境。而伴随着行业的飞速发展，跨境电商人才严重不足极大制约了跨境电商的向前发展，加快培养跨境电商人才俨然成为当前亟待解决的问题。

一、我国跨境电商发展概况

（一）跨境电商发展规模

近年来，我国跨境电商零售进出口总额呈现逐年增长态势，2021 年我国跨境电商进出口 1.98 万亿元，同比增长 15%；其中出口 1.44 万亿元，同比增长 24.5%[①]。根据企查查数据显示，我国现存跨境电商相关企业 3.39 万家。近年来，我国跨境电商相关企业注册量逐年上升。2019 年我国新增跨境电商相关企业 3985 家，同比增长 24.38%。2020 年新增 6313 家，同比增长 58.42%。2021 年新增 10871 家，同比增长 72.20%（如图 1 所示）。中国跨境电商继续保持蓬勃发展态势。

近年来，广西跨境电商业务量、跨境电商进出口额快速增长。根据广西壮族自治区商务厅提供的信息显示，2021 年广西跨境电商交易继续保持强劲增势。南宁 2021 年完成跨境电商交易量超过 1 亿单，日均通关 100 万件，跨境电商进出口额达 77.7 亿元，同比增长 260%。中国（南宁）跨境电商综合试验区已引进 50 余家跨境电商企业，截至 2020 年 4 月，已完成跨境电子商

---

① 数据来源：2021 年全年进出口情况新闻发布会，海关总署统计数据。https://www.360kuai.com/pc/9dba21e01b0b64627?cota=3&kuai_so=1&tj_url=so_vip&sign=360_7bc3b157.

务零售进出口 682 万单，交易额 28401.4 万元人民币，正在加速形成具有东盟区域特色的跨境电商产业带及集聚地。随着广西跨境电商行业的飞速发展，对跨境电商专业人才的需求也进一步加大。

图 1　2012—2021 年我国跨境电商相关企业注册量及增长趋势

数据说明：

1. 仅统计关键词为跨境电商的企业。

2. 统计时间 2022 年 2 月 23 日。

3. 数据来源：企查查。

（二）跨境电商人才需求

随着我国跨境电商发展规模日益扩大，我国跨境电商人才存在较大缺口的问题日益突显。据《中国电子商务报告（2018）》统计显示，目前跨境电商人才缺口已接近 450 万人，并以每年 30% 的增速扩大。根据广西壮族自治区商务厅和南宁海关数据显示，2019 年，广西外贸进出口总值 4694.7 亿元人民币，同比增长 14.4%，增幅较全国高 11 个百分点。其中，出口 2597.1 亿元，增长 19.4%；进口 2097.6 亿元，增长 8.7%；贸易顺差 499.5 亿元，扩大了 1 倍[①]。2020 年 9 月，跨境电商 B2B 出口海外仓（9810）出口业务在凭祥成功落地，广西稳外贸再添新动力。截至 2020 年，广西南宁已建成东盟跨境电商孵化中心、跨境电商大数据中心、跨境电商冷链设施等一批重点项目，完成跨境电商零售

---

① 数据来源：广西壮族自治区商务厅和南宁海关。

3791万单，交易额超18亿元人民币、同比增长211%[①]，促进了中国—东盟跨境电商生态圈的发展，可见广西乃至全国跨境电商蓬勃发展。因此，加快培养跨境电商专业人才以适应当前跨境电商行业发展需求已是迫在眉睫。

二、当前中等职业学校跨境电商人才培养模式困境

跨境电商产业的振兴离不开跨境电商人才的支撑。随着跨境电商在我国外贸领域不断深入发展，特别是人才需求缺口的不断扩大，跨境电商人才培养已经刻不容缓，但现有的跨境电商人才培育机制，面临课程体系落后跟不上时代发展、人才培养定位与市场需求相脱节、师资力量水平不高、实训设备落后、校企合作流于形式等诸多问题，已经不能有效解决跨境电商产业发展对人才的需求问题。

（一）课程体系相对落后

当前，大多数中等职业学校的跨境电商课程只是在电子商务专业课程体系的基础上，增设一到几门跨境电商类课程，如跨境电商实务、跨境电商平台运营等，课程设置趋同，且较为广泛，难以突出重点，还没有形成完善的跨境电商专业课程体系。

（二）人才培养目标不明确

跨境电商是"互联网＋外贸"背景下国际贸易的新模式、新业态，属于新兴事物，但是现在中等职业学校对跨境电商人才培养的要求不够清晰，导致所培养的人才与现实需求不匹配，不能适应社会需要与市场需求。

（三）师资水平参差不齐

跨境电商课程既涉及语言教学又涉及商务知识，对教师的外语水平、商务知识及大量跨境实操平台有较高的要求。但现实情况是，跨境电商课程教

---

① 数据来源：南宁市商务局。

师在理论知识和学术研究方面有优势，在实战经历和行业背景方面比较欠缺，大多数老师没有从事过跨境电商工作，对跨境电商的行业知识和实际运营了解不够深入，缺乏行业背景。

（四）实训设施不够完善

当前很多中职学校只是趁热设置专业，无专业的实训场所和设备，学生缺乏实训、实操锻炼机会；或因经费问题，无法配置相应的实训软件，这导致很多学校在跨境电商人才培养和跨境电商企业人才需求、课程设置、课程实训等方面存在较多不匹配问题。

（五）校企合作仍需加大

校企合作仅流于形式。由于地理条件、经费、合作机制等方面的问题，很多高校缺乏与企业的互动，没有稳定且可以长期合作的企业作为实践教学基地，不利于学生实际操作能力和创新能力的培养。

三、跨境电商人才培养模式改革路径

（一）构建实用的课程体系

1. 搭建切合行业发展的课程体系

基础课程和专业类课程体系的建立要考虑提高学生的专业能力素质和综合素质两个维度。以市场对电商人才需求的素养和能力作为依据来优化中职学校的基础课程和专业课程。

（1）理论与应用相结合。基于不同工作岗位的职业能力要求，体现职业性和实践性，融"教、学、做"为一体，构建遵循"因岗设课，课岗融合"的理论与应用相结合的课程体系。如在基础课方面，依据跨境电商企业对人才的需求，增加应用性商务英语的课程；又如把经济和法律类课程作为通识选修课，解决跨境电商中跨文化交流的问题，着力培养学生的跨界思维、跨界视野。在专业课方面，注意增加实践课时，以提高学生的实操能力。

（2）以职业活动和职业能力为核心的课程设置。在课程设置方面，考虑在跨境电商活动中，必然要与世界各地的买家、卖家等客户进行沟通交流，因此课程体系中要设置与世界各地的商业礼仪、习俗禁忌与沟通技巧有关的国际商务英语、外贸公文写作、国际商务礼仪等课程，使课程体系更加完善。

2. 完善实操训练平台建设

跨境电商专业本身具有很强的操作性和实践性，校内实训基地建设和搭建实用先进的实训平台尤其重要。实训平台有助于学生在校内进行仿真模拟实际业务操作。同时，注重线上教学与课堂教学的融合。可以通过自己上传资源或共享外校精品课程资源，丰富教学内容，增强课堂上及课前、课后与学生的互动，及时获得学生的教学反馈。

（二）实施多元的人才培养模式

人才的成长有两条途径：一是学校培养，二是社会锻炼。学校培养是基础，社会锻炼是条件，学校教育和社会环境都是创新型人才成长不可或缺的条件。中等职业学校的跨境电商人才培养目标要建立在企业人才需求的基础上，这样才能达到人才培养和人才需求相匹配。

1. 精准定位人才培养方案

通过邀请行业、企业、技能专家以及第三方评估机构共同商讨，制定以培养复合型人才为标准的，具体、详细、可操作性强的跨境电商人才培养方案。

2. 多元开展人才培养模式

（1）通过与政府联系，开展人才培养，是培育跨境电商人才的重要途径。如紧跟政府长期资助的电商人才培养项目，统筹推进学校的跨境电商人才培养项目。

（2）通过校地合作，培养人才。中等职业学校应主动承担起服务地方经济发展、为地方培育跨境创新型人才培养的重任，围绕地方跨境电商产业育人才，培养一批自身素质高、创新能力强的跨境电商人才队伍，更好地为地方经济转型提供人才支撑。

（3）通过校校联合，共育人才。广西拥有逾百所中等职业学校，在校生逾 20 万人，在中等技能人才储备和人才培养方面具有一定基础。各个中等职业学校可以相互联合，实现资源共享，共同营造良好的跨境电商发展环境，共商人才培养大计。

（4）通过递进方式，培养人才。通过对教学、实训、创新创业场所及设施的有效整合，将学生实训、项目实战、创业孵化等任务相结合，实现"实训＋实战＋创业"的阶段递进式实践教学的人才培养模式。

（5）通过校企合作，共育人才。通过开展校企合作，创新人才培养模式，实现校企共同培育高素质、高技能型人才，满足社会及企业的需求。如学校与企业的跨境电商合作，使学校培养的人才与企业实际需要有效接轨，既为学生提供了更多的就业机会，也能帮助企业获得稳定的人才来源和技术支撑。

（三）构建优质的师资队伍

1. 提升教师理论水平

组织跨境电商专任教师开展教学理论、教学方法、理实融合等方面的理论学习活动，提升专任教师的跨境电商理论水平，提高专任教师的教学能力和教学水平。

2. 强化教师实操能力

（1）有计划、有安排地组织专任教师深入跨境电商企业挂职锻炼、访问和学术交流，体验跨境电商操作流程与技巧，积累教学案例与实践经验。

（2）积极推荐专任教师参加政府部门、行业协会等各类主体举办的跨境电商技能培训班、跨境电商职业技能大赛等活动，提高教师实践操作能力。

（3）建立长效培训机制，鼓励专任教师能紧跟行业发展，掌握最新的平台交易规则和跨境电商技术。通过"送出去，引进来"双向人员流动机制，打造跨境电商专兼结合、结构合理的高水平双师队伍。

（四）推进高效的校企合作

1. 扩大与企业的合作范围

（1）邀请企业人员参与课程体系建设，从行业发展和市场需求的角度提出对跨境电商人才专业技能及理论知识的需求，有助于学校制定符合实际需求的人才培养目标、培养机制。

（2）利用企业平台，让学生到企业实习、就业，提升学生创新意识，提高学生创业能力；教师到企业学习行业知识，培育合格的跨境电商教师队伍。

（3）与本地跨境电商企业建立互动机制，邀请企业一线业务人员到校上课，将行业背景知识、行业发展趋势、行业业务范围、行业所需人才标准带到课堂上，激发学生学习动力，扩展学生行业综合背景知识。

2. 搭建更多的校企合作平台

（1）将课堂延伸到企业。利用与跨境电商企业的合作资源，建造校外实习基地，如广西南宁市引进东南亚头部电商平台 Lazada（来赞达）设立全国首个跨境创新生态服务中心，推动跨境电商企业与 21 所高等院校合作成立广西跨境电商产教联盟，构建"跨境电商海外营销"国际人才培养体系，累计培养超过 2000 名跨境电商运营人才。

（2）开展引企入教，将真实的跨境电商业务引入课堂，如将传统外贸企业引入基地，由专业教师指导学生组建团队，通过产品代运营方式，帮助企业完成跨境电商业务。学生被孵化成跨境电商人才的同时，传统外贸企业成功转型跨境电商，实现校企"双赢"，使实践教学落到实处。

（3）建立校内、外实训基地，将实训内容融入课程教学环节，反复实验和验证，找到理论教学和实践实训的有机结合点，使实训内容和课程建设、课程教学设计形成良性互动，形成有特色的、符合市场需求的跨境电商人才培养模式，使学生不仅具备扎实的理论知识也具备良好的实操应用能力，一毕业就能达到用人要求。

总之，随着科学技术和社会经济的不断发展，跨境电商行业在我国发展迅速，跨境电商人才培养面临着新的形势和更高要求。中等职业学校应以市场需求为导向，结合跨境电商人才核心技能需求和行业发展，制定出行之有效的培养对策，优化跨境电商专业课程体系建设，进行教学设计改革，创新跨境电商专业人才培养模式，明确跨境电商人才核心技能培养目标，培养出满足行业需求的复合型跨境电商人才，为服务地方经济、推动我国跨境电商行业健康有序发展贡献力量。

▶▶ "一带一路"背景下服务跨境电商区域经济的现状及对策

——以广西职业学校为例

一、引言

区域经济社会发展与人才培养紧密相连，而职业教育是培养人才的重要途径之一，职业教育肩负着为区域经济发展提供前沿科学技术研究、坚实人才资源保障、国家和本地文化传承等各项服务的任务。随着经济全球化和社会分工的日益明显，职业教育与区域经济的发展逐渐紧密。在发达国家，如德国的职业种类有334个，从中学毕业的60%的毕业生会接受职业教育和职业培训，在许多的行业中，2/3的劳动力有职业教育的背景，职业教育的经历使他们能更容易参与区域产业发展的链条和经济社会的分工中，从而进一步提升其服务区域经济发展的能力。

在2013年，国家主席习近平提出了"一带一路"的建设和发展思路。广西作为国家与东盟连接的重要节点地区，深入落实习近平总书记赋予广西的"三大定位"新使命和"五个扎实"新要求，全面实施开放带动战略，以"南向通道"为载体，以重大项目和标志性工程为抓手，主动融入"一带一路"建设，有效服务国家开放发展大局。广西跨境电商贸易交易额连续几年迅猛增长，整个广西对跨境电商人才的需求量激增。在这样的时代背景下，广西职业学校如何主动适应经济发展新常态，融入地方经济发展，在跨境电商领域开展合作显得尤为重要。

二、国内跨境电子商务发展现状

跨境电商作为一个自由而开放的全球性贸易平台，通过互联网技术快速实现了世界上各地的连接，跨境电商的迅猛发展，不断冲击着传统贸易，从而发展成全球贸易。伴随我国跨境电商行业相关政策法规的不断完善、市场监管的日趋严格，以及商家在供应链升级、产品质量保障方面的不断进步，我国海淘用户持续增长。据海关的不完全统计，2017 年我国进出口贸易总额达 27.79 万亿元，同比增长 14%，为 6 年来首次实现双位数增长，增速远高于传统进出口贸易。2018 年我国海淘用户跨过亿人大关。根据此前阿里的数据测算，2020 年我国跨境电商交易额将达到 12 万亿元，3 年复合增长率为 16.44%，渗透率达 37.6%，

与此同时，在 2019 年 7 月的国务院常务会议上，部署完善了跨境电商等新业态的促进政策，其中包括跨境电商综合试验区增至 35 个，基本覆盖中国主要一、二线城市；对跨境电商综合试验区电商零售出口落实"无票免税"政策；建立配套物流等服务体系，支持建设和完善海外仓，扩大覆盖面；增设"跨境电商专业"促进产教融合。

由于跨境电商对促进国际贸易的增长、进一步降低成本、促进地区产业的升级具有重要、特殊的作用，同时由于社会资本的加入，政府的相关政策等，国内跨境电子商务迅速发展，占我国国际贸易比重越来越高，从阿里研究院得到的数据显示，我国 2020 年的跨境电商交易额预估达到 12 万亿元。

三、广西跨境电商发展现状及发展政策

自中国和东盟合作以来，广西作为"桥头堡"，在促进区域协调发展、深化双边开放合作的优势日渐凸显。2014 年 8 月，南宁市被国务院批准为跨境贸易电商试点城市。自此广西跨境电商进入快速发展阶段。广西，特别是南宁，是联通东盟国家、与东盟国家开展经济贸易的重要桥梁，具有和东盟国家进行合作的区位优势，利用这一天然的优势，借助 B2B、B2C 等平台，南宁、柳州、贵港、钦州、梧州、防城港等市建设了配套产业发展的大型工业原料市场；通过电商服务手段，南宁、柳州、贵港、河池、百色、崇左和来宾等地配套建设了交割仓，构建工业原料电子交易平台。突出口岸优势，在周边建设以商贸物流中心，建设了以东兴、凭祥、龙邦和水口为物流贸易圈的边境口岸物流园区。

广西拟定《关于促进跨境电子商务健康快速发展的工作方案》，用以指

导全区跨境电子商务的全面发展。通过这一系列举措，加快推动广西本地区的跨境电子商务全面迅速发展。由此，广西已初步发展成为中国—东盟跨境电商交易的主流通道。借助政策优势，广西跨境电商交易额在 2016 年已达到 330 亿元，且继续保持高速增长势头。同年，"一带一路"的政策和各项工作落实到位，广西与"一带一路"沿线国家贸易额达 2007.9 亿元，占广西对外贸易额总量的 63.4%。由此可见，随着跨境电商的迅速发展，整个广西对跨境电商人才的需求量激增。

四、广西职业学校跨境电商服务区域经济现状与对策

教学、科研、社会服务是职业教育的三大主要职能。黄炎培先生曾说"职业学校有最紧要的一点，从其本质来说，就是社会性；从其作用来说，就是社会化"。职业性和社会服务是职业院校的根本性质和使命，职业院校开展社会服务，是区域经济社会发展的客观要求，也是学校自身生存发展的需要。

教育部多次明确提出：职业院校要增强服务能力，满足社会多样化发展需要，要搭建"产、学、研、创"相结合的技术服务平台，推进科技成果的转化，开展高技能和新技术培训，在服务区域经济社会中发挥积极作用。纵观多年来我国经济社会发展情势，职业教育对一线劳动者能力的培养，一直以来都极大地推动和促进了区域社会的发展，职业教育作为现代教育的一种必不可少的形式，毫无疑问是培养建设、生产、服务、管理等一线技术应用型人才的摇篮。职业教育责无旁贷、勇挑重任，在"十三五"新一轮建设中为服务国家重大发展战略、为服务地方区域经济提供技术技能积累、技术技能人才支撑和智力支持。

广西作为"一带一路"的重要战略连接点，应当充分利用东盟各国跨境电商市场优势，结合地方的特色和优势，全面开展合作，抢占跨境电子商务的先机。据 2015 年中国对外经济贸易大学国际商务研究中心与阿里巴巴集团联合发布的《中国跨境电商人才研究报告》显示，所有参与调查的企业中，有 85.9% 的企业认同目前的企业中电商人才存在大量缺口，跨境电商专业人

才的短板表现在：学校教授内容与产业岗位的脱节、课堂内容与实际工作不匹配，由于目前国内在跨境电商领域的培训主要面向企业管理者及员工，或面向职业教育相关专业教师，培训内容难度较大，比较偏向于"学院派"；而能够结合地方经济特色、面向当地开展跨境电商的基层人员，如边民、个体从业人员等开展实操性训练的极少。此外，具有教学资源优势的职业院校开展跨境电商相关的社会服务较少，中职学校更是凤毛麟角，更不提相关的合作模式及管理机制。此外，与广西毗邻的"一带一路"国家，特别是和我国有着地缘优势的南亚、东南亚和中亚国家，跨境电商市场发展不平衡，未来具有很大的发展潜力。而这些国家教育设施落后，职业教育相对薄弱，电商发展和服务水平比较低，是我国职业教育对外输出的良好机遇，抓住这一机遇，携手学校、行业和企业输出优质教育资源，探索多样的合作模式，为国内外培养急需的技术技能人才，推动相关合作的开展。

由此可见，广西职业学校在跨境电商领域开展服务区域经济的相关活动极少，这与跨境电商的迅速发展及经济社会对相关服务的广泛需求形成极大反差，亟须职业院校积极投身其中，发挥优势满足企业发展需求。围绕职业学校如何开展服务，我们可以提出以下应对策略。

一是发挥政府在跨境电商经济发展活动中的引导作用，出台保障职业学校在跨境电商领域服务区域经济的相关政策，完善工作环境、激励机制、经费支持、评价体系等方面制度，吸引更多院校参与其中。对相关学校和企业政府可以从财政、税收和金融信贷等方面给予政策优惠，对在跨境电商领域服务活动中做出突出贡献的学校和企业进行表彰和奖励，最大限度发挥参与积极性。

二是将跨境电商资源进行有效的整合。充分发挥学校、企业、行业、政府等各方优势，构建一体化的合作模式，共同开发资源，利用政策和资源优势，开拓新的合作模式，为跨境电商领域服务区域经济创造更好的环境和平台，将能量聚合从而灵活高效运转。通过强强联合的方式，将三方的资源进行统筹和整合，集中力量发挥各自最强最优的"长板"，从而形成协同合力，使之做大、做强、做优。学校层面，将发挥其深化教学改革、扩大校企合作空间、提高师资服务社会能力、促进中职跨境电商建设水平提升等方面的积极牵引作用，进一步解决职业教育与服务社会脱节问题，更好落实职业学校跨境电商服务地方经济、开展社会服务的成效。

三是提高职业院校师资水平，尤其是提升相关教师的跨境电商实战经验与技术，完善师资结构，培养实践经验和教学经验丰富的应用型教师，从而提升跨境电商人才培养质量。教师的能力水平高低决定着服务活动的质量和效果，学校与企业建立联合培养机制，每学期安排教师跟岗实践，提高实践技能；同时企业也可选派技术人员入校，推动学校与企业之间的深度合作，带来行业企业最新的前沿资讯，提高教师得适应能力，从而不断提升服务能力。

四是提升跨境电商人才培养质量，使之成为服务社会的主力后备军。跨境电商的发展不仅需要理论扎实，更需要实践能力强、具备独立解决问题能力的复合型人才，将跨境电商职业教育纳入地区发展规划大局，鼓励国际贸易、商务英语、国际商务、市场营销等专业根据市场需求向跨境电商方向转型发展等措施有助于培养这类复合型人才。如广西教育厅及时调整优化各校专业布局，积极推进与地方产业发展相适应的跨境电商专业的落地，于2020年正式批复对广西区域内新增中职跨境电子商务专业。

五是加强与东盟各国的合作。东盟各国经济发展状况和宗教信仰各不相同，跨境电商普及水平也不同，在人才培养水平、实践水平上差距较大。中国作为东盟发起国、广西作为主阵地，可以积极推进合作，搭建服务平台，提升跨国研究合作能力和文化交流能力，把跨境电商领域的合作推上一个新台阶。如2017年在广西南宁中关村创新示范基地举行的"2017中国—东盟职业教育联展暨论坛——中国—东盟电子商务职业教育产教合作对话会"就是一次很好的尝试。会上来自教育部、联合国教科文组织、世界区域性组织及相关国家政府或管理部门代表、东盟国家院校代表、自治区教育厅供销社代表、电商行指委代表等200余人就"新商业时代背景下推动以人为本的职业教育创新与发展"的主题展开探讨对话，大会提出"电商谷"计划，从国际合作角度出发，以电子商务职业教育为核心，锁定广西—东盟的电商职业教育与培训、电子商务教学标准与教学资源开发、电商产业园区建设及电商校企合作等内容，搭建"中国—东盟"电子商务职业教育合作与交流的平台。

五、结束语

广西跨境电商的高速发展，导致了跨境电商人才需求量暴增，同时传统跨境从业者亟须加强跨境电商技能训练。作为地方性的职业院校，应积极主动思考在这样的现状下如何植根于区域经济，抓住机遇，准确定位，充分发挥职业教育在跨境电商领域特有的资源优势，切实寻求学校与区域经济社会协调发展的新思路，主动对接，打造核心竞争力，把握主动权，更好地服务区域经济社会发展。

▶▶ 跨境电商"学校＋行业＋先进企业"协同合作服务区域经济模式探索与实践

职业教育的三大功能定位分别是教学、科研和社会服务。职业院校培养人才面向的职业性决定了职业院校的根本性质和使命，职业院校开展社会服务，是服务区域经济和社会发展的客观要求，同时也是职业学校需要不断提升自身生存能力的需要。教育部 2012 年 5 月 17 日在杭州召开的全国职业学校管理工作会议上，时任教育部副部长鲁昕明确提出要推动职业院校管理向科学化、现代化迈进，为加快建设现代职业教育体系，提升服务国家战略能力提供有力保障。2019 年 1 月以来，关于职业教育的改革政策陆续出台，首先是时任教育部部长陈宝生在全国教育工作会议上提出今年职业教育要"下一盘大棋"；国务院印发《国家职业教育改革实施方案》（以下简称职教 20 条）；2 月 23 日，中共中央、国务院印发《中国教育现代化 2035》；3 月 5 日，时任总理李克强做《2019 年国务院政府工作报告》，提出高职扩招 100 万等方面的要求，政策和改革的背后都透露着这些明确的信息，职业教育一定要融入地方企业发展，适配地方经济，提升专业服务产业的能力，走特色发展的道路。

随着经济全球化和产业的转型、社会分工的逐步细分、我国国际分工参与度的提高，我国跨境电商行业近年来呈现出爆发式的增长。据 2020 年 12 月发布的《中国电子商务知识产权发展研究报告 (2020)》中显示，2020 年我国受到全球新冠疫情的冲击，而互联网协助跨境电商产业成为推动中国外贸复苏的重要路径之一。为了更好地促进广西跨境电商发展，从 2018 年开始，广西壮族自治区人民政府陆续出台了《广西电子商务发展三年行动计划（2018—2020 年）》《广西关于推进电子商务与快递物流协同发展的实施方案》《中国（南宁）跨境电子商务综合试验区实施方案》等系列政策文件。利好的政策促进了跨境电商的持续高速增长。2020 年我国与东盟经贸合作逆势上扬，前 10 个月双方贸易额达 3.79 万亿元人民币，同比增长 7%，占中国外贸总值的14.6%。2017年9月12日，2017中国—东盟职业教育联展暨论坛——中国—东盟电子商务职业教育产教合作对话会在广西南宁中关村创新示范基地举行。大会提出"电商谷"计划，以电商职业教育为核心，锁定广西—东盟的电子商务职业教育与培训、电子商务教学标准与教学资源开发、电子商务产业园建设以及电子商务企业合作等内容，搭建中国—东盟电子商务职业教育合作与交流平台。围绕电子商务的经济、培训、教育等生态圈正在逐步形成。

广西作为全国跨境电商所具有的区位优势，完善的政策优势，正不断集聚各类跨境电商企业，电商、大数据、物流等相关的产业链正逐步形成。跨境电商业态的快速发展间接导致了相关人才的大量缺口，职业院校无论从自身培养人才的职业方向的功能定位，还是作为专业服务产业及区域经济发展，抑或是促进学生就业的角度出发，如何能将学校对跨境电商的人才培养融入产业链，联动行业和企业的参与，协同合作服务区域跨境电商经济发展，成为职业学校需要考虑和探索的重要课题。

一、职业教育与区域经济发展关系

区域经济也叫"地方经济"，泛指一国经济范围内划分的不同经济区，它的形成是劳动地域分工的结果。在我国长期的社会和经济发展过程中，由于政治、历史、地理、经济等因素的影响，与经济方面联系比较紧密的人类聚集地形成了具有地方特色的经济区。经济的快速发展会带动相关产业和行业发生结构性的变革，这就要求职业教育工作者要具备敏锐的洞察力，主动适应地方产业的变化和社会发展的能力，面对种类复杂、层次多、规模大小不一的经济和产业集群，找准自身定位，通过构建起服务区域经济发展的理念，加大对职业岗位人才能力、职业道德、人文素质的培养，为区域特色经济的发展提供更多的复合型人才。

职业教育是国民教育体系中的一个重要组成部分，同时是国民经济和社会发展的重要基础，职业教育与经济建设以及促进就业方面都有着紧密的联系。职业教育提供社会所需要的专业人才，社会从职业学校聘用一线的人才。对于职业教育更为精确的描述是指让受教育者获得某种可以从事的职业或可以进行生产劳动所必需的知识经验、技能和职业道德操守的教育。我国现行的职业教育体系主要分为两类，分别是"职业学校教育"和"职业培训"。其中职业学校教育泛指在中等或者高等职业院校中的某个专业进行学习专门化的知识、技能；职业培训指为了获得某个工作岗位或者在实际工作岗位中需要进行职业技能的再深入学习而组织的相关能力的培训，通常包括职业素养培训（如公共礼仪等）、职业基础知识培训（如电子商务中的外语交际等）、专业知识与技能培训（如商品拍照等）以及社会实践等培训。

区域发展与职业教育发展是相互促进的统一体。职业教育发展为区域发展提供坚实的人才资源保障，从现代经济增长理论来看，20 世纪的美国经济学家舒尔茨、贝克尔提出了人力资本，强调了人力资本是经济增长的源泉，通过研究表明教育投资增长的收益占国民经济增长的比重为 33%，美国的弗里兰·莫内利用回归模型进行定量分析证明，职业教育的收益好于普通高等教育。同时，区域经济社会的快速发展进一步提升了对职业教育事业发展的支持力度，经济的增长是促进人力资本投资的基本动力，随着中国特色社会主义各项事业的深入发展，人们越来越认识到区域经济社会的持续健康发展与人才的聚集和开发紧密相连，而人才的重要来源之一是职业教育。

二、职业学校跨境电商专业服务区域经济现状及存在的问题

我国职业教育跨境电商专业起步较晚，专业与企业合作开展跨境电商服务实施极少，且没有固定的模式、固定的标准，合作内容与方式匮乏，可以参考的理论非常少。广西跨境电商的高速发展，导致了跨境电商人才需求量暴增，同时传统跨境从业者亟须加强跨境电商技能训练。

1. 缺乏高效的管理和激励机制

当前在跨境电商范畴内，校企协同服务区域经济普遍表现为合作周期短、效率不高、针对性不强等特点，存在政策法规不健全 - 激励政策及服务体系不完善等关键问题。尽管政府、学校、企业和社会均加强重视，但仍缺乏有效的保障和机制，各方合作深度不够，缺乏稳定性。

2. 缺乏行之有效的合作模式

学校与行业企业在跨境电商领域开展合作，为区域经济发展服务的实施情况极少，没有搭建起行之有效的模式，学校、企业各自为政，尽管有部分的沟通与合作，也多以企业自主行为为主，形式较为松散随机，缺乏持续性和系统性。由于缺少具备跨境电商专业背景的后备人才，企业自身对服务内容的开发、输出均显得后劲不足；而职业学校在教学之余接触社会资源有限，仅靠自身很难独立实施对本地经济发展的智力支持。

3. 缺乏系统、长效的培训培养方式

目前跨境电商领域发展方兴未艾，崛起速度亟须大量专业人才支撑，尤其是校外社会人员非常需要专业训练，而优质的教育资源普遍集中在少数职业院校和个别企业中，且双方缺乏有效合作，难以聚焦和共享。2019年，教育部将"跨境电子商务"正式列入了"中等职业学校专业目录"，正式明确中职学校可开设跨境电商专业，但是目前正式开设该专业的学校极少，对人才的输送数量及质量都仍待验证。目前国内在跨境电商领域的培训主要面向企业管理者及员工，或面向职业教育相关专业教师，培训内容难度较大，比较偏向于"学院派"；而能够结合地方经济特色、面向当地开展跨境电商的基层人员，如边民、个体从业人员等开展实操性训练的极少。此外，具有教学资源优势的职业院校在跨境电商领域服务社会极少，中职学校更是凤毛麟角。

三、"学校＋行业＋先进企业"协同合作服务区域经济模式构建与实践

作为地方性的职业院校，应积极主动思考，在上述现状下如何植根于区域经济，抓住机遇，准确定位，充分发挥职业教育在跨境电商领域特有的资源优势，切实寻求学校与区域经济社会协调发展的新思路，主动对接，打造核心竞争力，把握主动权，更好地服务区域经济社会发展。立足区域经济发展，与行业、企业、政府以及其他相关合作单位一起搭建协同合作服务平台，成立由教师、学生、行业企业专家组成的团队，依托合作平台开发培训课程等资源、进行智力输出，实现校行企政共赢，为地方跨境电商发展做好服务，

培养创新型人才。本文以广西为例，构建"学校＋行业＋先进企业"协同合作服务区域经济模式（如图1所示）搭建校行企合作的互需、互利、互通、

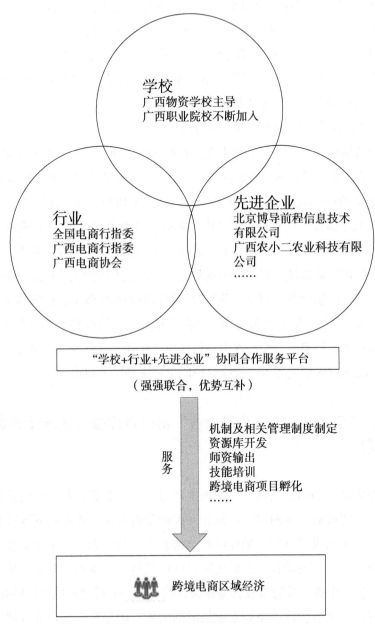

图1　"学校＋行业＋先进企业"协同合作服务区域经济模式

共赢的服务平台，制定相关标准与管理制度，与全国电商行指委、广西电商行指委、广西电子商务协会及先进企业深度合作，共同研究如何利用自身优势有效服务区域经济，尤其是广西自贸区的发展，实现资源共享、优势互补，同时也为其他区域在跨境电商师资输出、技能培训、资源库开发、跨境店群孵化等服务领域提供丰富的资源与宝贵的实战经验。

1. 搭建"学校＋行业＋先进企业"协同合作服务平台，完善激励机制及管理制度

以学校和企业深度合作为着力点，制定地方服务能力提升的长远发展规划和政策措施；了解地方相关政策法规，争取政府主管部门支持与引导，搭建行业协会指导、合作企业积极参与、合作学校主体承办合作新机制，建立合作共赢的利益保障机制，制定相关配套系列政策措施，落实优惠政策，优化管理模式，激发各方积极性及潜力，强化内部协作，实现优势互补，鼓励专业教师与行业企业合作，共同开发新产品，为当地做好技术服务。例如，学校可以将专业教师参与社会服务作为教师职务晋升和考核的依据之一，促成师生成果依法依规在企业作价入股，促使教师引领学生主动参与服务全过程；企业与学校师生合作，共享学校的实训基地资源条件，为员工培训和技术开发服务，获得学校实质性帮助，在企业发展过程中彻底解决人力不足问题，能更好地对接地方产业实施服务，节省企业成本。

2. 组建团队，搭建人才供需库

设立服务平台领导小组，由校行企三方人员组成，负责引进项目和过程监控，在此基础上招纳筛选具备跨境电商专业技能的人才，建成可随时调整的、集师生、行业、企业专家于一体的动态智力团队供需库。日常由领导小组接洽引进服务项目，然后根据需求组织人才库内相关成员开展工作，从而实现对地方经济发展直接的服务。广西物资学校作为首批开设跨境电商专业的中职学校，具备良好的师资资源，常年与区内外先进企业保持深度合作关系，作为校方核心成员，目前共有13名电商教师加入服务平台，并根据专业布局，积极联合区内其他兄弟院校加入合作，形成区域性专业集群，不断充实人才库，多渠道开放职业教育资源，践行职业教育社会责任。

3. 开发丰富优质的跨境电商培训配套资源，充分满足社会需求

校企合作持续开发顺应市场需求的跨境电商培训资源，包括数字学习资源、案例库、视频微课等丰富资料，同时开展跨境电商项目的孵化服务，并联合行业企业和兄弟院校开发双语资源，充分满足地方甚至广西周边部分国家需求。所开发的资源内容贴近市场实际，并根据学习者情况划分初、中、高等级，内容由浅入深，充分满足不同基础的学习者学习跨境电商知识和开展跨境电商技能实操，学习者通过训练即可由新手一步步进阶成为能手。

4. 拓宽服务领域，进行智力输出，促进区域跨境电商经济发展

本平台服务地方经济发展的最直接模式是智力输出，一是通过开展教育和培训，采取灵活多变的合作形式，给行业企业员工以宽基础的职业培训和扎实有效的教育，提高跨境电商从业人员素质，将跨境电商技术转化为劳动者的劳动技能和生产经验，满足可持续发展需求；二是通过服务平台承接地方各类与跨境电商相关的合作项目，如广西边境线有大量与东盟国家开展贸易的边民亟须提升跨境电商相关技能，服务平台可为其开展定制的针对性培训，也可以为地方跨境电商企业提供产品开发和应用技术等服务，从而服务当地经济发展转型、促进经济增长。

5. 校行企合作完善人才培养模式，储备跨境电商技能型人才

充分利用合作平台，共同策划跨境电商专业人才培养模式，调整课程设置、授课内容、实训项目等，培养适应广西跨境产业发展实际需求的人才。与地方政府、行业、企业一起协同创新人才培养机制，保证技术技能人才输出质量，重视职业教育多渠道人才培养和社会培训功能，为地方中小微企业提供产品开发和应用技术服务。

四、结束语

服务区域经济是提高职业学校教育实力和丰富教育资源的必然选择。随着跨境电商的快速发展，职业学校相关专业应切合区域实际需求，立足本地跨境电商经济，联合区域跨境电商企业和行业，采取协同合作服务模式，搭

建跨境电商"学校 + 行业 + 先进企业"协同合作服务平台，共建全方位多方合作机制，强强联合，发挥各方优势，服务地方经济，实现共赢。一方面学校可以通过企业提供的服务项目培养师生实战能力，另一方面学校储备的"智囊团"可解决企业人力不足等问题；同时政府引导、行业产业主导，使职业教育与区域经济发生良性互动，优化配置职教资源，从而真正做到服务地方经济。

▶▶ **中职物流品牌专业群建设服务地方经济发展的途径与方式研究**

一、职业教育服务社会和服务地方经济发展的功能要求

我国职业教育服务社会和服务地方经济发展的功能越来越明显，国务院印发的《国家职业教育改革实施方案》将职业教育作为类型教育进行认可，提出"改革开放以来，职业教育为我国经济社会发展提供了有力的人才和智力支撑，现代职业教育体系框架全面建成，服务经济社会发展能力和社会吸引力不断增强，具备了基本实现现代化的诸多有利条件和良好工作基础"。教育部等九部门印发的《职业教育提质培优行动计划（2020—2023年）》中描述到职业教育要"提质培优、增值赋能、以质图强，加快推进职业教育现代化，更好地支撑我国经济社会持续健康发展"，"大幅提升新时代职业教育现代化水平和服务能力，为促进经济社会持续发展和提高国家竞争力提供多层次高质量的技术技能人才支撑"。广西作为西部少数民族聚集地，通过多年来对职业教育的大力投入和重点支持，职业教育发展蓬勃兴旺，为广西地方和广东等发达地区社会和经济发展提供了重要的技术技能人才支持，"随着我国进入新的发展阶段，产业升级和经济结构调整不断加快，各行各业对技术技能人才的需求越来越紧迫，职业教育重要地位和作用越来越凸显"，因此，传统职业教育发展已经不能满足当前社会经济发展，需要更高质量的职业教育进行支撑。

二、广西对中职物流专业人才的需求分析

1. 广西物流行业"十三五"发展情况及特点及人才需求

"十三五"期间，广西物流业进入了高速发展阶段，广西社会物流总额在2019年已突破5万亿元，社会物流总费用突破3213亿元，物流业总收入突破

2787 亿元。2019 年 8 月 26 日，《国务院关于印发 6 个新设自由贸易试验区总体方案的通知》发布，中国（广西）自由贸易试验区正式设立。自贸区的建设以制度创新为核心，以可复制可推广为基本要求，全面落实中央关于打造西南中南地区开放发展新的战略支点的要求，发挥广西与东盟国家陆海相邻的独特优势，着力建设西南中南西北出海口、面向东盟的国际陆海贸易新通道，形成 21 世纪海上丝绸之路和丝绸之路经济带有机衔接的重要门户。自贸试验区重点发展领域包括智慧物流、冷链物流、港航物流、跨境物流等。未来，广西经济社会的高质量发展，需要物流相关领域的技能型人才的大力支撑。

2. 广西物流行业"十四五"发展趋势及特点及人才需求

进入"十四五"时期，世界经济进入后疫情时代，产业链供应链循环受阻，国际贸易投资萎缩，建设现代流通体系、打造物流强国已经上升为国家安全层面的战略高度，党的十九届五中全会和中央经济工作会议指出，要加快构建国内国际双循环的新发展格局，加快建设现代物流体系，提升产业链供应链现代化水平，培养复合型物流行业人才。广西壮族自治区党委、广西壮族自治区人民政府对现代物流业发展高度重视，依托现有的物流集团，着重打造广西现代物流带头企业，加快推进广西智慧物流信息化建设和加快发展广西现代冷链物流。通过互联网、物联网、人工智能，培育一批供应链创新与应用示范企业，提升冷链服务质量和标准，利用广西区位优势和资源优势，积极发展跨境冷链物流，优化冷链产业布局，推动广西现代冷链物流高质量发展。

广西在智慧物流、冷链物流等新兴物流业发展中，对产业相关的复合型人才的需求大量增加，在人才培养标准方面对智能化、国际化有着更高的要求和标准，广西政府将加大政策方面的支持和鼓励，大力推进校企合作、研发对接等，促进中职学校建设分方向、分层次的人才教育体系。鼓励企业与高等院校、中职学校（含技工院校）等合作建立产学研基地、实习实训基地，提高冷链物流相关人才的实践技能，从而培养大量符合广西区情的基础型、服务型、综合应用型、管理型冷链物流人才。

当前，广西职业院校物流专业建设普遍存在专业结构单一、培养目标宽泛、对产业复合型人才培养缺乏有效资源整合等问题。在中职领域，品牌专业建设和专业群建设成为推动物流服务与管理专业更好应对产业需求的主要措施和手段。

三、围绕区域经济产业服务的专业群建设的途径与方式

1. 根据产业需求，对应产业链建立专业群

专业群和产业群的构建应当遵从专业相通、领域相近、岗位相关等原则，通过整合物流服务与管理、冷链物流、国际商务、计算机网络（物联网）等专业构建起具有品牌效应的中职物流服务与管理专业群，如图1所示。目前区域产业集群的变革日渐深化和泛化，广西职业院校要想加快落实专业群与产业群的对接，需进一步加快建设专业群的动态管理机制，让专业群跟产业群

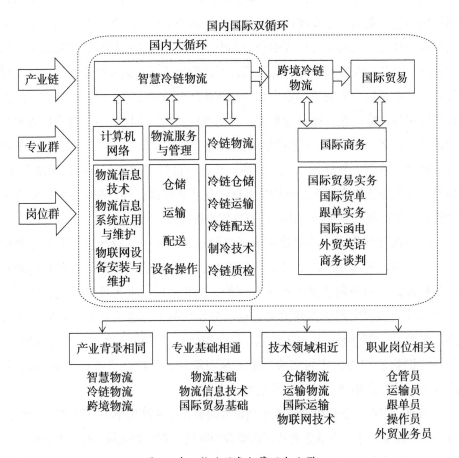

图 1　中职物流服务与管理专业群

密切联系，紧跟产业群变革发展。

广西职业院校应当积极组织、安排院校专家、资深的业内人士和相关企业的管理者一同组建专业群的动态监察管理委员会，主要负责校内各专业的调整规划工作。同时，广西职业院校在专业群的建设过程中应有良好的质量意识及效益意识，谨记专业群建设的目标，并力求专业群建设办法能不断改进更新，贴合产业群企业发展，有计划、有目标、有规律地推动专业群发展，从而建立起有可持续发展机制的、系统化的专业群，提升广西院校在专业群建设方面的水平。

同时，广西职业院校也应当构建相应的监督评价机制。在建设区域内物流产业群的过程中，切勿因只关注相关政策的出台以及专业人才培养的调整，而忽略了专业群建设过程中出现的问题。广西院校要在监督评价机制上做好相应的准备工作，构建监督评价机制，组建监督评价小组，在专业群建设的过程中做到监督建设质量，把握建设进度，为专业群建设的各项改进工作提供可量化的数据依据。

2. 明确专业群培养目标，分层分方向培养

结合广西物流产业发展方向，以冷链物流产业为对接目标构建专业群，培养服务智慧冷链物流产业的一线复合型技术技能人才。广西职业院校在人才培养上应当对服务智慧冷链物流产业一线人才需求情况以及变化趋势进行深入调查和分析，结合企业的实际情况，综合考量区域内产业群的结构，行业内的人才结构，在专业群和产业群相匹配的基础上，设立人才培养标准，实现高质量、高素质、高匹配的人才培养计划。在培养专业人才的同时，不要闭门造车，要与产业群内的企业进行深度合作，积极开展产教融合，让专业教学内容与产业前沿的技术知识同步，为企业转型升级提供具备相应知识、技能的人才。另外，在教学项目、课程标准以及教材编写方面，职业院校与企业应当共同探索，结合双方优势，建设教学资源库，制定标准，为人才的培养提供新方法、新途径、新目标，不断提高人才培养质量。

结合中职学校以及产业群企业的力量，为高素质复合型人才提供强有力的教学资源保障。在过往的职业院校培养过程中，盲目地追求热门专业培养人才，容易造成人才资源的浪费，出现一些行业人员需求饱满，而某些行业人员供不应求的情况。分层分方向培养，可以结合产业群企业需求，为企业

提供相应的人才资源，做到高度匹配。同时在高素质复合技术型人才的培养方面，培养出专业知识扎实，实践能力较强和文化素养较高的人才。能够让职业院校培养出来的学生可以满足产业群企业的人才需求。

分层培养的重点在于，中职学校应当充分调研产业群企业人才需求，科学合理地调整院校专业设置，不盲目开设热门专业，综合各方力量，做到结合实际，落实地方，为产业发展提供数量充足、质量过硬的技术技能型人才。

3. 资源协调共享，打造专业群品牌特色

通过资源协调共享，打造特色品牌专业群，开展产业复合型人才标准和规格的研究，制定专业群人才培养方案，构建"底层共享＋中层分立＋高层互选"的课程体系，建设品牌专业群"双师型"教师教学创新团队，建立实训资源、实训基地共享机制，提升品牌专业群社会服务功能。

广西职业院校应当完善专业群建设体系，为产业群提供相匹配的专业人才。这不仅是广西职业院校培养人才的重要目标，也是我国实现制造强国的战略基础。在人才培养中，除了应当注重职业院校与企业建立紧密联系，共同合作，在师资力量方面也应进行优化，不断提升教学质量，为人才的培养提供更有利的条件。分层次分方向的培养模式对师资力量也有更高要求。教师在培养人才的过程中不仅需要针对教学过程设计教学方案，同时也应当对相应的行业岗位有着较高的理解。因此，教师也应加强与产业群企业的联系，加深自身对行业及企业的理解，为教学提供更贴合实际的教学素材。同时，职业院校也可以适当地邀请产业群企业的优秀在职员工为学生开展教学活动，加强学生对行业的理解、提高专业技术技能。职业院校也要注重为专业型人才搭建一个可以打磨其自身能力的综合实训平台。在这一过程中，职业院校可以积极利用产业群企业、资源，与企业进行深度合作和交流。

四、结束语

综上所述，广西中职学校应当把握当下时代机遇，在国家政策的大力支持下，加强与产业群的合作，为广西地方产业发展提供具有综合素质的技术技能型人才。

▶▶ 对应智慧冷链物流产业构建中职物流管理与服务专业群的研究

随着我国社会经济的全面发展和进步，智慧冷链物流产业迅速发展，逐渐成为重要产业之一。要想在国际智慧冷链物流产业上获得竞争优势，培训合格的物流人才是关键。中职是培养智慧冷链物流产业技能型人才的重要院校，也是我国职业教育的重要组成部分。在这样的背景下，相关院校对如何构建中职物流管理与服务专业群展开了积极研究。服务专业群是近年来中职院校各类专业的主要发展方向，可以有效提高教育质量，提升院校的竞争力。构建中职物流管理服务专业群可以最大化利用教育资源，提高物流专业的教学灵活性，培养出合格的物流人才，因此，在中职院校物流管理的建设和发展中，必须高度重视服务专业群的建设。

一、智慧冷链物流产业对人才需求的新变化

1. 智慧冷链物流产业发展情况

智慧冷链是一个与人们生活息息相关的产业，特别是在当今社会和经济发展水平不断提高的情况下，消费者群体越来越意识到智慧冷链的重要性，但是我国智慧冷链物流产业起步较晚，因此发展较慢，当前小型智慧冷链行业远远不能满足大型市场需求。随着政府鼓励和支持政策的出台，越来越多的物流企业进入智慧冷链市场。智慧冷链物流是物流业的重要分支，直接影响物流活动的效率。借助高效的智慧冷链物流，可以减少产品损失，确保产品质量，增加农民收入。智慧冷链物流业产业构建将极大地促进水产品、医药、水果和蔬菜等许多其他行业的发展。智慧冷链物流产业主要分为以下几类。

（1）冷饮物流市场

我国冷饮生产企业主要集中在华东、华北和中南地区，发展极为迅速，

其中以蒙牛、伊利为代表。在国内冷饮生产和销售稳步增长的同时，激烈的市场竞争也让冷饮的生产进入了利润微薄的时代。

（2）肉类产品智慧冷链物流市场

我国的肉类加工业已经走过了市场发展的初期阶段，目前正处于成长阶段。未来十年，肉类加工业将进入快速发展的新时期。随着我国城市化进程的加快和农民收入的增加，肉类消费将在很长一段时间内持续增长。肉类产品智慧冷链物流市场也必将迅速成长。

（3）速冻食品智慧冷链物流市场

自1995年以来，我国速冻食品的年产量每年增长20%，据不完全统计，近年来，我国速冻食品企业约有2000家，速冻食品已连续多年成为连锁超市中的主要商品。速冻食品对储存和运输有非常严格的要求，速冻食品智慧冷链物流市场发展非常迅速。

（4）乳制品智慧冷链物流市场

自1990年以来，我国的乳制品进入了快速发展时期。通常，生产的鲜牛奶需要运输到乳制品厂进行加工。是对鲜度有严格要求的产品，必须每天配送。为了保证质量，对鲜奶的运输有特殊要求，为防止鲜奶在运输过程中温度升高，特别是在夏季，运输通常在早晨和晚上进行，通常是专用的牛奶罐车；为了减少运输时间，严禁沿途停车；为避免在运输过程中受到污染，必须对运输容器进行严格消毒，并且必须紧密关闭容器中的盖子以防止运输过程中温度升高。随着我国乳制品消费需求的持续增长，乳制品智慧冷链物流市场发展也极为迅速。

2. 智慧冷链物流产业人才需求特点

智慧冷链是通过信息技术改造传统冷链物流的技术，因此对产业人才提出了更高的要求，相关的人才缺口也非常大。在这样的背景下，我国政府也非常重视智慧冷链物流产业的人才培养，多所院校也开设相关专业，但仍难以满足市场对人才的需求。中职教育应确定发展方向，积极适应社会发展的需要，培养足够的专业技术人才。为了缩小物流培训标准和企业人才需求之间的差距，中国物流与采购联合会对物流企业的工作要求和能力进行了调查，并制定了相关标准。智慧冷链物流产业人才需求特点主要体现在知识、能力和素质方面，即智慧冷链物流产业的人才既需要具备现代信息产业的知识与能力，还要具备传统物流产业的知识与能力，并具备较高的道德素质。因此，当务之急是根据智慧冷链物流产业的需求，形成按需培养的模式，构建中职物流管理与服务专业群的专业课程体系。

二、中职物流管理与服务专业建设现状

1. 专业结构单一

当前，中职物流管理课程理论性较强，在教学过程中，教师更多的是讲授专业理论知识，实践较少。学习内容复杂、枯燥，难以激发学生的学习兴趣。同时，与国外相比，我国物流管理专业结构单一，这使学生的视野受限，创新思维受到限制。物流行业中的相关职位不仅要求学生具有丰富的理论知识，而且要求他们具备实操技能。但是，现在许多院校物流管理专业理论课较多，实践课程较少。此外，实训设备前期投资较大，导致很多院校无法采购足够的实训设备，学生实训时间和机会较少。

2. 人才培养方案与课程体系陈旧

当前，许多中职院校在物流管理人才培养方案中仍以基础课程、专业基础课程和专业课程的课程体系为基础。尽管较为系统和全面，但是内容多有重复，造成了资源浪费，还不利于人才的培养。我国中职的物流管理课程体系基本上模仿了本科和国外高等教育课程的编制体系和模式。近年来，课程改革虽然取得了长足的进步，但并没有完全消除传统的学科模式的局限性，课程体系与企业需求的不匹配导致人才培养与需求之间存在巨大差距。主要表现在以下几个方面。①物流专业人员的培训目标不明确，中职教育的特点不明显。②课程体系不符合专业能力要求。③课程内容不符合职业资格标准。中职物流管理人才培养方案与课程体系尚未形成培训专业人才和企业需求目标的有机统一，培训课程体系需要调整。因此，应该以工作要求为基础，构建以专业能力为核心的中职人才培养方案与课程体系，让人才适应行业和企业的需求。

3. 师资力量薄弱

目前，我国大多数中职院校都聘用专职和兼职教师，师资力量主要是由

高校自己的中职院校老师，以及少部分社会招聘专职教师组成。尽管师资力量得到了相对保证，但仍然缺乏真正适合中职教育的"双师型"教师，教师的综合素质普遍需要提高。此外，还有部分政府和企业组织的中职教育培训，这种情况下，教师大多是招募的兼职教师，教师的素质很差，教育质量也难以保证。尤其是中职物流管理相关专业的教师不足，师资队伍能力结构薄弱，形势并不乐观。师资不足主要有两方面原因：一方面是我国教育的普及太快所造成的师资不足；另一方面是我国的中职物流管理专业，尤其是智慧冷链仍处于发展初期所造成的师资不足。

三、中职物流服务与管理服务专业群的构建

1. 服务专业群的构建逻辑

服务专业群构建应对接智慧冷链物流产业链和岗位群，按照专业基础相通、技术领域相近、职业岗位相关、教学资源共享的原则构建。所谓的服务专业群是根据职业技术类别分为几个专业或专业领域构建服务专业群。在构建服务专业群的过程中，应根据市场需求和学校的定位和发展思路确定中职物流管理专业的发展思路，并确定核心专业。其后以核心专业为基础，根据职业技术类别构建服务专业群。在中职物流管理构建服务专业群的众多想法中，围绕产业链构建服务专业群是一种很明智的方法。就跨产业部门联系而言，产业链是指基于特定的技术和经济联系，并基于特定的逻辑关系以及时空布局的关系形成的不同产业部门之间的链式联系。中职物流管理服务专业群的结构和调整是构建在联系产业链的构成和发展的基础上的，可以使人才教育密切关注行业人才需求的变化，这反映出了职业教育的特点。按照专业基础相通、技术领域相近、职业岗位相关、教学资源共享的原则，以物流服务与管理专业为核心，涵盖智慧冷链物流、国际商务、计算机网络（物联网）等专业构建起"一个核心、三个方向"的专业的物流管理服务专业群。

2. 服务专业群的构成及任务

通过整合相关专业构建起具有品牌效应的中职物流服务与管理服务专业

群。开展产业复合型人才标准和规格的研究，制定服务专业群人才培养方案，构建起"底层共享＋中层分立＋高层互选"的课程体系，建设品牌服务专业群"双师型"教师教学创新团队，构建实训资源及实训基地共享机制，从而培养服务智慧冷链物流产业一线的复合型技术技能人才。

（1）制定服务专业群人才培养方案

通过研究和分析，将物流管理服务专业群中的各个专业方向总结为3~4个核心职位，然后对其进行改进和组合，最后为每个专业方向构建3~4个核心课程。这些核心课程的精心设计可以使物流人才具备各类智慧冷链物流产业中相关职位的基本技能和能力，并制定符合实际情况的服务专业群人才培养方案。

第一，整合和组织课程内容：服务专业群人才培养方案应根据核心课程的学习目标，以职业专业能力为基础，同时考虑学生的心理认知规律，整合和组织课程内容，反映专业能力的培养深度。

第二，创新教学方法：服务专业群人才培养方案应采用理论与实践相结合的教学方法和教学模式，按照咨询、决策、计划、实施、测试和评估的原则发展学生的综合专业能力，对教学方法进行改革，采用多种教学方式进行教学。

第三，创新考核方法：为了充分调动学生的学习积极性和主动性，培养团队合作和工作责任感，采用多元化的考核方法，通过过程考核与结业考核相结合的模式改进考核方法，并以过程考核为主。

（2）构建"底层共享＋中层分立＋高层互选"的课程体系

服务专业群的课程体系应包含智慧冷链物流产业所需的基本知识和基本技能，以及各种专业技术。根据社会的培养要求进行所有专业的培训，并强调现代社会所需的基本素质，构建"底层共享＋中层分立＋高层互选"的课程体系。①底层共享即基础课程，主要包括管理技术知识、物流技术基础知识和基本技能，这对于专业物流管理团队的所有专业都是必不可少的。该类课程可以进行共享教育，以提高教学效率，节约教学资源。②中层分立主要是自定义不同专业领域中的模块，包括反映专业领域特征的课程。每个模块都是专业理论和专业技能的综合，这些专业知识和专业技能对于在专业方向上担任专业职位很有必要。③高层互选是指完成以上课程后，学生已经具备担任一定专业职位的能力，在此基础上，可以根据就业需要选择其中一个定向模块进行培训，可以更好地解决与在服务专业群中进行各种专业方向的人才分流培养有关的问题。在构建"底层共享＋中层分立＋高层互选"的课程体系时，不仅考虑第一职位的需求，而且考虑第二职位的需求以及将来再教育的需求。

（3）建设品牌服务专业群"双师型"教师教学创新团队

建设品牌服务专业群"双师型"教师教学创新团队，首先要做好师资队伍的建设，特别是要按照专业的合理结构，调整师资的分配结构，形成整体协同作用。主要如下：

第一，调整师资分配以形成课程组责任制：师资分配在服务专业群中应克服专业教师的局限性。每门课程的师资不再定向分配，而是根据每个专业教师的优势统一分配。分配原则：每门课程由三名课程教师组成一个课程组；每个课程组确定一位课程负责人，由其领导课程组成员完成整个课程的设计和构建；每位教师至少负责一门课程。不仅实现教师资源的共享，而且形成了竞争机制。同时，还可以减少教师的工作时间，以便教师参与课程的开发和改革。

第二，加强青年教师的培训：为年轻教师创造多样化的进修环境，并努力提高现有教师的学历和职称。

第三，培训"双师型"的骨干教师："双师型"的骨干教师的关键是提高教师的实践能力。可以采取加强相关企业交流，定期派遣优秀教师到企业实践学习，并要求企业优秀技术人员到校教学等方法。

（4）构建实训资源及实训基地共享机制

针对实训基地和设施投资较大的问题，可以构建实训资源及实训基地共享机制以降低相关成本，并提高实训基地和设施的利用率。服务专业群的优势之一是可以使用相对较小的投资来创建相对完整、高级和稳定的实训体系，以满足培训需求。因此，在构建服务专业群时，必须注意体系的配套建设。主要如下：

第一，共享型实践教学平台：中职物流服务管理服务专业群应在课程体系基础上构建共享型实践教学平台，充分利用实训资源，最大限度地发挥服务专业群的优势，并降低培训成本。共享型实践教学平台应将教学、培训、技能、创新结合在一起。学生不仅可以在仿真环境中训练个人技能，同时还可以与其他学生合作完成物流业务，提高学生的实践能力。

第二，创建开放型实训基地：开放型实训基地，不仅可以增加使用实训基地的使用效率和补充营运资金，更重要的是，对社会表明实训基地具有融入社会的基本条件。

四、总结

中职物流管理专业人才必须适应市场需求，成为社会发展和物流业发展所需要的高技能专业人才。在构建服务专业群的过程中，应分析智慧冷链物流产业人才应具备的基本素质、专业能力和工作技能，以智慧冷链物流产业现状和发展趋势为基础，构建中职教育物流管理服务专业群，使学生能够掌握相关工作能力，以适应企业的发展需求。

▶▶ 物流产业复合型人才标准与规格研究与培养策略

社会经济的繁荣发展使网络购物也在成为人们日常生活的重要方式。伴随 5G、大数据等新技术的前进，网络购物必然迎来更加光明的前景，旺盛的物流需求也应运而生。面对社会形势的转变，作为培养人才的重要平台，学校教师应当及时变革教学理念，更新教学方法，以适应物流产业对人才的要求，将我国物流产业做强做大。物流产业属于复合型生产服务产业，是支撑国民经济发展的基础性、战略性产业，物流人才也一直是国民经济发展的紧缺人才。社会对物流人才的需求与物流人才的紧缺形成了鲜明矛盾，而解决这一矛盾的主体则是学校。因此，探讨物流产业复合型人才标准与规格及相应的培养策略就成为值得研究的一项课题。

一、物流产业复合型人才标准

相关数据显示，我国有 1000 多所高职院校和 900 多所中等专业学校开设了物流类专业，在校高职学生超过 30 万人。但是，对于培养什么样的人才、构建什么样的知识体系等问题，各所学校并没有达成共识。关于物流产业复合型人才标准，依旧众说纷纭。结合实践经验，本文认为，物流产业复合型人才应当具备如下三项条件。

1. 实践能力强

正如俗话所说，"物有甘苦，尝之者识；道有夷险，履之者知"，实践方能出真知，对于物流专业来说，更是如此。作为一门实践科学，物流人才的培养一定是源于实践，即便把书本上的知识全部掌握，如果不经过实践也无异于纸上谈兵，这是因为影响物流的外部因素非常复杂，而且处于不断地动态变化中，而书本上的知识是固定不变的，如若只用理论去硬性套用有可能会出现错误，甚至会闹出笑话。

2. 综合素养高

物流是一门综合学科，物流的运营往往涉及多环节、多层次，也会涉及众多专业知识，如仓储、运输、金融、IT、统计、人力资源等学科。所以要解决物流难题绝非易事，需要复合型人才基于丰富的知识予以把控。然而，随着社会对物流专业人才需求日益增大，许多学校开设了这一专业，在课程设置上却未经深思熟虑，往往是借鉴国内其他职业学校开设的课程来设计自己的课程，失去了自身的特色，盲目堆砌课程，教学不成体系。此外，受教育时间的限制，多数职业学校仅注重理论知识的讲授，不重视综合素养的培养，理论知识与课后实践没有形成有效的融合机制。

3. 有创新能力

21 世纪是不断变化的时代，科技进步一日千里，试图以传统思维做出一番成就是不可能的，唯有树立创新思维，保持创新热情，具备创新能力，才能够行稳致远，闯荡出一片天地。正如谚语所言，"条条大路通罗马"，解决任何一项物流问题的方案都多种多样，这一特性也就解决了即使是同一项物流问题，其成本也有多种，这种多样性的业务特点为业务创新提供了土壤。于企业而言，企业追逐利润最大化，通过不断探求更好地解决物流问题的方案，为企业减少成本；于客户而言，客户追求的是性价比，是增值服务，不断地进行业务探索才是业务不断发展扩大的源泉，这就要求物流人才可以创造性的完成工作，通过业务创新实现自我价值。

二、物流产业复合型人才培养策略

物流产业复合型人才培养是一项综合性、系统性的工程，绝非一日之功，不可能一蹴而就，而要从多方面入手，多角度切入，结合实践经验，本文认为可从以下四个方面做起。

1. 围绕产业打造物流专业群

随着物流行业的迅猛发展，如今的专业课程早已跟不上实际需要，滞后的课程设置反而成了障碍，学生无法从中学习到真正有用的知识。审视物流产业发展现状，可以发现发展势头比较好的还有智慧物流、冷链物流等。未来，随着市场的需要，相信还会有更具体的分工出来。这些细分领域的增多，对于物流从业者而言，都是机会。围绕产业打造物流专业群，正是为了充分挖掘学生的学习兴趣，配套相应的课程，培养学生支撑岗位工作所需的基本知识、技术技能和职业素质。

2. 构建校企合作人才培养模式

2003 年国家劳动和社会保障部正式颁布了《物流师国家职业资格标准》，经严格考核，合格者获全国通用的物流师、助理物流师职业资格证书。这表明，国家对于物流人才的培养与发展给予了充分的重视。在此基础上，政府应当出台相关政策，鼓励校企之间深度合作。此外，职业学校在进行教学时，应当注重学生实践动手能力的培养，并将其作为重要的教学目标，凸显职业学校人才培养特色。在四年的在校教育中，应当划定特定时间进行实践教学，可定期组织学生到一线工作岗位参观、学习，加深学生对理论知识的直观认识，通过与相关企业建立合作关系，为学生提供各种各样的实习基地，让学生能够尽可能多地体验相关职业的操作方式。学校与企业加强合作，对学生的实践能力的提升具有极大的促进作用，学生在企业中见习的时候，必须运用、结合所学的所有知识，去处理专业内相关的实际问题，而且相对学校来说，在企业中节奏快，工作强度大，对其实践能力提升极大。

3. 构建起"底层共享+中层分立+高层互选"的课程体系

课程体系之于授课，就如同航线之于航海。一个科学合理的课程体系发挥着不可或缺的作用，指引教学工作高效率展开。"底层共享+中层分立+高层互选"是新时代崭新的教学理念之一，旨在全面提升学生的综合素质，扩大学生的知识面，使其能够满足物流产业对人才的要求。所谓底层共享，即物流专业群的专业方向具有同样的公共基础课平台和专业基础课平台，能够实现"基础共享"，公共课基础平台旨在为学生进一步学习提供方法论，为培养德、智、体、美、劳全面发展的人才打下良好基础；专业基础课平台主要培养学生的管理、运筹、计算机等基本操作技能，为专业核心课程学习打下坚实基础。中层分立，即根据不同专业方向所涉及的技术产业特点、职业岗位、学生就业创业需要，开设不同的专业核心（方向）课程和实践专项，实现"核心分立"，旨在培养学生的专业理论及职业技能。高层互选，即在掌握扎实的专业理论及核心（方向）技能的基础上，在专业方向开设可供交叉互选的专业群拓展课程平台，实现"拓展互选"，巩固和强化学生的专业知识及职业技能，同时培养学生的知识迁移及跨岗位就业能力，培养学生的职业素质及综合技能。

4. 建设专业群"双师型"教师教学创新团队

教师作为深入教学过程的一线人员，其思想素质与能力水平对于校企合作开展的质量有着举足轻重的作用。教师要摆脱传统教育观念的束缚，汲取现代教育理念，提升自身素质。校企合作为教师提供了教学的重点与方向，教师必须重新审视教学现状，厘清教学重点，摆脱传统教育观念的桎梏，从学生的实际情况以及市场对物流产业复合型人才的要求出发设计教学内容。为此，职业学校应当给予教师一定的自主发展空间，使其有充分的时间完善自身，多阅读专业书籍，丰富知识储备。此外，要鼓励在职教师积极进修，保证教师能够与一线人员有较多的交流学习机会，了解如建筑等行业的发展态势，扩展教师知识面，将知识运用于课堂教学。如此，打造出既懂理论知识，又掌握实践经验的"双师型"教学创新团队，为物流产业复合型人才的培养提供坚实的保障。

三、结束语

时代在不断向前发展，但课程体系的改革与调整却是一个永恒的课题。当前市场的人才结构发生了较大变化，对物流专业人才的素质要求也有了很大提高，职业学校应当积极响应这些需求，明确复合型人才应当具备的三大素质，即较强的实践能力、较强的综合素养以及创新能力，进而采取相应对策，包括围绕产业打造物流专业群、构建校企合作人才培养模式、构建起"底层共享＋中层分立＋高层互选"的课程体系以及建设专业群"双师型"教师教学创新团队，扎扎实实培养物流产业复合型人才，为时代发展输入源源不断的人才。希望本文提出的几项措施能够在实践中得到运用，改善职业学校物流产业人才培养现状，打造出更加科学合理的人才培养体系，为新时代的发展输送更多的高素质人才。

▶▶ 以"立德树人"为根本推进中职物流品牌专业群建设

——以广西物资学校为例

一、职业教育以"立德树人"为根本的政策背景

（一）国家对职业教育"立德树人"的政策要求

《国家职业教育改革实施方案》明确提出：健全国家职业教育制度框架。具体内容为不断朝标准化建设发展，以完善职业教育体系为依据，为四个现代化提供制度保障与人才支持。其中，开宗明义强调职业教育要落实好立德树人根本任务，健全德技并修、工学结合的育人机制，从而在一定程度上规范人才培养全过程。该要求说明了"立德树人"教育的重要性，需要教师将"立德树人"融入学科教育、知识文化教育、管理教育等各个环节，从而为社会输送高质量、高水平的人才。

（二）国家对专业群建设的"立德树人"导向

教育部等六部门印发的《关于加强新时代高校教师队伍建设改革的指导意见》中明确指出，"准确把握高校教师队伍建设改革的时代要求"。该政策明确了立德树人的根本任务，并提出以强化高校教师思想政治素质和师德师风建设为首要任务。通过一系列的改革举措，可以在一定程度上提高教师的综合专业素质，从而提升人才培养的质量。

除此之外，在"双高计划"下，高职院校专业教师的基本发展价值取向也明确了其基本任务，在"双高计划"的建设中，高职教师要时刻牢记党的使命，在"四有好老师"的标准要求下，不断将立德树人的教育要求作为自身的教育准则，从而推动学生的全面发展。

（三）广西对职业教育专业群建设的导向

广西响应国家号召出台的一系列职教改革政策，如中职专业群发展研究

基地建设、品牌专业群项目申报等，凸显职教立德树人，通过打造品牌专业促进中职学校的专业建设水平提升，进而为社会输送德智体美劳全面发展的新型人才。

在广西地方文件中也明确提出了要推动高职学校和中职自治区示范校和品牌专业的建设，从而推进"双高"建设。"双高"建设中的"双高"则是指高水平职业学校和高水平高等职业专业群。

二、中职物流专业建设现状与不足

（一）专业结构单一，无法培养复合型人才

在新时期下，物流专业呈现出了较强的发展趋势。但是，由于我国的物流发展较晚，物流专业是一个新兴的专业，在专业的结构设置上较为单一，课程相对也不够丰富。

对于中职生来说，由于基础知识储备较少，若教师无法采取学生感兴趣的教学方法，学生难以对相对单一的课程学习保持兴趣。

除此之外，我们发现，很多中职物流专业教师只为学生讲解物流理论知识，对于与实践活动的结合较少，这就很难让学生对物流有一个高水准的认知。因此，在专业结构单一、教师教学方法单一的情况下，无法为社会培养复合型人才。

（二）专业发展瓶颈，资源缺少需整合

对于中职物流专业的发展来说，由于起步较晚，在研究上具有一定的制约性。在此基础上，物流专业的发展在没有创新性的思想前提下，处于瓶颈的状态。

除此之外，目前物流专业授课的教师，多为年轻教师，缺乏在物流行业从业的经验，从而使教师在教学时，更多的是对理论知识的讲解，缺乏实践环节。教师队伍的缺少，是让中职物流专业发展遭遇瓶颈的原因之一。若无法优化中职教师的队伍建设，让中职教师的思想更加先进，专业长期持续发展将难以实现。

此外，面对物流专业日新月异的行业发展和技术升级，专业需要投入大量的资金进行设备采购及维保，建设资金的需求是现有分专业、分散投入机制所无法保障的。

（三）专业研究滞后，面对高速发展的物流产业应对不够

对于物流专业来说，我国发展较晚，在摸索中不断前进。近几年，由于电子商务的兴起，物流发展速度较快。在高速发展的物流产业面前，中职学校的物流专业研究较为滞后，从而在一定程度上影响了物流产业的发展。

当物流专业研究与物流产业发展不匹配时，中职院校无法为社会输送高质量的物流专业人才，从而在一定程度上影响物流产业的发展。因此，为了让物流产业得到健康且稳定的发展，中职院校必须时刻关注物流专业研究的前沿及热点，并持续保持高度重视的态度，让物流专业的研究更有效。

三、品牌专业群打造提升物流专业建设水平

（一）对应产业链建立专业群

结合广西物流产业发展，根据物流专业及相关专业现有优势基础，广西物资学校明确服务冷链物流产业，对接智慧冷链物流产业链和岗位群，通过整合物流服务与管理、冷链物流、国际商务、计算机网络（物联网）等专业构建起具有品牌效应的中职物流服务与管理专业群，将产业对劳动者的人才规格需求变成专业群培养目标，把从事冷链物流所需的德育元素纳入专业群培养过程，从而培养适应现代冷链物流发展的复合型劳动者。

（二）专业群人才培养模式创新

在提高整体教育教学水平的基础上，探索专业群人才培养模式，培养复合型人才。依托广西物资集团、广西冷链协会以及广西物流职业教育教学指导委员会等优质资源，探索形成"政、行、企、校"多元协同合作办学格局，聚焦智慧冷链物流产业链关键要素环节，通过实行灵活的招生入学管理制度，与企业联合培养现代学徒制人才、与高职院校合作开展"2+3"中高职衔接人

才培养，构建 1+X 育训结合的新机制，实施实践能力强、综合素养高、创新能力强的产业复合型人才培养，如图 1 所示。

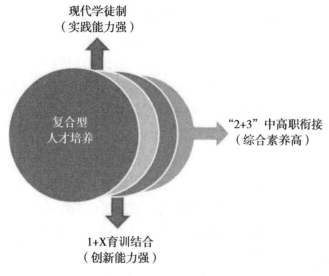

现代学徒制
（实践能力强）

复合型
人才培养

"2+3"中高职衔接
（综合素养高）

1+X育训结合
（创新能力强）

图 1　复合型人才培养模式

（三）专业群课程体系改革

围绕物流产业复合型人才标准及人才规格开展深入研究，制订智慧冷链物流专业群人才培养方案，构建"底层共享＋中层分立＋高层互选"的物流专业群课程体系。聚焦物流相关职业岗位、典型工作任务、职业能力进行分析，构建"底层共享＋中层分立＋高层互选"的智慧冷链物流品牌专业群课程体系。

专业群内各组成专业均设置"语文""数学""英语"等能够实现"底层共享"的为培养德、智、体、美、劳全面发展的技能型人才打下良好基础的公共基础课。

同时设置有"物流基础""物流设施设备操作与维护""办公自动化""商品知识"等"底层共享"的主要培养学生计算机办公应用、信息资源获取处理、物流设施设备操作与维护等基本操作技能的，为专业核心课程学习打下坚实基础的专业基础课。

在学生掌握了扎实的专业理论及核心技能的基础上，四个专业的方向课程可设置专业群拓展课程，以供各专业学生交叉选学。例如，在计算机网络技术和物流服务与管理两个专业的方向均设置"物联网应用技术"专业群拓展课程，不仅可以加强学生的专业知识及职业技能，还能培养学生的知识迁移及跨岗位就业能力。

在"底层共享＋中层分立＋高层互选"的智慧冷链物流专业群的课程体系建设过程中，中职院校教师要紧跟当前的物流发展形势以及特点，加强学习，并在此基础上，不断研究专业群的课程平台，为培养高素质技术技能型人才提供保障。

（四）专业群师资团队建设

在建设"双师型"教师创新队伍时，不断深化产教融合，从而在一定程度上鼓励企业参与到教师的队伍建设中，建立健全"双师型"教师教学创新团队建设机制，为团队持续发展提供良好的制度环境，引育并举，重在培育，全面提升专业群带头人的水平；鼓励有实力的优质企业深度参与教师教学创新团队建设，深化产教融合，做到"校企协同，专兼结合，双向互通"，打造高水平双师型教师教学创新团队；优化团队结构，协同创新，打造跨专业集成的高水平服务创新团队。

（五）专业群资源共建共享机制创新

建立实训资源及实训基地共建共享机制是中职学校在立德树人背景下创建的新型物流专业群新机制模式。对中职学校而言，开展实训是提高学生职业能力和就业竞争力的主要渠道和途径，而专业群建设的关键内容之一就是对实训资源的开发整合利用。

一是大力发展校内实训基地建设，实现专业群内各专业实训资源共享。建立融入"信息＋"的智慧物流实训室，建立融入"智慧＋"的智慧冷链物流实训室，建立融入"技术＋"的物联网实训室，建设融入"互联网＋"的国际商务实训室。进而实现真正意义上的对中职学校复合型技术技能人才的培养。

二是依托行业和企业等多方力量，积极开展校企深度合作、联合育人的实训基地。

此外还可以"比赛引领，服务社会"为导向，力图通过技能比赛来锻炼学生的职业技能和职业素养，学校按照企业岗位工作要求积极推进活动，积极开展行业培训，使用专业群资源对区域内其他中职学校进行帮扶，接受来访、观摩，实现资源开放共享，发挥品牌专业群引领和辐射作用。

四、结束语

在立德树人的背景下，物流专业在为社会输送着各式各样的德、智、体、美、劳全面发展的技术技能型人才。但是，中职物流专业在发展过程中，仍然存在着不足。本文主要阐述了三方面的问题，亟须中职学校以及社会各界凝聚智慧共同努力来解决。在此基础上，以广西物资学校的专业建设为例，提出通过品牌专业群的建设，提升物流专业建设水平，并在一定程度上提升学生的职业道德素养、技术技能水平以及职业综合能力。

▶▶ 1+X 证书制度下"岗课赛证一体化"的中高职衔接电商人才培养模式实践研究
——以广西物资学校电子商务专业为例

在大数据和信息化技术快速发展的推动下，企业越来越青睐复合型技能人才。目前企业需求与职业教育培养人才之间的差距，也引起了国家层面前所未有的重视。近年来，国家陆续出台了一系列针对职业教育改革创新发展的新政策。尤其是国务院于 2019 年印发的《国家职业教育改革实施方案》（即职教20 条）明确提出职业教育将启动 1+X 证书制度，将学历证书要与职业技能等级证书结合起来，这也是国家对职业教育改革和创新的重大举措。

为了能够培养出以职业能力为核心、适应社会需求的技能型人才，广西物资学校电子商务专业经过实践研究，构建了基于 1+X 证书制度的"标准引领、岗课赛证四位一体、三级递进"的中高职衔接电子商务专业人才培养模式，对培养能够胜任电子商务各个岗位的复合型、可持续发展的技术技能人才有重大意义。

一、相关背景及意义研究

1. 1+X 证书制度的背景研究

职教 20 条提出启动 1+X 证书制度试点工作，这是职教 20 条的一项重要创新。人才培养模式是 1+X 的核心，学历证书与职业技能等级证书相结合是1+X 证书制度的内涵。学历证书是人才培养必须达到的基本要求，取得职业技能等级证书则是人才培养的具体要求。1+X 证书制度改革实则是人才培养模式的改革，即将以核心内容为基础要求与单项技能为专业技能要求相结合的培养模式，培养具有综合职业能力的综合型技能人才。

2. 中职电子商务专业 1+X 证书制度相关背景

2019 年 10 月，第二批 1+X 证书制度试点院校公布，与电子商务专业相关的 1+X 证书有网店运营推广和数据分析；2020 年 7 月公布的第三批名单中增加了跨境电商；2020 年 12 月公示的第四批名单中，新增了直播电商、新媒体运营、自媒体运营、社交电商运营等。职业院校面临的一个紧迫任务就是证书制度的落实。电子商务专业通过开展 1+X 证书制度工作，可以实现多渠道、多层次培养电子商务专业人才。依据电子商务专业职业技能等级标准和专业教学标准要求，将网店运营推广师（员）、电子商务数据分析师（员）、跨境电子商务师（员）、新媒体运营师（员）等证书培训内容，选择结合点，融入专业人才培养方案相关课程，优化电子商务专业课程设置和课程标准，针对性地进行教学组织与实施，并进行有效的教学方式改革，使电子商务专业人才培养更具有针对性、灵活性和适应性。

3. 职业技能大赛背景

在职业院校举办的职业技能大赛是衡量职业院校技能培养效果的重要考核指标之一，是根据职业教育不断创新改革而设计的重大制度，比赛规程严格依据国家职业标准、专业基础、企业岗位能力的具体要求设计，通过竞争体系建设，引导全员参与，达到"以赛促教、以赛促学、以赛促改、以赛促用"的目的。基于职业教育发展的新形势和在职业技能大赛内涵要求的背景下，如何实现以就业为导向的教学内容改革和工作岗位的对接、教学过程与生产过程的对接，通过证书考核和技能大赛的检验，是职业教育当前要解决的问题。目前在电子商务行业中，相关的比赛分为两类，一类是政府部门举办的全国职业技能大赛，另一类是电子商务行业指导委员会举办的行业赛。职业技能大赛内容与电商行业岗位相对应，划分为网店运营、直播电商、电子商务数据分析、跨境电商等赛项。

4. 中高职衔接相关背景

目前我国职业教育进入快速发展的阶段，应现代职业教育体系的发展需求，中高职教育衔接作为适应职业教育改革发展的需求，已成为职业教育发展的重要组成部分，衔接的主要模式有"3+2""2+3""3+3"等。目前的中高职衔接主要是在教育行政部门的批准下，中等职业学校和高等职业学校双方通过签订相关共同培养协议进行分段培养的。而由于中高职衔接教育分属于不同的学校，在具体实施过程中，在课程体系建设、课程设置、人才培养模式乃至实习实训教学等方面均会出现衔接不良、衔接断层或重复的情况。

二、"岗课赛证"内涵

课程是学生在学历教育期间，通过学校安排的相关职业教学与学习活动，以获取理论知识、提高职业技能和提升素质为根本目的的过程性学习；职业技能等级证书则是以结果为导向的学习，以学生考取某项职业技能为基本目的；职业技能大赛属于选拔性学习，在课程学习和考取职业技能等级证书上有更高的教学要求；职业岗位学习是针对企业岗位的适应性学习，是为学生能更好地适应岗位而进行的基础性学习，前者主要以职业素养、实践技能和知识经验为主，后者主要以职业能力为目的。

1. 职业岗位

职业岗位是最终载体：职业学校学生毕业即走向工作岗位。职业岗位是全面检验学生能否胜任的最终载体，能否在岗位上给企业带来和创造价值，则需要看学生在校期间课程知识掌握的程度、职业技能的熟练程度以及职业素养的养成程度，这些可以检验学校职业教育是否成功。

2. 课程

课程作为理论知识和技能提升学习的基本载体，能为学生职业发展提供基础，学生通过课程的学习夯实知识体系，为自己的职业成长提供重要的知识基础。

3. 职业技能大赛

职业技能大赛主要体现职业综合能力：职业技能大赛一般根据企业各岗位的综合技能设计考核内容，通常考核标准高于职业认证要求。竞赛不仅要考核学生掌握相关知识和技能的水平，更要考核在职业技能比赛中分析解决问题的能力，是包括职业素养、职业技能和职业知识的综合评价。

4. 职业技能等级证书

职业技能等级证书是体现职业技能能力的形式：职业技能等级证书依据岗位的具体工作内容来进行制定，因此考核内容有很强的实践性。学生通过职业技能等级证书验证自己掌握的职业技能熟练水平，也验证职业岗位中是否掌握了相关工作流程及工作逻辑。

三、构建基于 1+X 证书制度的"标准引领、岗课赛证四位一体、三级递进"的中高职衔接电子商务专业人才培养模式（见表 1）

（一）在 1+X 证书制度导向下，构建分向教学、对接企业项目和职业等级证书、衔接高职专业的个性化分类培养模式

1. 技能联考

学生在第 2 个学期末进行电子商务技能联考，该联考是由行业企业参与的职业教育第三方评价方法，为每个学生提供了个人能力分析报告，从联考优势、岗位群适应性、岗位胜任力和岗位全国竞争力四个方面进行了统计分析。帮助学生发现自我学习倾向和技能特长，让学生了解自身从事电商相应岗位的优势，从而帮助学生明确就业方向，找到适合自己的专业特长。为学生选择第 3、第 4 学期的专项技能方向班提供了科学的理论依据。

2. 分方向、对接企业项目教学

学生在第 3、第 4 学期通过技能确定自身的学习专项技能方向。电商专业通过职业岗位划分，分为五个方向班，分别是网店运营方向班、数据分析方向班、跨境电商方向班、网红与直播带货方向班、视觉营销方向班，并引入与之相对应的企业真实实践项目或成立订单班，加以与之配套的分方向课程进行专项技能培养，并到与技能方向对口的企业进行跟岗，真正做到与职业岗位无缝连接。

3. 衔接高职专业

目前中职的电商相关专业只有电子商务一个，但高职对电子商务专业进行了细分，共分为五个电商相关专业。以往，学生在报读高职时不知如何选择专业，但现在学生在第 3、第 4 学期通过技能确定自身的学习专项技能方向，并选择方向班进行专门化学习，当学生升学时，可选择与自己的专项技能方向相对应的高职专业：学生的五个方向班分别对应高职院校与电商相关的高职电子商务专业、高职商务数据分析与应用专业、高职跨境电子商务专业、高职网络营销专业和高职移动商务专业、高职设计类相关专业这五个专业。具体见表 2。

表1 "标准引领、岗课赛证四位一体、三级递进"中高职衔接电子商务专业人才培养模式

培养层次	基本技能 认知探究（初级，第1、第2学期）	专项技能 实战运营（中级，第3、第4学期）	创新技能 创新创业（高级，第5、第6学期，持续学习）
岗 岗位助理（学徒工）	1.网店运营助理 2.数据分析专员 3.跨境电子商务专员 4.新媒体营销专员 5.网络美工	店长主管：1.淘宝、京东、拼多多网店运营店长（50个淘宝、京东店铺运营） 2.数据分析师 3.跨境电商平台运营店长 4.网红、直播 5.设计师	总监：1.网店运营总监 2.数据分析总监 3.跨境电子商务总监 4.新媒体营销总监 5.设计总监
衔接高职（对口实习）／高职专业			1.网店运营管理对口实习（1.高职电子商务专业） 2.电子商务数据分析对口实习（2.高职数据商务分析与应用专业） 3.跨境电商对口实习（3.高职跨境电商务专业） 4.新媒体营销对口实习（4.高职网络营销、移动商务专业） 5.视觉营销对口实习（5.高职设计类相关专业）
课	专业基础课：1.网上开店、网络客服 2.电子商务数据分析开设基础 3.跨境电商运营 4.网络营销 5.网络美工	专业分方向课：1.网店运营管理 2.电子商务数据分析应用 3.跨境电商运营管理 4.新媒体营销、网站建设 5.视觉营销、网站建设	
企业订单真实项目引领、个性化人才培养	1.数据分析班（数据分析项目组） 2.跨境电商班（跨境电商订单班） 3.网红直播方向班（与MCN机构合作、打造网红） 4.网红带货方向项目引领班 5.视觉营销方向班（设计类子项目）		
赛 行业赛	1+X初级证；1.网店运营大赛 2.数据分析大赛 3.移动商务技能大赛 4.新媒体运营实战大赛	专项技能（中级，第3、第4学期）：1.全国职业院校电子商务技术 2.全国职业院校数据分析竞赛 3.全国职业院校跨境电商竞赛 4.全国电商竞赛（国赛）	1+X高级证；1.全国职业技能大赛电子商务（高职） 2.中国技能大赛电子商务（职工组）
证 1+X初级证	1.网店运营推广初级 2.电子商务数据分析初级 3.跨境电商初级 4.直播电商初级	1+X中级证：1.网店运营推广中级 2.电子商务数据分析中级 3.跨境电商中级 4.直播电商中级	1+X高级证：1.网店运营推广高级 2.电子商务数据分析高级 3.跨境电商高级 4.直播电商高级

复合型技术技能人才／职业技能人才

课程体系改革 ▲ 双师型教师培养 ▲ 教学模式改革 ▲ 评价体系改革

电商企业全程参与、校企深度融合

表 2   分向教学、对接企业项目和证书、衔接高职专业的个性化分类培养模式

方向班	实践项目（合作企业）	分方向课程	对口实习企业	衔接高职专业	职业等级证书
网店运营方向班	网店运营项目组（自营50个淘宝、拼多多、京东店铺运营）	网店运营管理	网店运营管理对口实习	高职电子商务专业	1+X网店运营推广
数据分析方向班	数据分析项目组（自营50个淘宝、拼多多、京东店铺的数据分析）	电子商务数据分析与应用	电子商务数据分析对口实习	高职商务数据分析与应用专业	1+X电子商务数据分析
跨境电商方向班	与广西南宁雀云网络科技有限公司合作开设跨境电商定单班	跨境电商店铺运营	跨境电商对口实习	高职跨境电子商务专业	1+X跨境电商
网红与直播带货方向班	与MCN机构（网红幕后支持团队合作，打造网红）	短视频与直播带货	新媒体营销对口实习	高职网络营销专业和高职移动商务专业	1+X直播电商
视觉营销方向班	网店运营、跨境电商项目组的设计类子项目	视觉营销	视觉营销对口实习	高职设计类相关专业	1+X广告设计

（二）在1+X证书制度导向下，构建"标准引领、岗课赛证一体化、三级递进"的中职电商专业课程体系

目前课堂教学的案例知识点单一，难以覆盖1+X职业技能等级认证和行业认证考试；授课方式和考证模式差距较大，导致考证通过率较低。通过"以岗定课、课证融合、以赛促教"构建课程标准和教学体系：即课程内容设置与电子商务的实际岗位能力要求相对接，根据职业技能等级认证和行业认证的内容要求优化课程内容，根据考证内容进行教学设计，并以考证通过率和技能竞赛的成绩体现教学成效。由于职业技能大赛成绩已成为中职教学质量的一个重要衡量指标，部分中职院校施行的人才培养模式，往往成为只为职业技能大赛服务的培养模式。每届的职业技能大赛各学校各专业一般都挑选几

个尖子生由最优秀的教师长期辅导，有些项目反而忽视了正常的日常教学。职业技能大赛如何走进课堂的问题没有得到有效的解决。通过"以岗定课、课证融合、以赛促教"构建课程标准和教学体系，让所有学生都能公平地享受优秀教育资源。

"标准引领"指的是将电子商务专业相关行业的职业鉴定标准和相关的职业岗位技能所要求的标准纳入电子商务专业课程体系，实现基于1+X证书制度背景下基于工作岗位的课岗融合，学生通过多形式、多样化的知识与技能学习，使学生在拿到毕业证书的同时取得职业技能等级证书，能真正学有所用，符合企业岗位需求。"项目课程、职业岗位、1+X职业技能等级证书、电子商务技能赛"是"岗课赛证"的四个内涵要素，在1+X证书制度的行业企业职业标准引领下，将电子商务五个方向职业岗位转化为五个以真实企业项目为载体的方向班课程教学，并结合1+X职业技能等级证书培训和电子商务技能赛四位一体的课程体系。整个课题研究思路可描述为课岗对接、课证融合、赛课结合。"三层递进"是指按照分层教学的理念，根据学生学习认知规律和事业成长规律，将职业技能等级分为初级、中级、高级并与学生的基本技能、专项技能、创新技能的技能培养相结合，逐步培养学生的认知探究、实践运营、创新创业能力。为实施的1+X证书制度提供可参考的课程范式。

表3为"1+X证书标准引领、岗课赛证一体化"电商专业课程体系的具体内容。

表3 "1+X证书标准引领、岗课赛证一体化"电商专业课程体系

方向班	（岗）职业岗位	（课）课程	（赛）职业技能大赛	（证）1+X职业技能等级证书
网店运营方向班	网店运营助理	网上开店、网络客服	"博导前程杯"网店运营大赛	1+X网店运营推广初级
	淘宝、京东、拼多多网店店长	网店运营管理	全国职业院校电子商务技能赛	1+X网店运营推广中级
	网店运营总监	对口实习	中国技能大赛电子商务师竞赛（职工组）	1+X网店运营推广高级

（续表）

方向班	（岗）职业岗位	（课）课程	（赛）职业技能大赛	（证）1+X职业技能等级证书
数据分析方向班	数据分析专员	电子商务数据分析基础	广西"博导前程杯"数据分析大赛	1+X电子商务数据分析初级
	数据分析师	电子商务数据分析与应用	全国"博导前程杯"数据分析大赛	1+X电子商务数据分析中级
	数据分析总监	对口实习	中国技能大赛电子商务师竞赛（职工组）	1+X电子商务数据分析高级
跨境电商方向班	跨境电子商务专员	跨境店铺开设与装修	"奥派杯"跨境电子商务大赛	1+X跨境电商初级
	跨境电商平台运营店长	跨境电商店铺运营	全国职业院校跨境电子商务竞赛	1+X跨境电商中级
	跨境电子商务总监	对口实习	—	1+X跨境电商高级
网红与直播带货方向班	新媒体营销专员	软文营销	广西职业院校"直播电商"技能大赛	1+X直播电商初级
		微营销		
	网红/直播	新媒体营销管理	全国职业院校"直播电商"技能大赛	1+X直播电商中级
	新媒体营销总监	对口实习	—	1+X直播电商高级
视觉营销方向班	网络美工	商品拍摄与图片处理	"博导前程杯"网店运营大赛	1+X设计类初级
		网络美工		
	设计师	视觉营销、网站建设	—	1+X设计类中级
	设计总监	对口实习	—	1+X设计类高级

（三）构建基于1+X证书制度背景下以技能大赛为助力的多元人才培养模式

依据电子商务专业职业技能大赛，将大赛内容有机融入人才培养模式。当前职业技能比赛的赛项内容训练正是提高学生在校提升职业技能的重要方式，同时也是在 1+X 证书制度背景下的将技能提升和职业教育共同促进的新型职业教育模式。三三三技能赛训一体化机制详见表 4。

表 4　　　　　　　　　　三三三技能赛训一体化机制

	职业技能等级	大赛类型	电商技能大赛	课程	
基于 1 + X 证书制度	1+X 高级	职工赛（高职）	1. 广西 / 全国职业院校电子商务技能赛（高职）	高职对口实习	以赛促教
			2. 广西 / 全国职业院校数据分析技能赛（高职）		
			3. 中国技能大赛电子商务师竞赛（职工组）		
			4. 广西 / 全国职业院校跨境电子商务竞赛（高职）		
	1+X 中级	区赛、国赛	1. 广西 / 全国职业院校电子商务技能赛	分方向课	
			2. 广西 / 全国职业院校数据分析技能赛		
			3. 广西 / 全国职业院校直播电商技能赛		以赛促学
			4. 广西 / 全国职业院校跨境电子商务竞赛		
	1+X 初级	行业赛	1. "博导前程杯"网店运营大赛	专业基础课	
			2. "博导前程杯"数据分析大赛		
			3. 中国技能大赛电子商务师竞赛		
			4. "奥派杯"移动商务技能大赛		
			5. "奥派杯"新媒体运营实战大赛		

（四）在 1+X 证书制度导向下，分层次、分方向打造"会上课、跟项目、懂培训、能带赛"的电商专业"亦商亦师""双师型"教师

电商专业"亦商亦师"的"双师型"教师可以定位为拥有崇高师德、具备科学职教理念、掌握教育方法与策略，能把握职业教育发展方向，拥有精湛的专业理论和熟练的专业技能，对电子商务的具体岗位工作情况非常熟悉，能胜任企业关于电子商务管理、技术支持等工作的教师。

要建设"亦商亦师"的"双师型"教师队伍，应该建立并完善相应的保障制度，开展多层次、多元化的培养模式，即分方向、分类别开展相关资格培训，才能造就专业前沿实践领军教师人才和专业教学大师。学校应支持教师赴企业进行一线工作，通过实践积累丰富的专业技能。同时引企业进学校，即聘请行业专家和能工巧匠参与教学，并以此带领一线教师提升专业能力，这才能培养出真正的双师型教师团队。

学校可围绕以下三个等级、四种教师类型来加强双师型教师培养。三个等级分别是初级、中级、高级；四种教师类型分别是新教师、骨干教师、专业带头人和企业导师。不同类型的教师采用不同的培养方法。通过分层次、分方向培养机制，全力打造"会上课、跟项目、懂培训、能带赛"的电商专业"亦商亦师""双师型"教师。具体见表5。

表5　电子商务专业"亦商亦师""双师型"教师分层次、分方向培养机制

要求	等级	教师层次	培养内容、路径	考核指标
会上课	初级	新教师（1~5年）	崇高的师德、科学的职教理念；教育教学基本策略与方法；把握职业教育特点	广西教师教学能力大赛；获奖参与课题研究；发表一般论文
	中级	骨干教师（6~10年）	教学方法提升；信息化技术提升；教学资源开发能力提升	发表广西核心期刊论文；主持课题研究；开发教材、教学资料
	高级	专业带头人（10年以上）	解读1+X证书制度的理念内涵、实施背景、影响意义与内涵要求，组建专业教学团队，实现新型人才培养方案的设计开发	基于1+X证书制度的人才培养模式的构建与实践
	高级	企业导师（5年以上）	电子商务相关操作技能　电子商务行业企业相关商务活动能力	电子商务实践技能

（续表）

要求	等级	教师层次	培养内容、路径	考核指标
跟项目	初级	新教师（1~5年）	作为项目助理跟进企业项目	能独立带项目
	中级	骨干教师（6~10年）	负责方向班企业实际项目运营；对口跟岗实习阶段进驻企业实践	电子商务专业前沿与技能提升
	高级	专业带头人（10年以上）	生产性实践教学项目开发与实施；开展服务社会提升技能	校企合作顶层设计
	高级	企业导师（5年以上）	带真实公司实践项目进方向班	企业项目有创收
懂培训	初级	新教师（1~5年）	参加三个职业等级初级培训	取得三个职业等级初级证书
	中级	骨干教师（6~10年）	根据培养方向至少参加一个职业等级证书中级培训	取得至少一个职业等级中级证书
	高级	专业带头人（10年以上）	根据培养方向至少参加一个职业等级证书高级培训	取得至少一个职业等级高级证书
	高级	企业导师（5年以上）	根据培养方向至少参加一个职业等级证书高级培训	具备职业技能等级证书
能带赛	初级	新教师（1~5年）	指导学生参加电子商务行业技能大赛	能在广西获得一等奖
	中级	骨干教师（6~10年）	根据培养方向指导学生参加全区电子商务技能大赛；指导新教师行业赛	能在广西获得一等奖、全国获奖
	高级	专业带头人（10年以上）	指导骨干教师区赛、国赛；统筹规划协调赛项；承办全区技能大赛	电子商务专业学生比赛获奖总数
	高级	企业导师（5年以上）	提供大赛行业技术支持	广西电子商务技能职工赛获奖

（五）在 1+X 证书制度导向下，开展基于云课程（慕课）的线上线下常态化教学模式改革

伴随着网络和智能手机终端的普及，在线精品课程如雨后春笋涌现，说明我们的课程建设也日趋多样化，据相关数据统计，在 2020 年完成了在线开放课程的建设达到 2 万门精品。作为职业教育课程改革契机，构建课证、课岗融合的在线课程资源将是 1+X 试点院校要开展的重要工作之一。由于电子商务专业特点，网站建设、美工、客服等课程建设相对比较容易，但是有些课程，如店铺运营数据分析和网店推广，只依靠课堂教学远达不到教学目标。而采用线上线下的混合式教学是目前比较合适的教学方法。一方面，利用云课程进行线上授课；另一方面，通过真实项目进行线下实践。

（六）构建基于 1+X 证书制度的人才培养"四实"评价模式

现实一体化教学使学生获得了认知能力、合作能力、创新能力和职业能力所需要的基础知识、实用理论、经验见识。专业基础课和专业基础教师围绕知识题库开展针对性的理论测试，鼓励学生通过实训操作验证理论知识的掌握程度。实训技能训练指学生为获得专业能力、某项职业技能而进行的课程实验、技能训练、实践教学等。实战生产经营训练主要通过学生在真实职场环境中开展相应的创新创业、生产实训、实体经营活动等实现。实战评价是由分方向课、方向班岗位教师和企业导师按照真实企业生产流程，从项目实施过程、生产质量以及业务表现等各方面形成相应的评价指标，建立符合生产规程的评价标准，增加评价结果的信度和评价过程的效度，使评价结论更加具有客观性、公正性。跟岗实习是为了让学生获得岗位工作能力而在实习单位进行的教学实习。对口实习企业导师对学生的岗位工作技能、岗位任务完成情况以及实习体现的工作态度、实习日志、劳动保护与安全以及职业精神等综合方面进行评价。具体详见表 6。

表 6　　　　基于 1+X 证书制度的人才培养"四实"评价模式

评价类型	评价内容	课程	评价主体	评价指标	技能等级
实理（实用理论）	学生为获得认知能力、合作能力、创新能力和职业能力所需要的基础知识、实用理论、经验见识	专业基础课	专业基础教师	采用知识题库的方式开展理论测试，鼓励通过实训操作的方式验证知识和理论的掌握程度	1+X初级
实训（技能训练）	学生为获得某项职业技能、专业能力所进行的课程实验、技能训练、实践教学等				

（续表）

评价类型	评价内容	课程	评价主体	评价指标	技能等级
实战（生产经营）	学生在真实职场环境中开展生产实训、实体经营、创新创业活动等	分方向课	方向班岗位教师和企业导师	实战评价按照真实企业项目规定的内容，从项目实施过程、做出产品的质量、生产过程中的业务表现等方面形成评价指标，建立评价标准，增加评价过程的效度和评价结果的信度，确保评价结论的客观性、公正性	1+X中级
实习（跟岗实习）	学生为获得就业能力、岗位工作能力在实习单位参加教学实习	对口实习	企业导师	对岗位专业技能、岗位工作任务完成情况、职业精神、工作态度、实习日志以及劳动保护与安全等方面进行综合评价	1+X高级

四、小结

随着国家经济快速发展，社会和企业需求的人才标准不断提高，社会发展急需应用型人才。电子商务专业作为新兴的社会服务行业，涉及面广。职业院校培养出合格的专业技能人才，将对我国产业结构升级和发展起到重大作用。电子商务应用型人才培养应以社会的发展需要和企业对人才的需求为根本落脚点，根据就业方向和就业选择进行探究和剖析，要不断完善和改进中高职衔接人才培养，为社会培养更多的实用性人才。

2

专业群人才培养方案

▶▶ # 广西物资学校电子商务专业人才培养方案

一、专业名称及代码

电子商务（730701）。

二、入学要求

初中毕业生或具有同等学力者。

三、修业年限

三年（全日制）。

四、职业面向及主要接续专业

（一）职业面向

职业岗位及职业证书

所属专业大类（代码）	对应行业（代码）	主要职业类别（代码）	主要岗位类别（或技术领域）	职业资格证书或技能等级证书举例
财经商贸大类（12）	互联网和相关服务（64）批发业（51）零售业（52）	销售人员（4-01-02）商务咨询服务人员（4-07-02）	店铺运营专员 电商主播 数据分析员 网络美工	1+X 网店运营推广 1+X 农产品电商运营 1+X 电子商务数据分析 1+X 直播电商

注：所属专业大类及所属专业类应依据现行专业目录；对应行业参照现行的《国民经济行业分类》；主要职业类别参照现行的《国家职业分类大典》；根据行业企业调研，明确主要岗位类别（或技术领域）；根据实际情况举例职业资格证书或技能等级证书。

（二）主要接续专业

1. 高职

电子商务专业、跨境电子商务专业、移动商务专业、网络营销与直播电商专业、农村电子商务专业、商务数据分析与应用专业。

2. 本科

电子商务专业。

五、培养目标与培养规格

（一）培养目标

本专业坚持立德树人，践行习近平新时代中国特色社会主义思想所蕴含的核心价值观，主要培养能够适应经济社会发展和行业变化需要，具有良好的职业道德、踏实的工作态度、严谨的工作作风和行业规范，掌握必需的文化基础知识，具有相应的综合职业能力，能在生产、经营、服务第一线从事企业网店运营推广、网络美工、数据分析、电商主播等相关工作，具有较强实际操作能力，能够从事电子商务经营，具备较强竞争力的，德、智、体、美、劳全面发展的高素质劳动者和技能型人才。

（二）培养规格

培养规格由素质、知识、能力三方面的要求组成。

1. 素质

（1）基本素质

①有坚定的政治信念，热爱祖国，拥护中国共产党的领导，拥护党的路线、方针、政策，努力掌握中国特色社会主义基本理论，具有爱国主义、集体主义的精神。

②有较强的社会责任心和良好的道德品质。遵纪守法，热爱劳动，行为规范。

③具有积极的人生态度，良好的心理素质，健全的人格，健康的身体和良好的体能。

（2）职业素质

①具有良好的职业道德、精益求精的工匠精神，能自觉遵守行业法规、规则和企业规章制度。

②具备网络交易安全意识，能防范个人信息泄露，辨别网络欺诈，采用正规渠道进行网络交易。

③具有良好的网络直播交际的能力、团队合作精神和客户服务意识，具有一定的创新能力。

④具有能利用互联网工具解决日常生活问题的能力。

⑤具有商务诚信、就业能力竞争力与就业信心。

⑥熟悉电子商务企业在运营中应该遵循的相关法律法规。

⑦具备良好的数据安全意识以及较强的数据判断能力。

2. 知识

①了解基本的商务礼仪常识。

②了解营销基本知识。

③掌握计算机应用基础知识，能使用计算机常用工具、软件处理日常工作文档，满足工作需要。

④掌握电子商务基础知识，能熟练使用互联网交易平台，处理 B2B、B2C、C2C、O2O、新媒体运营等商务交易活动。

⑤掌握电子商务网站信息采集与信息加工的相关知识，能完成信息搜索、创作、编辑、发布等工作。

⑥掌握电子商务物流配送相关知识，能完成商品打包、订单处理、配送等环节的重要工作，符合企业规范。

⑦掌握电子商务网站相关知识，能根据需求，设计网站风格、网页布局、网站色调等，并使用设计类工具软件呈现设计效果图。

⑧掌握网络营销相关知识，能根据需求，操作站内和站外推广媒介，达到网络营销目的。

⑨掌握电子商务日常工作中客户服务相关专业知识，能按照服务规范与流程，服务客户，提出客户可以接受的解决方案。

⑩掌握主流新媒体平台的特点，能根据需求，灵活运用不同的新媒体平

台开展电子商务与营销活动。

⑪理解新零售的概念、新零售人货场的重构理论、传统零售业在转型过程中需要解决的问题及方法等新零售基础知识。

⑫熟悉从事电商摄影相关专业所必备的摄影知识和技能，掌握构图与商品拍摄摆放的技巧、常见商品类型的拍摄技巧等。

⑬掌握设计中的形式美法则、布局、色彩应用等基本知识和方法。

⑭了解跨境电商的发展、模式、跨境电子商务与传统国际贸易的区别以及跨境电商相关法律法规。

⑮了解短视频与直播发展现状与趋势；掌握短视频账号定位、建立的方法；了解短视频和直播平台规则并能够运用平台规则进行短视频和直播营销。

⑯掌握农产品电商运营基础知识，掌握农产品电商日常运营、客户服务、农产品营销执行等方法。

3. 能力

（1）专业（技能）方向 1——网店运营管理

①能够根据企业情况，帮助企业申请开通网店。

②能够进行商品上传与维护、营销活动设置、日常订单管理等店铺日常运营工作。

③能够使用 Photoshop 等工具，帮助企业完成首页设计与制作、详情页设计与制作、自定义页面设计与制作等工作。

④能够掌握淘宝、京东、拼多多等平台的运营规则，掌握各类平台的运营技巧，优化运营方案，获得更多流量，提高转化率。

⑤能够根据搜索排名规则，帮助企业完成宝贝标题等相关内容的优化工作。

⑥能够完成客户问题处理、交易促成以及客户关系维护等任务操作。

⑦能够根据数据参谋中的运营数据，分析店铺运营现状，并进行优化改进。

⑧能够通过内容（微淘、直播、视频）进行店铺引流。

⑨能够通过付费推广工具（直通车、淘宝客、超级推荐）进行店铺引流。

（2）专业（技能）方向 2——网络美工

①能熟练使用 Photoshop、CorelDRAW、illustrator 等平面设计软件。

②能够使用软件进行商品的图片处理、网店促销图的视觉营销设计、店铺首页、详情页面以及移动店铺的营销设计。

③能够掌握企业形象设计、宣传海报设计、易拉宝设计、包装设计、网店设计等设计技巧，还原制作出教师提供的设计案例效果图。

④能够利用平面构成及色彩搭配原理、排版与布局原理、字体设计的逻辑思维、图像制作处理的逻辑思维、风格定位逻辑思维、元素搭配逻辑思维自主设计出具有美感的平面作品。

（3）专业（技能）方向 3——电子商务数据分析

①能够制定数据分析目标。

②能够合理选择数据采集工具及确定数据渠道。

③能够撰写数据采集与处理方案及数据采集表。

④能够根据获取的数据进行行业集中度分析。

⑤能够进行市场容量分析及预测。

⑥能够分析市场需求量变化趋势以及客户对品牌、价格、属性的偏好。

⑦能够进行竞店和竞品分析。

⑧能够进行客户数据分析，包括客户特征分析、客户忠诚度分析、客户行为分析。

⑨能够进行推广数据分析，包括推广渠道分析、关键词推广分析、活动推广效果分析、内容运营分析。

⑩能够进行销售数据分析，包括交易数据分析、服务数据分析。

⑪能够进行供应链数据分析，包括采购数据分析、物流数据分析、仓储数据分析。

⑫能独立完成产品搜索指数分析和产品交易指数分析。

⑬能独立完成产品获客能力分析和产品盈利能力分析。

⑭能使用生意参谋工具完成产品数据分析。

⑮能够完成数据监控报表的制作及异常数据的鉴别与分析。

⑯能设计数据分析报告框架，并完成数据分析报告的撰写。

（4）专业（技能）方向4——短视频与直播运营

①能够完成短视频脚本撰写、视频拍摄、视频剪辑等操作。

②能够在短视频平台上进行视频营销等活动。

③能够根据直播平台规则，设置标题、封面、个人主页等内容，完成线上直播间装修。

④能够制作线上宣传文案物料、海报物料、长图物料和短视频物料。

⑤能根据话题素材和商品资料结合直播策划和流程编写直播脚本。

⑥能根据直播策划的节奏与直播促销计划，进行抽奖、红包、秒杀、设置满减、发放优惠券等互动操作。

⑦能够进行现场商品讲解、直播控场等操作。

⑧能够设计战绩海报、撰写推广软文、加工推广短视频。

⑨能够对订单做发货处理并处理常见的售后问题。

⑩能够基于数据分析所需，完成各项数据的采集、整理和处理工作。

⑪能够通过数据，完成销售、推广等各项目标的效果分析；并提出问题所在并给出优化方向。

六、课程设置

本专业课程设置分为公共基础课程和专业技能课程，如图1所示。

（一）公共基础课程

公共基础课程包括语文、数学、英语、中国特色社会主义、心理健康与职业生涯、哲学与人生、职业道德与法治、体育与健康、艺术（音乐、摄影）、信息技术、历史、礼仪、中华优秀传统文化、军训与入学教育、安全教育、劳动教育（见表1）。

（二）专业技能课程

专业技能课程由专业基础课程、专业核心课程、专业（技能）方向课程、综合实训课程和专业实习组成。

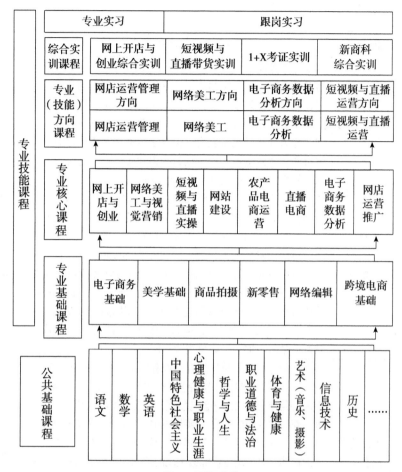

图1 课程结构

表1 公共基础课程主要教学内容

序号	课程名称	主要教学内容和要求	参考课时
1	语文	依据《中等职业学校语文课程标准（2020年版）》开设，培养学生掌握基础知识和基本技能，强化关键能力，使学生具有较强的语言文字运用能力、思维能力和审美能力，传承和弘扬中华优秀文化，形成良好的思想道德品质、科学素养和人文素养，为学生学好专业知识与技能，提高就业创业能力和终身发展能力，成为全面发展的高素质劳动者和技术技能人才奠定基础	144

（续表）

序号	课程名称	主要教学内容和要求	参考课时
2	数学	依据《中等职业学校数学课程标准（2020年版）》开设，培养学生基本、扎实的分析计算能力、计算工具基本使用技能和数据处理技能，培养学生系统、全面特别是重点突出的观察能力、一定的空间想象能力、分析与解决问题能力和数学思维能力。引导学生逐步养成良好的学习习惯、实践意识、初步创新意识和实事求是的科学态度，提高学生就业能力与创业创新能力	144
3	英语	依据《中等职业学校英语课程标准（2020年版）》开设，明确新课标赋予教师教育教学方向上的新任务，即立德树人，发展英语学科核心素养，保证学业质量，突出英语学科的工具性和人文性的课程性质，从职场的语言沟通、思维感知差异、跨文化理解、自主学习四个维度帮助学生进一步学习英语基础知识，培养听、说、读、写等语言技能，初步形成职场英语的应用能力，激发和培养学生学习英语的兴趣，提高学生学习的自信心，养成良好的学习习惯，提高自主学习能力	144
4	中国特色社会主义	依据《中等职业学校思想政治课程标准（2020年版）》开设，以习近平新时代中国特色社会主义思想为指导，阐释中国特色社会主义的开创与发展，明确中国特色社会主义进入新时代的历史方位，阐明中国特色社会主义建设"五位一体"总体布局的基本内容，引导学生树立对马克思主义的信仰、对中国特色社会主义的信念、对中华民族伟大复兴中国梦的信心，坚定中国特色社会主义道路自信、理论自信、制度自信、文化自信，把爱国情、强国志、报国行自觉融入坚持和发展中国特色社会主义事业、建设社会主义现代化强国、实现中华民族伟大复兴的奋斗之中	36
5	心理健康与职业生涯	依据《中等职业学校思想政治课程标准（2020年版）》开设，基于社会发展对中职学生心理素质、职业生涯发展提出的新要求以及心理和谐、职业成才的培养目标，阐释心理健康知识，引导学生树立心理健康意识，掌握心理调适和职业生涯规划的方法，帮助学生正确处理生活、学习、成长和求职就业中遇到的问题，培育自立自强、敬业乐群的精神和态度，以及自尊自信、理性平和、积极向上的良好心态，根据社会发展需要和学生心理特点进行职业生涯指导，为其职业生涯发展奠定基础	36

（续表）

序号	课程名称	主要教学内容和要求	参考课时
6	哲学与人生	依据《中等职业学校思想政治课程标准（2020 年版）》开设，阐明马克思主义哲学是科学的世界观和方法论，讲述辩证唯物主义和历史唯物主义基本观点及其对人生成长的意义；阐述社会生活及个人成长中进行正确价值判断和行为选择的意义；引导学生弘扬和践行社会主义核心价值观，为学生成长奠定正确的世界观、人生观和价值观基础	36
7	职业道德与法治	依据《中等职业学校思想政治课程标准（2020 年版）》开设，着眼于提高中职学生的职业道德素质和法治素养，对学生进行职业道德和法治教育。帮助学生理解全面依法治国的总目标和基本要求，了解职业道德和法律规范，增强职业道德和法治意识，养成爱岗敬业、依法办事的思维方式和行为习惯	36
8	体育与健康	依据《中等职业学校体育与健康课程标准（2020 年版）》开设，落实立德树人的根本任务，坚持健康第一的教育理念，通过传授体育与健康的知识、技能和方法，提高学生的运动能力，培养运动爱好和特长，使学生养成终生体育锻炼的习惯，形成健康的行为和生活方式，健全人格，强健体魄，具备身心健康和职业生涯发展必备的体育与健康学科核心素养，引领学生逐步形成正确的世界观、人生观和价值观，自觉践行社会主义核心价值观，成为德、智、体、美、劳全面发展的高素质劳动者和技术技能人才	144
9	艺术（音乐、摄影）	依据《中等职业学校艺术课程标准（2020 年版）》开设，坚持落实立德树人根本任务，通过艺术鉴赏与实践等活动，培养艺术感知、审美判断、创意表达和文化理解等艺术核心素养。使学生了解或掌握不同艺术门类的基本知识、技能和原理，引导学生树立正确的世界观、人生观和价值观，增强文化自觉和文化自信，丰富学生人文素养与精神世界，培养学生艺术欣赏能力，提高学生文化品位和审美素质，培育学生职业素养、创新能力与合作意识	36

（续表）

序号	课程名称	主要教学内容和要求	参考课时
10	信息技术	依据《信息技术课程标准（2020年版）》开设，使学生掌握必备的计算机应用基础知识和基本技能，培养学生应用计算机解决工作与生活中实际问题的能力；使学生初步具有应用计算机学习的能力，为其职业生涯发展和终身学习奠定基础；提升学生的信息素养，使学生了解并遵守相关法律法规、信息道德及信息安全准则，培养学生成为信息社会的合格公民	72
11	历史	依据《中等职业学校历史课程标准（2020年版）》开设要求，全面贯彻党的教育方针，践行社会主义核心价值观，落实立德树人的根本任务，不断培养学生历史课程核心素养。通过开设"中国历史"和"世界历史"的基础性内容，引导学生对中国重要的历史人、历史物、历史事件、历史现象做出科学的阐释和客观的评价，形成正确的历史价值取向；使学生在学习历史过程中逐步形成唯物史观、时空观念、史料实证、历史阐释、家国情怀五个方面的能力；塑造学生健全的人格，养成学生爱岗敬业、诚信公道、精益求精等职业精神；培养学生成为德、智、体、美、劳全面发展的社会主义建设者和接班人	72
12	礼仪	礼仪课程是一门注重社交技巧和仪态教育的课程，旨在提升学生的个人形象和人际交往能力，课程主要涵盖礼仪基础、个人与社交礼仪、不同场合下的礼仪规范等内容，要求学生掌握礼仪知识，培养良好的礼仪素养，注重实践应用，并尊重文化差异	36
13	中华优秀传统文化	引导学生感悟中华优秀传统文化的精神内涵，增强学生对中华优秀传统文化的自信心，从而培养他们对祖国的情感和爱国情操。帮助他们理解和认识中国传统文化的优秀要素，影响他们的人生、社交和工作态度以及养成良好的行为习惯	36
14	军训与入学教育	通过军训和入学教育使新生养成良好的行为习惯，树立纪律和法治观念，增强民族团结和爱国主义意识，为使学生成为有理想、有道德、有文化、有纪律的一代新人打下良好基础	56

（续表）

序号	课程名称	主要教学内容和要求	参考课时
15	安全教育	依据《中等职业学校职业健康与安全教学大纲》开设，引导学生树立正确的职业健康与安全观念，使学生掌握职业健康与安全的基础知识，树立正确的职业健康与安全观念，形成职业健康与安全技能，提高职业素质和职业能力。做好适应社会，融入社会和就业、创业的准备	10
16	劳动教育	根据教育部印发《大中小学劳动教育指导纲要（试行）》，劳动教育主要包括日常生活劳动、生产劳动和服务性劳动中的知识、技能与价值观。日常生活劳动教育立足个人生活事务处理，结合开展新时代校园爱国卫生运动，注重生活能力和良好卫生习惯培养，树立自立自强意识。生产劳动教育要让学生在工农业生产过程中直接经历物质财富的创造过程，体验从简单劳动、原始劳动向复杂劳动、创造性劳动的发展过程，学会使用工具，掌握相关技术，感受劳动创造价值，增强产品质量意识，体会平凡劳动中的伟大。服务性劳动教育让学生利用知识、技能等为他人和社会提供服务，在服务性岗位上见习、实习，树立服务意识，实践服务技能；在公益劳动、志愿服务中强化社会责任感	56

专业基础课程包括电子商务基础、美学基础、商品拍摄、新零售、网络编辑、跨境电商基础。

专业核心课程包括网上开店与创业、网络美工与视觉营销、短视频与直播实操、网站建设、农产品电商运营、直播电商、电子商务数据分析、网店运营推广。

专业（技能）方向课程包括网店运营管理、网络美工、电子商务数据分析、短视频与直播运营。

综合实训课程包括网上开店与创业综合实训、短视频与直播带货实训、1+X考证实训、新商科综合实训。

专业实习包括跟岗实习。

1. 专业基础课程（见表2）

表2　　　　　　　　　　专业基础课程主要教学内容

序号	课程名称	主要教学内容和要求	课时
1	电子商务基础	了解B2B、B2C、C2C等传统电子商务模式和其他新型电子商务模式，能熟练操作各类型电子商务平台；了解电子商务信息技术和电子商务支付系统；培养学生的电子商务交易安全意识，学会应用电子商务安全软件；了解物流配送的流程，学会为企业选择合适的电子商务物流方式；了解营销基础知识，学会营销战略的制定和营销策略的运用	36
2	美学基础	了解三大构成应用概述；了解平面构成、色彩构成、立体构成的基本原理；掌握平面构成、色彩构成、立体构成的表现形式与应用；能对标志设计、构图设计、商品包装设计、建筑、茶艺、服饰等进行艺术鉴赏；通过理论与实践相互穿插，培养学生的审美能力，为美工设计、商品拍摄等方向的学习打下基础	36
3	商品拍摄	熟悉从事电商摄影相关专业工作所必备的摄影知识和技能，掌握网店商品拍摄的技巧，如掌握光的特性，学会正确布光；掌握构图与商品拍摄摆放的技巧；掌握常见商品类型的拍摄技巧等。通过培养学生的观察力，审美意识，表现力和创作力，为今后从事相关工作打下基础	36
4	新零售	了解新零售的概念、新零售人货场的重构理论、传统零售业在转型过程中需要解决的内容及方法；能在新零售实践中基本学会业态分析、基础数据收集、用户画像、货品重构、消费场景重构等操作，能根据自身店铺情况提出并实施基本的全网营销组合策略，以及供应链的基本分析和改造；能感知新零售运作模式，对新零售初级岗位工作有一定认知，通过便利店新零售变革实战演练，进而举一反三分析生鲜类、服装类、餐饮类、超市类等多种业态的新零售解决方案	36

（续表）

序号	课程名称	主要教学内容和要求	课时
5	网络编辑	了解网络编辑岗位要求及职业素养；掌握筛选及归类网站信息的方法；了解网站稿件的编辑流程及技巧，能独立编辑、修改网站稿件；能够掌握转载资讯的编辑技巧及方法；了解编辑专栏资讯的相关知识及构建基础；能够策划专栏资讯；能够有效地整合专栏中的文章并发布；了解不同类型的文章，能够独立撰写不同类型的原创软文	36
6	跨境电商基础	了解跨境电商的发展、模式、跨境电商传统国际贸易的区别、跨境电商相关法律法规；能够根据自身店铺情况进行跨境电商平台选择、数据化选品、货源渠道确认	36

2. 专业核心课程（见表3）

表3　　　　　　　　　专业核心课程主要教学内容

序号	课程名称	主要教学内容和要求	课时
1	网上开店与创业	了解网上开店流程，能够顺利完成开店；能独立完成网店整个交易过程；掌握商品描述方法；能完成网店装修，制作商品详情页；能根据不同商品类型正确进行商品分类、定价等，提炼商品卖点；能根据网店运营目标，选择合适的网店营销工具，推广店铺，做好客户服务，实现交易	180
2	网络美工与视觉营销	能够学会规划整个网店的布局；掌握对网店页面进行编辑和美化的技巧；能使用 Photoshop 软件进行商品的图片处理，促销图的视觉营销设计，店铺首页、详情页面以及移动店铺的营销设计；通过美工设计，使网店极具吸引力，能够引起消费者关注，增强商品的好感度，在行业的竞争中脱颖而出	72
3	短视频与直播实操	了解短视频与直播发展现状与趋势；了解短视频直播红人和平台现状；了解短视频与直播行业岗位需求与能力要求；掌握短视频账号定位、建立的方法；掌握目标用户分析的方法；具备短视频内容制作的能力；具备直播营销的能力；具备摄影摄像、视频剪辑的基础技能；了解短视频和直播平台规则并能够运用平台规则更好地进行短视频和直播营销	72

（续表）

序号	课程名称	主要教学内容和要求	课时
4	网站建设	通过校园网和公司网站的设计和制作，掌握网站建设的标准流程；掌握电子商务网站相关知识，能根据需求，设计网站风格、网页布局、网站色调等，并使用设计类工具软件呈现设计效果图。并能利用线上自助建站网站完成公司网站建设。能利用易企秀、人人秀等制作平台，完成企业H5设计	72
5	农产品电商运营（含1+X农产品电商运营初级内容）	本课程依据《农产品电商运营职业技能等级标准》（初级）开发，旨在通过本课程的学习，能根据农产品营销方案，明确运营目标，能根据业务类别、运营现状、资源等情况，对运营目标进行拆解；能够根据运营目标，结合目标客户画像、竞争对手情况、产品特点等信息，确定运营渠道；能够结合各运营渠道特点和资源情况，对人力、资金、物料等资源进行配置，完成季度和月度运营规划；能根据营销目标和品牌定位，制定农产品平台营销方案；能根据农产品平台营销方案，选择合适的农产品电商平台进行农产品营销	72
6	直播电商（含1+X直播电商初级内容）	本课程依据《直播电商职业技能等级标准》（初级）开发，旨在通过本课程的学习，学生能够对直播电商有宏观层面的认知，并且获得从事直播间搭建与运维、直播执行、直播后运维与数据整理等工作所需具备的理论知识，具备完成直播间搭建、直播平台操作、直播策划、直播执行和初步数据分析等工作的能力	72
7	电子商务数据分析（含1+X电子商务数据分析初级内容）	本课程依据《电子商务数据分析职业技能等级标准》（初级）开发，旨在通过本课程的学习，使学生对电子商务数据分析形成系统而清晰的基础认知，掌握数据采集和数据处理的工具、方法和技巧，能够监测运营数据，及时发现异常数据，并完成数据图表、报表制作	72
8	网店运营推广（含1+X网店运营推广初级内容）	本课程依据《网店运营推广职业技能等级标准》（初级）开发，旨在通过本课程的学习，使学员对网店运营推广形成系统而清晰的基础认知，能够掌握商品上传与维护、营销活动设置、日常订单管理、首页设计与制作、详情页设计与制作、自定义页设计与制作、客户问题处理、交易促成以及客户关系维护等任务操作；对网店运营岗位工作有一定认知，通过实战演练，提升网店运营能力	72

3. 专业（技能）方向课程（见表4）

表4 　　　　　　　　**专业（技能）方向课程主要教学内容**

专业方向	课程名称	主要教学内容和要求	课时
网店运营管理方向	网店运营管理	本课程是电子商务专业非常重要的一门核心方向课程，该课程学习质量直接关系到学生毕业后的就业范围与高度。课程通过农产品真实项目实战让学生能掌握电子商务运营常用工具，熟悉淘宝、京东、拼多多等平台的运营规则，掌握各类平台的运营技巧，优化运营方式，获得更多的流量，提高转化率	288
网络美工方向	网络美工	课程以真实项目实战让学生学会设计企业要求的网络美工作品。能够学会使用 Photoshop、CorelDRAW、illustrator 等软件；能够掌握企业形象设计、宣传海报设计、易拉宝设计、包装设计、网店设计等设计技巧；能够了解网络美工工作职责；设计制作美观实用有吸引力的网页，增加客流量，学会做好视觉营销，把商品的价值和效果最大化，并且通过凸显品牌之间的差异，从而提升销售利润	288
电子商务数据分析方向	电子商务数据分析	本课程是电子商务专业非常重要的一门核心方向课程，该课程学习质量直接关系到学生毕业后的就业范围与高度。本课程旨在通过构建电子商务数据分析的整体知识框架，包括电子商务数据化运营认知、数据采集与处理方案制订、市场数据分析、运营数据分析、产品数据分析、数据监控与报告撰写。让学员掌握电子商务领域数据分析技能，能够熟练开展电子商务数据分析，培养能够胜任大数据时代电子商务数据化运营工作的技能人才	288
短视频与直播运营方向	短视频与直播运营	本课程是电子商务专业非常重要的一门核心方向课程，该课程学习质量直接关系到学生毕业后的就业范围与高度。课程中的真实项目实战可让学生掌握新媒体运营常用工具。能够进行短视频内容规划；能够进行短视频拍摄与剪辑项目实操；能够持续进行直播项目实操；能够进行短视频和直播项目复盘	288

4. 综合实训课程（见表 5）

表 5 综合实训课程主要教学内容

序号	课程名称	主要教学内容和要求	课时
1	网上开店与创业综合实训	采用实战模式，通过引入真实货源、依托淘宝（或具备同等功能的平台）挖掘商品卖点、拍摄商品细节、设计店铺商品详情页、撰写图文消息等，并按照 C2C 店铺运营业务流程开展店铺运营相关活动。撰写实训总结及汇报 PPT	1 周
2	短视频与直播带货实训	利用主流平台开展短视频直播带货实战，通过短视频脚本撰写、视频拍摄、视频剪辑及在短视频平台上进行视频营销推广等活动，能够持续进行直播项目实操；能够进行短视频和直播项目复盘。撰写实训总结及汇报 PPT	2 周
3	1+X 考证实训	根据 1+X 网店运营推广和电子商务职业技能等级证书的课程标准，利用考证平台开展学生考证集训、实训，让学生能顺利通过 1+X 考证	2 周
4	新商科综合实训	深度融合电商、会计、营销、跨境电商四个专业，实现跨专业组织，突破班级、专业等组织限制，实现实训资源与师资资源的优化配置，打造跨界意识与思维，提升学生整体商业思维与逻辑。通过团队建设、经营方案策划、线上运营、线下运营、会计业务、利润核算等任务，将财经应用文写作、简历、合同、促销文案等基础通用技能融入其中。提高学生对商业环境的分析能力及对商业战略、营销推广、财务决策等方面的决策运用能力	2 周

5. 专业实习（见表6）

表6　　　　　　　　　　专业实习主要教学内容

课程名称	主要教学内容和要求	参考课时
跟岗实习	依据《职业学校学生实习管理规定》，跟岗实习是中等职业学校教育教学的重要内容和环节，也是对中职学生实施思想道德教育的重要途径。学校要结合实训实习的特点和内容，抓住中职学生在实际生产过程中与一线劳动者密切接触的时机，进行以敬业爱岗，诚实守信为重点的职业道德教育，进行职业纪律和安全生产教育，培养中职学生爱劳动、爱劳动人民的情感，增强中职学生讲安全、守纪律、重质量、求效率的意识。要切实加强实训实习管理，在跟岗实习阶段，学校与实习单位共同做好对中职学生的思想道德教育和管理工作。学生要撰写实习报告	1120

七、教学进程总体安排

每学年为40周，其中教学时间36周，周课时为28课时；跟岗实习40周，周课时为28课时，共1120课时；3年总课时4266课时。其中公共基础课1094课时，约占总课时的1/3，专业技能课3172课时，约占总课时的2/3。具体见表7。

表7　　　　　　　电子商务专业课程设置与教学时间安排

课程类别	课程性质	课程名称	开课学期及周课时						总课时	实践课时	学分	考核形式
			1	2	3	4	5	6				
公共基础课程	必修	中国特色社会主义				2			36	8	2	考查
	必修	心理健康与职业生涯		2					36	10	2	考查
	必修	哲学与人生			2				36	8	2	考查
	必修	职业道德与法治	2						36	8	2	考查

（续表）

电子商务专业课程设置与教学时间安排（2021级）

课程类别		课程性质	课程名称	开课学期及周课时						总课时	实践课时	学分	考核形式
				1	2	3	4	5	6				
公共基础课程		必修	语文	2	2	2	2			144	48	8	考试
		必修	数学	2	2	2	2			144	48	8	考试
		必修	英语	2	2	2	2			144	48	8	考试
		必修	信息技术	2	2					72	72	4	考试
		必修	体育与健康	2	2	2	2			144	128	8	考试
		必修	艺术（音乐、摄影）		2					36	20	2	考查
		必修	历史	2	2					72	12	4	考查
		限选	礼仪				2			36	20	2	考查
		限选	中华优秀传统文化							36	8	2	考查
		必修	军训与入学教育	2周						56	30	3	考查
		必修	安全教育				1周			10	6	1	考查
		限选	劳动教育		1周	1周				56	40	3	考查
小计										1094	514	61	
专业技能课程	专业基础课程	必修	美学基础	2						36	36	2	考查
		必修	电子商务基础	2						36	36	2	考查
		必修	商品拍摄	2						36	36	2	考查
		必修	跨境电商基础	2						36	36	2	考查
		限选	新零售		2					36	36	2	考试
		限选	网络编辑			2				36	36	2	考试

（续表）

电子商务专业课程设置与教学时间安排（2021级）

课程类别		课程性质	课程名称	开课学期及周课时						总课时	实践课时	学分	考核形式
				1	2	3	4	5	6				
专业技能课程	专业核心课程	必修	网上开店与创业	6						180	180	10	考试
		必修	网络美工与视觉营销		4					72	72	4	考试
		必修	短视频与直播实操		2					72	72	2	考试
		必修	网站建设			4				72	72	4	考查
		必修	农产品电商运营（含1+X农产品电商运营初级内容）			4				72	72	4	考试
		必修	直播电商（含1+X直播电商初级内容）			4				72	72	4	考试
		必修	电子商务数据分析（含1+X电子商务数据分析初级内容）			4				72	72	4	考试
		必修	网店运营推广（含1+X网店运营推广初级内容）			4				72	72	4	考试
	小计									900	900	48	
	专业（技能）方向课程	网店运营管理方向	限选	网店运营管理				16			288	288	16	考试
		网络美工方向	限选	网络美工				16			288	288	16	考试
		电子商务数据分析方向	限选	电子商务数据分析				16			288	288	16	考试
		短视频与直播运营方向	限选	短视频与直播运营				16			288	288	16	考试

（续表）

电子商务专业课程设置与教学时间安排（2021级）

课程类别		课程性质	课程名称	开课学期及周课时						总课时	实践课时	学分	考核形式
				1	2	3	4	5	6				
专业技能课程			小计							1152	1152	64	
	综合实训课程	必修	网上开店与创业综合实训	1周								1	考查
		必修	短视频与直播带货实训		2周							2	考查
		必修	1+X考证实训			2周						2	考查
		限选	新商科综合实训				2周					2	考查
			小计									7	
	专业实习	必修	跟岗实习					28	28	1120	1120	62	考查
			小计							1120	1120	62	
合计										4266	3686	242	

八、实施保障

（一）师资队伍要求

师资队伍要求包括校内教师要求和校外兼职教师要求（见表8）。

表8　　　　　　　　电子商务专业教师要求

教师类型	教师人数	承担的主要教学任务及在专业建设中的作用
专业带头教师	2名	具备高级职称，双师型教师，本科以上学历。主要负责制定人才培养方案、课程开发、教育教学研究等专业建设工作
专职教师	11名	符合具备中级职称、双师型教师等要求，本科以上学历。可以承担专业基础课程和专业核心课程教学，指导学生实习实训
实训指导教师	1名	具备本科学历或企业经验。承担实训室管理、学生实训实习指导、技能竞赛指导和教学等工作
企业兼职教师	8名	承担专业核心实践课程或实践教学环节的教学与指导，参与课程开发，担任跟岗实习指导教师

（二）教学设施

1. 校内实习实训条件

电子商务专业校内实训基地及设备情况统计（见表9）。

表9　　　　　　　电子商务专业校内实训基地及设备情况统计

序号	名称	建筑面积	教学工位	设备总值	主要实训项目
1	跨境电商实训室	80平方米	65个	65万元	承担网上开店与创业、网店运营、跨境电商等课程教学任务；承担生产性实践项目的开展，举办符合国赛要求的电商比赛
2	电子商务工学教室	70平方米	60个	58万元	承担网站建设、网络编辑、网络美工等课程教学任务，同时用于学生承接企业生产性实践项目
3	互联网营销实训室	60平方米	60个	60万元	承担网络营销、新媒体运营等课程教学任务，同时作为1+X网店运营推广职业等级证书考场
4	呼叫中心	60平方米	60个	60万元	承担客户服务、新零售等课程教学任务，同时作为1+X网店运营推广职业等级证书考场
5	移动实训室	55平方米	60个	30万元	承担短视频及直播实操课程教学任务；提供短视频拍摄场地
6	摄影工作室	70平方米	30个	50万元	承担商品摄影及后期处理课程教学任务
7	产品陈列及仓储中心	30平方米	30个	40万元	承担商品摄影及后期处理课程教学任务；提供拍摄所需产品场地
8	电商直播间	10平方米	10个	20万元	提供直播场地

2. 校外实习实训条件

电子商务专业校外实训基地统计（见表10）。

表 10　　　　　　　　电子商务专业校外实训基地统计

序号	企业名称
1	广西南宁雀云网络科技有限公司
2	广西农小二农业科技有限公司
3	广西霆旭网络科技有限公司
4	广西拼播播文化传媒有限公司
5	广东广信通信服务有限公司
6	广东沃天下供应链管理有限公司广州增城分公司
7	广西梁山伯农业科技有限公司
8	宝供物流企业集团有限公司广州分公司
9	东莞市百达连新电子商务有限公司
10	广东沃天下供应链管理有限公司
11	广州点动信息科技股份有限公司
12	山东泰盈科技有限公司南宁分公司
13	金海国旅电商部
14	广西云锋信息科技有限公司

（三）教学资源

配合中等职业学校教学任务开展，专业所有课程要求教师优先选用在全国范围出版发行的优秀中职教材，特别是高教社出版的"十三五"国规教材。此外，鼓励教学团队结合教学改革成果，并根据专业教学特点和现有的资源编撰和出版教材。积极开发相关课程的数字资源，充分满足学生专业学习、教师专业教学研究、教学实施和社会服务需要。

（四）教学方法

提出实施教学应该采取的方法及指导建议，指导教师依据专业培养目标、课程教学要求、学生能力与教学资源，采用适当的教学方法，以达成预期教学目标。倡导因材施教、因需施教，鼓励创新教学方法和策略，以学生为中心，采用理实一体化教学、案例教学、项目教学等方法，坚持学中做、做中学。专业课程主要采用项目课程、工作过程的设计思路，融合理论知识与实践知识，以更好地培养学生综合职业能力。安排学生开展专业课程工学结合教学组织形式，进行认知实习、专业实习、实训及跟岗实习等各项工作，全面提高学生实际操作能力和水平。

（五）教学评价

在突出以提升岗位职业能力为重心的基础上，针对不同教学与实践内容，构建多元化专业教学评价体系。在原有教师过程评价的基础上，吸纳行业企业和社会有关方面组织参与考核评价，加大企业和行业直接参与评价的力度，将企业和行业的从业标准引入学生学习评价过程中，形成一套适应工学结合、以实操考核为主、体现对综合素质评价的课程考核体系。

新课程考核体系包括课证融合评价、项目式考核评价、理论考核及技能考核相结合等评价方式，体现理实一体、实践导向，对评价对象知识掌握情况、实践操作能力、学习态度和基本职业素质等方面进行全面评价。

（六）质量管理

其一，通过教学团队内部管理有效促进教师业务水平和教学质量的提高。主要开展以下教学活动来达到教学质量管理的要求：教师定期挂职锻炼、骨干教师业务进修、教学团队集中定期举办研讨会、相互听课并开展研究性公开课等。

其二，实行校领导、教务处、教研室三级监控，教师相互听课，学生监察员考察，期末学生评价，期中、期末检查等措施，保障教师教学质量。围绕建立完善教师教学工作质量评价体系来组织实施，核心内容包括教案和授课计划检查、授课教师相互听课评价、督导听课评价、教学座谈会、学生评教等。

九、毕业要求

在规定学习年限内修完规定课程，并考核合格。

（1）思想道德要求。具有良好的思想道德，符合学校的德育标准。

（2）职业资格（等级）证书要求。

（3）学分要求：194 学分。

（执笔：秦清梅）

▶▶ 广西物资学校跨境电子商务专业人才培养方案

一、专业名称及代码

专业名称：跨境电子商务（730702）。

二、入学要求

初中毕业生或具有同等学力者。

三、修业年限

三年（全日制）。

四、职业面向及主要接续专业

（一）职业面向

所属专业大类（代码）	对应行业（代码）	主要职业类别（代码）	主要岗位类别（或技术领域）	职业资格证书或技能等级证书举例
财经商贸大类（73）	电子商务类（7307）	电子商务师（4-01-02-02）互联网营销师（4-01-02-07）	跨境店铺运营 跨境视觉营销 跨境数据分析 跨境电商物流 跨境电商网络营销	1+X 跨境电子商务多平台运营 1+X 跨境电子商务 B2B 数据运营 1+X 电子商务数据分析

（二）主要接续专业

1. 高职

跨境电子商务专业、电子商务专业、国际贸易专业。

2. 本科

跨境电子商务专业、电子商务专业、国际贸易专业。

五、培养目标与培养规格

（一）培养目标

本专业坚持立德树人，主要面向跨境电子商务企业和高等职业教育学院，培养具有社会主义核心价值观，良好的职业道德和行为规范，掌握必备的文化基础知识、专业知识和操作技能，具备爱岗敬业、遵纪守法的职业素养，能从事跨境电子商务平台运营、推广、视觉营销、数据分析、进出口业务处理和客户服务管理等相关服务工作，德、智、体、美、劳全面发展的高素质劳动者和技能型人才。

（二）培养规格

培养规格由素质、知识、能力三方面的要求组成。

1. 素质

（1）基本素质

①有坚定的政治信念，热爱祖国，拥护中国共产党的领导，拥护党的路线、方针、政策，努力掌握中国特色社会主义基本理论，具有爱国主义、集体主义的精神。

②有较强的社会责任心和良好的道德品质。遵纪守法，热爱劳动，行为规范。

③具有积极的人生态度，良好的心理素质，健全的人格，健康的身体和良好的体能。

（2）职业素质

①具有获取、分析和处理信息的能力及应用文写作能力。

②具有市场竞争意识、团队合作意识、安全环保意识和良好的职业道德。

③具有良好的人际交流能力、团队合作精神和客户服务意识。

2. 知识

①掌握必备的科学文化基础知识。

②熟悉与本专业相关的法律法规以及环境保护、安全消防、文明生产等知识。

③跨境电商专业学生应掌握网络技术的基本理论，跨境电子商务的基本理论以及新技术、新业态、新模式的相关知识；熟悉跨境电子商务企业运营、网络营销、网络推广及供应链管理知识；掌握主流电子商务平台的运营规则和推广方式。

3. 能力

①具有探究学习、终身学习，以及分析问题和解决问题的能力。

②掌握商品拍摄技巧与图片处理的方法。

③掌握跨境平台店铺、产品和客户数据等各类电商数据分析与预测技能。

④掌握跨境网站内容更新、策划与制作技术。

⑤熟悉新媒体营销和海外主流社交媒体推广的方式。

⑥具备应对客户咨询、异议、处理客户投诉相关技巧的能力。

六、课程设置

本专业课程设置分为公共基础课程和专业技能课程，如图1所示。

（一）公共基础课程

公共基础课程包括语文、数学、英语、中国特色社会主义、心理健康与职业生涯、哲学与人生、职业道德与法治、体育与健康、艺术、信息技术、历史、军训与入学教育、安全教育、劳动教育。公共基础课程主要内容如表1所示。

（二）专业技能课程

专业技能课程由专业基础课程、专业核心课程、专业方向课程、公共职业模块、综合实训课程和专业实习组成。

专业基础课程包括跨境电商基础、世界经济地理、商品拍摄、商务英语、职业能力拓展、泰语。

专业核心课程包括网上开店与创业基础、短视频与直播带货、跨境电商美工、选品与商品发布、国际货运代理、商务数据分析、跨境店铺运维（含

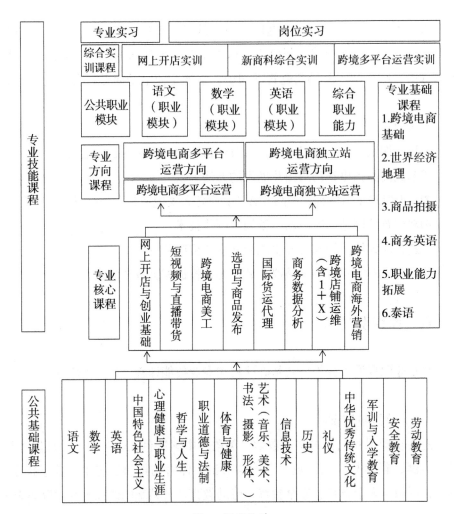

图 1　课程体系

表 1　　　　　　　　　公共基础课程主要教学内容

序号	课程名称	主要教学内容和要求	参考课时
1	语文	依据《中等职业学校语文课程标准（2020 年版）》开设，培养学生掌握基础知识和基本技能，强化关键能力，使学生具有较强的语言文字运用能力、思维能力和审美能力，传承和弘扬中华优秀文化，形成良好的思想道德品质、科学素养和人文素养，为学生学好专业知识与技能，提高就业创业能力和终身发展能力，成为全面发展的高素质劳动者和技术技能人才奠定基础	144

（续表）

序号	课程名称	主要教学内容和要求	参考课时
2	数学	依据《中等职业学校数学课程标准（2020年版）》开设，培养学生基本、扎实的分析计算能力、计算工具基本使用技能和数据处理技能，培养学生系统、全面特别是重点突出的观察能力、一定的空间想象能力、分析与解决问题能力和数学思维能力。引导学生逐步养成良好的学习习惯、实践意识、初步创新意识和实事求是的科学态度，提高学生就业能力与创业创新能力	144
3	英语	依据《中等职业学校英语课程标准（2020年版）》开设，明确新课标赋予教师教育教学方向上的新任务，即立德树人，发展英语学科核心素养，保证学业质量，突出英语学科的工具性和人文性的课程性质，从职场的语言沟通、思维感知差异、跨文化理解、自主学习四个维度帮助学生进一步学习英语基础知识，培养听、说、读、写等语言技能，初步形成职场英语的应用能力，激发和培养学生学习英语的兴趣，提高学生学习的自信心，养成良好的学习习惯，提高自主学习能力	144
4	中国特色社会主义	依据《中等职业学校思想政治课程标准（2020年版）》开设，以习近平新时代中国特色社会主义思想为指导，阐释中国特色社会主义的开创与发展，明确中国特色社会主义进入新时代的历史方位，阐明中国特色社会主义建设"五位一体"总体布局的基本内容，引导学生树立对马克思主义的信仰、对中国特色社会主义的信念、对中华民族伟大复兴中国梦的信心，坚定中国特色社会主义道路自信、理论自信、制度自信、文化自信，把爱国情、强国志、报国行自觉融入坚持和发展中国特色社会主义事业、建设社会主义现代化强国、实现中华民族伟大复兴的奋斗之中	36

（续表）

序号	课程名称	主要教学内容和要求	参考课时
5	心理健康与职业生涯	依据《中等职业学校思想政治课程标准（2020年版）》开设，基于社会发展对中职学生心理素质、职业生涯发展提出的新要求以及心理和谐、职业成才的培养目标，阐释心理健康知识，引导学生树立心理健康意识，掌握心理调适和职业生涯规划的方法，帮助学生正确处理生活、学习、成长和求职就业中遇到的问题，培育自立自强、敬业乐群的精神和态度，以及自尊自信、理性平和、积极向上的良好心态，根据社会发展需要和学生心理特点进行职业生涯指导，为其职业生涯发展奠定基础	36
6	哲学与人生	依据《中等职业学校思想政治课程标准（2020年版）》开设，阐明马克思主义哲学是科学的世界观和方法论，讲述辩证唯物主义和历史唯物主义基本观点及其对人生成长的意义；阐述社会生活及个人成长中进行正确价值判断和行为选择的意义；引导学生弘扬和践行社会主义核心价值观，为学生成长奠定正确的世界观、人生观和价值观基础	36
7	职业道德与法治	依据《中等职业学校思想政治课程标准（2020年版）》开设，着眼于提高中职学生的职业道德素质和法治素养，对学生进行职业道德和法治教育。帮助学生理解全面依法治国的总目标和基本要求，了解职业道德和法律规范，增强职业道德和法治意识，养成爱岗敬业、依法办事的思维方式和行为习惯	36

（续表）

序号	课程名称	主要教学内容和要求	参考课时
8	体育与健康	依据《中等职业学校体育与健康课程标准（2020年版）》开设，落实立德树人的根本任务，坚持健康第一的教育理念，通过传授体育与健康的知识、技能和方法，提高学生的运动能力，培养运动爱好和特长，使学生养成终生体育锻炼的习惯，形成健康的行为和生活方式，健全人格，强健体魄，具备身心健康和职业生涯发展必备的体育与健康学科核心素养，引领学生逐步形成正确的世界观、人生观和价值观，自觉践行社会主义核心价值观，成为德、智、体、美、劳全面发展的高素质劳动者和技术技能人才	144
9	艺术（音乐、美术、书法、摄影、形体）	依据《中等职业学校艺术课程标准（2020年版）》开设，坚持落实立德树人根本任务，通过艺术鉴赏与实践等活动，培养艺术感知、审美判断、创意表达和文化理解等艺术核心素养。使学生了解或掌握不同艺术门类的基本知识、技能和原理，引导学生树立正确的世界观、人生观和价值观，增强文化自觉和文化自信，丰富学生人文素养与精神世界，培养学生艺术欣赏能力，提高学生文化品位和审美素质，培育学生职业素养、创新能力与合作意识	36
10	信息技术	依据《信息技术课程标准（2020年版）》开设，使学生掌握必备的计算机应用基础知识和基本技能，培养学生应用计算机解决工作与生活中实际问题的能力；使学生初步具有应用计算机学习的能力，为其职业生涯发展和终身学习奠定基础；提升学生的信息素养，使学生了解并遵守相关法律法规、信息道德及信息安全准则，培养学生成为信息社会的合格公民	108

（续表）

序号	课程名称	主要教学内容和要求	参考课时
11	历史	依据《中等职业学校历史课程标准（2020年版）》开设要求，全面贯彻党的教育方针，践行社会主义核心价值观，落实立德树人的根本任务，不断培养学生历史课程核心素养。通过开设"中国历史"和"世界历史"的基础性内容，引导学生对中国重要的历史人、历史物、历史事件、历史现象做出科学的阐释和客观的评价，形成正确的历史价值取向；使学生在学习历史过程中逐步形成唯物史观、时空观念、史料实证、历史阐释、家国情怀五个方面的能力；塑造学生健全的人格，养成学生爱岗敬业、诚信公道、精益求精等职业精神；培养学生成为德、智、体、美、劳全面发展的社会主义建设者和接班人	72
12	礼仪	礼仪课程是一门注重社交技巧和仪态教育的课程，旨在提升学生的个人形象和人际交往能力，课程主要涵盖礼仪基础、个人与社交礼仪、不同场合下的礼仪规范等内容，要求学生掌握礼仪知识，培养良好的礼仪素养，注重实践应用，并尊重文化差异	36
13	中华优秀传统文化	引导学生感悟中华优秀传统文化的精神内涵，增强学生对中华优秀传统文化的自信心，从而培养他们对祖国的情感和爱国情操。帮助他们理解和认识中国传统文化的优秀要素，影响他们的人生、社交和工作态度以及养成良好的行为习惯	36
14	军训与入学教育	通过军训和入学教育使新生养成良好的行为习惯，树立纪律和法治观念，增强民族团结和爱国主义意识，为使学生成为有理想、有道德、有文化、有纪律的一代新人打下良好基础	56

（续表）

序号	课程名称	主要教学内容和要求	参考课时
15	安全教育	依据《中等职业学校职业健康与安全教学大纲》开设，引导学生树立正确的职业健康与安全观念，使学生掌握职业健康与安全的基础知识，树立正确的职业健康与安全观念，形成职业健康与安全技能，提高职业素质和职业能力。做好适应社会，融入社会和就业、创业的准备	10
16	劳动教育	根据教育部印发《大中小学劳动教育指导纲要（试行）》，劳动教育主要包括日常生活劳动、生产劳动和服务性劳动中的知识、技能与价值观。日常生活劳动教育立足个人生活事务处理，结合开展新时代校园爱国卫生运动，注重生活能力和良好卫生习惯培养，树立自立自强意识。生产劳动教育要让学生在工农业生产过程中直接经历物质财富的创造过程，体验从简单劳动、原始劳动向复杂劳动、创造性劳动的发展过程，学会使用工具，掌握相关技术，感受劳动创造价值，增强产品质量意识，体会平凡劳动中的伟大。服务性劳动教育让学生利用知识、技能等为他人和社会提供服务，在服务性岗位上见习、实习，树立服务意识，实践服务技能；在公益劳动、志愿服务中强化社会责任感	56

1+X）、跨境电商海外营销。

专业方向课程包括跨境电商多平台运营、跨境电商独立站运营。

公共职业模块包括语文（职业模块）、数学（职业模块）、英语（职业模块）、综合职业能力。

综合实训课程包括网上开店实训、新商科综合实训、跨境多平台运营实训。

专业实习包括岗位实习。

1. 专业基础课程（见表2）

表2　　　　　　　　　　专业基础课程主要教学内容

序号	课程名称	主要教学内容和要求	课时
1	跨境电子商务基础	本课程是跨境电子商务专业的入门课程，主要是讲授跨境电商专业的基础知识和基本操作技能，提高学生对该专业的学习兴趣，促使学生对该专业的发展与将来有深入的认识。主要内容包括跨境电商发展历程、跨境电商模式认知、电子商务交易安全、电子物流、营销推广、客户服务、电子商务法律法规等。 通过该课程的学习，学生可以建立起对整个跨境电商专业知识体系和技能体系的了解，增强学生的学习动力和对专业的认识，从而激起学习兴趣	36
2	世界经济地理	本课程主要介绍世界经济地理环境，世界各国经济发展水平，各国、各地区的主要商品及商品的结构特点，世界主要国家、地区商品生产的地域分工，商品交换的地理分布和地理格局的形成、发展和变化规律，国际贸易货物运输的主要方式、航线和港口等	36
3	商品拍摄	熟悉从事电商摄影相关专业工作所必备的摄影知识和技能，掌握网店商品拍摄的技巧，如掌握光的特性，学会正确布光；掌握构图与商品拍摄摆放的技巧；掌握常见商品类型的拍摄技巧等。通过培养学生的观察力，审美意识，表现力和创作力，为今后从事相关工作打下基础	36
4	商务英语	掌握有关公司接待、商务合作洽谈等语言表达；掌握各种商务文件及各类商务通信（电子邮件、传真、书信）的书写体例；掌握商务英语规范语言；了解基本商务知识；通过学习有关商务活动的语言材料，学生可以熟悉并掌握当代商务理念和商务惯例，了解英语国家的社会和商务文化，为学生从事跨境工作打下基础	36
5	职业能力拓展	课程内容包含职业生涯规划、提升自我效能感、沟通与表达、时间管理、项目管理、领导力、职场礼仪、简历制作、求职面试等相关知识和技能，引导学生建立职业发展意识，树立职业发展目标，培养职业素质，提高就业和职业发展能力	36

（续表）

序号	课程名称	主要教学内容和要求	课时
6	泰语	课程内容主要包括泰语音韵、基本词汇、语法结构、对话及情景交际等。通过本门课程的学习，学生能够逐步掌握泰语的基本语音、词汇和语法知识，并能够在实际交流中进行简单的交流和互动，培养学生的跨文化交际能力，使其能够了解泰国文化，为今后从事跨境相关工作打下基础	36

2. 专业核心课程（见表3）

表3　　　　　　　　　专业核心课程主要教学内容

序号	课程名称	主要教学内容和要求	课时
1	网上开店与创业基础	了解网上开店流程，能够顺利完成开店；能独立完成网店整个交易过程；掌握商品描述方法；能完成网店装修，制作商品详情页；能根据不同商品类型正确进行商品分类、定价等，提炼商品卖点；能根据网店运营目标，选择合适的网店营销工具，推广店铺，做好客户服务，实现交易	120
2	短视频与直播带货	了解短视频与直播发展现状与趋势；了解短视频直播红人和平台现状；了解短视频与直播行业岗位需求与能力要求；掌握短视频账号定位、建立的方法；掌握目标用户分析的方法；具备短视频内容制作的能力；具备直播营销的能力；具备摄影摄像、视频剪辑的基础技能；了解短视频和直播平台规则并能够运用平台规则更好地进行短视频和直播营销	72
3	跨境电商美工	能够学会规划整个网店的布局；掌握对跨境平台网店进行编辑和美化的技巧；能使用 Photoshop 软件进行商品的图片处理、促销图的视觉营销设计；店铺首页设计；详情页面设计。通过美工设计，使网店极具吸引力，能够引起消费者关注，增强商品的好感度，在行业的竞争中脱颖而出	72

（续表）

序号	课程名称	主要教学内容和要求	课时
4	选品与商品发布	掌握跨境电商运营前期市场的调研、数据选品和商品发布。能够根据各个平台及第三方插件提供的数据进行市场调研和产品开发，掌握关键词数据筛选方法、产品标题的编辑规则。能够提炼产品卖点，发布产品信息，编制产品关键词表，编写产品标题，监控与反馈已发布的产品数据，执行产品优化方案，更新产品	72
5	国际货运代理	了解国际货代公司的设立条件及程序；掌握国际货代公司的组织结构、岗位设置及业务内容；能按照海运和航空进出口货代业务的操作流程处理海运和航空进出口货代业务；熟悉报关的各项程序、基本原理、具体操作流程；能制作进出口货物报关单	72
6	商务数据分析	本课程依据《电子商务数据分析职业技能等级标准》（初级）开发，旨在通过本课程的学习，使学生对电子商务数据分析形成系统而清晰的基础认知，掌握数据采集和数据处理的工具、方法和技巧，能够监测运营数据，及时发现异常数据，并完成数据图表、报表制作	72
7	跨境店铺运维（含1+X）	本课程依据《跨境电子商务多平台运营职业技能等级标准》（初级）开发，旨在通过本课程的学习，能进行跨境平台日常运营的基础操作、跨境客户问题处理与关系维护、跨境店铺与开设装修、跨境电商推广、跨境电商数据分析与精准营销、跨境电商进出口业务处理、跨境物流等。能综合运用跨境电商基础知识和专业核心知识及时、正确地处理跨境电商企业在开店、运营、推广、通关处理等工作中存在的各种问题	72
8	跨境电商海外营销	了解海外的营销平台，熟知 Facebook、YouTube、TikTok 的平台规则，掌握在此三平台营销的方法和渠道，并能根据不同的营销需求制定不同营销平台的营销策略；能独立编写营销过程中所需要的营销信息；能选择恰当的营销方法，增加信息的传播、分享程度；能根据营销的不同阶段，进行实时监控，有能力处理跨境营销过程中出现的问题	72

3. 专业方向课程

（1）跨境电商多平台运营方向（见表4）

表4 跨境电商多平台运营方向课程主要教学内容

课程名称	主要教学内容和要求	课时
跨境电商多平台运营	本课程是跨境电商专业非常重要的一门核心方向课程，该课程学习质量直接关系到学生毕业后的就业范围与高度。课程以真实项目实战让学生能掌握跨境电商运营常用工具，能够进行 eBay、Shopee 等跨境电子商务平台的基本操作；掌握跨境电子商务视觉设计；能运用恰当的营销方式实施营销活动；掌握跨境电商物流模块设置；能进行行业数据分析、店铺数据分析、移动端店铺数据分析；回复客户的询盘、提供客户服务并处理客户纠纷	108

（2）跨境电商独立站运营方向（见表5）

表5 跨境电商独立站运营方向课程主要教学内容

课程名称	主要教学内容和要求	课时
跨境电商独立站运营	本课程是跨境电商专业非常重要的一门核心方向课程。课程需要掌握域名与站点系统的选择，收款方式、物流方式与在线客服的对接，网站销售的方式以及独立站推广的方法等	108

4. 公共职业模块（见表6）

表6 公共职业模块主要教学内容

序号	模块名称	主要教学内容和要求	参考课时
1	语文（职业模块）	本课程依据广西中职生对口升学考试的语文科目考试大纲开发，培养学生学习语言知识和文学常识，强化现代文、文言文阅读能力，提高学生的解题能力、升学成绩	36

（续表）

序号	模块名称	主要教学内容和要求	参考课时
2	数学（职业模块）	本课程依据广西中职生对口升学考试的数学科目考试大纲开发，包含集合与充要条件、不等式、函数、指数函数和对数函数、数列、三角函数、平面向量、平面解析几何、立体几何、概率与统计、逻辑代数初步和算法等知识点	36
3	英语（职业模块）	本课程依据广西中职生对口升学考试的英语科目考试大纲开发，包含语音、语法、句法、情景交际、阅读理解、完形填空、书面表达等知识点	36
4	综合职业能力	本课程依据广西中职生对口升学考试的综合职业能力科目考试大纲开发，旨在提升学生的职业能力，包括学习能力、语言表达能力、推理分析能力等	72

5. 综合实训课程（见表7）

表7　　　　　　　　　综合实训课程主要教学内容

序号	课程名称	主要教学内容和要求	课时
1	网上开店实训	采用实战模式，通过引入真实货源、依托淘宝（或具备同等功能的平台）挖掘商品卖点、拍摄商品细节、设计店铺商品详情页、撰写图文消息等，并按照C2C店铺运营业务流程开展店铺运营相关活动。撰写实训总结及汇报PPT	28
2	新商科综合实训	深度融合电子商务、会计、营销、跨境电子商务四个专业，实现跨专业组织，突破班级、专业等组织限制，实现实训资源与师资资源的优化配置，打造跨界意识与思维，提升学生整体商业思维与逻辑。通过团队建设、经营方案策划、线上运营、线下运营、会计业务、利润核算等任务，将财经应用文写作、简历、合同、促销文案等基础通用技能融其中。提高学生对商业环境的分析能力及对商业战略、营销推广、财务决策等方面的决策运用能力	28
3	跨境多平台运营实训	课程专注于培养学生在跨境电商领域的多平台运营能力。课程教学内容涵盖跨境电商平台的基础操作、市场调研、选品策略、店铺注册与管理、营销推广、跨境物流与客户服务等多个关键环节。课程要求学生通过模拟实操，掌握不同跨境电商平台的运营规则与技巧，能够独立完成店铺开设、产品上架、订单处理及客户服务等任务，并具备分析数据、优化运营策略的能力，以全面提升学生的跨境多平台运营实战技能	56

6. 专业实习（见表 8）

表 8 专业实习主要教学内容

课程名称	主要教学内容和要求	参考课时
岗位实习	依据教育部等八部门颁布的《职业学校学生实习管理规定》开设，岗位实习是中等职业学校教育教学的重要内容和环节，也是对中职学生实施思想道德教育的重要途径。学校要结合实训实习的特点和内容，抓住中职学生在实际生产过程中与一线劳动者密切接触的时机，进行以敬业爱岗、诚实守信为重点的职业道德教育，进行职业纪律和安全生产教育，培养中职学生爱劳动、爱劳动人民的情感，增强中职学生讲安全、守纪律、重质量、求效率的意识。要切实加强岗位实习过程管理，在岗位实习阶段，学校与实习单位共同做好实习过程中学生的劳动教育和岗位适应工作。实习结束后，学生要撰写实习报告，由实习指导老师和实习单位共同考核	784

七、教学进程总体安排

每学年为 40 周，其中教学时间 36 周，周课时为 28 课时；岗位实习 28 周，每周 28 课时，共 784 课时；3 年总课时 3262 课时。其中公共基础课 1130 课时，约占总课时的 1/3，专业技能课 2132 课时，约占总课时的 2/3。具体见表 9。

表 9 跨境电子商务专业专业课程设置与教学时间安排

课程类别	课程性质	课程名称	开课学期及周课时						总课时	实践课时	学分	考核形式
			1	2	3	4	5	6				
公共基础课程	必修	中国特色社会主义	2						36	8	2	考查
	必修	心理健康与职业生涯		2					36	10	2	考查
	必修	哲学与人生			2				36	8	2	考查

（续表）

跨境电子商务专业课程设置与教学时间安排（2022级）

课程类别		课程性质	课程名称	开课学期及周课时						总课时	实践课时	学分	考核形式
				1	2	3	4	5	6				
公共基础课程		必修	职业道德与法治					2		36	8	2	考查
		必修	语文	2	2		2	2		144	48	8	考试
		必修	数学	2	2		2	2		144	48	8	考试
		必修	英语	2	2		2	2		144	48	8	考试
		必修	信息技术	2+2	2					108	72	6	考试
		必修	体育与健康	2	2		2	2		144	128	8	考试
		必修	艺术（音乐、美术、书法、摄影、形体）	2						36	20	2	考查
		必修	历史	2	2					72	12	4	考查
		限选	礼仪					2		36	20	2	考查
		限选	中华优秀传统文化							36	8	2	考查
		必修	军训与入学教育	2周						56	40	3	考查
		必修	安全教育			1周				10	14	1	考查
		限选	劳动教育			2周				56	40	3	考查
小计										1130	532	63	
专业技能课程	专业基础课程	必修	跨境电子商务基础	2						36	8	2	考查
		必修	商品拍摄	2						36	20	2	考查
		限选	世界经济地理	2						36	8	2	考查
		限选	商务英语		2					36	8	2	考查
		限选	职业能力拓展			2				36	20	2	考查
		限选	泰语							36	20	2	考查

（续表）

跨境电子商务专业课程设置与教学时间安排（2022级）

课程类别		课程性质	课程名称	1	2	3	4	5	6	总课时	实践课时	学分	考核形式
专业技能课程	专业核心课程	必修	网上开店与创业基础	6						120	80	6	考试
		必修	短视频与直播带货		4					72	60	4	考试
		必修	跨境电商美工		4					72	60	4	考试
		必修	选品与商品发布		4					72	60	4	考试
		必修	国际货运代理				4			72	36	4	考试
		必修	商务数据分析				4			72	60	4	考试
		必修	跨境店铺运维（含1+X）				4			72	60	4	考试
		必修	跨境电商海外营销				4			72	60	4	考试
			小计							840	560	46	
	公共职业模块	限选	语文（职业模块）					2		36	12	2	考查
		限选	数学（职业模块）				2			36	12	2	考查
		限选	英语（职业模块）				2			36	12	2	考查
		限选	综合职业能力				4			72	12	4	考查
	专业方向课程 跨境电商多平台运营方向	限选	跨境电商多平台运营					6		108	108	6	考试
	专业方向课程 跨境电商独立站运营方向	限选	跨境电商独立站运营					6		108	108	6	考试
			小计							396	264	22	
	综合实训	必修	网上开店实训	1周					28	28	28	1	考试
		必修	新商科综合实训	1周					28	28	2	1	考试
		限选	跨境多平台运营实训			2周			56	56	2	1	考试

（续表）

跨境电子商务专业课程设置与教学时间安排（2022级）

课程类别	课程性质	课程名称	开课学期及周课时 1	2	3	4	5	6	总课时	实践课时	学分	考核形式
专业技能课程		小计							112	32	3	
	专业实习 必修	岗位实习			28			28	784	784	44	考查
		小计							784	784	44	
合计									3262	2172	178	

备注：

1. "信息技术"课程，第一学期周课时"2+2"，2节为线上教学，2节为线下教学。

2. 第6学期，报名升学的学生升学考试后再实习。

八、实施保障

（一）师资队伍

跨境电子商务专业教师条件具体见表10。

表10　　　　　　　跨境电子商务专业教师条件一览

教师类型	教师人数	承担的主要教学任务及在专业建设中的作用
专业带头人	1名	具备高级职称、双师型教师，本科以上学历。主要负责制订人才培养方案、课程开发、教育教学研究等专业建设工作
专职教师	2名	具备中级职称、符合双师型教师等要求，本科以上学历。承担专业基础课程和专业核心课程教学，指导学生实习实训
实训指导教师	1名	具备本科学历或企业经验。承担实训室管理、学生实训实习指导、技能竞赛指导和教学等工作
企业兼职教师	2名	承担专业核心实践课程或实践教学环节的教学与指导，参与课程开发，担任跟岗实习指导教师

（二）教学设施

1. 校内实习实训条件

为保障学生的课内与课外实训教学的要求，在校内建立理实一体化的跨境电商实训基地，为学生提供实战型跨境电商实操平台，满足学生跨境电商岗位项目业务内容的教学与实训需要，提高学生业务岗位的适应能力，实现对学生跨境电商方面的职业能力培养和训练；为跨境电商从业人员业务培训提供服务，推动项目教学内容与教学方法改革。跨境电商专业校内实训基地及设备情况如表 11 所示。

表 11 　　　　　　　　跨境电商专业校内实训基地及设备情况统计

序号	名称	建筑面积	教学工位	设备总值	主要实训项目
1	跨境电商实训室	100 平方米	65 个	65 万元	承担跨境电商专业课培训；承担生产性实践项目开展；可以举办符合比赛要求的跨境电商比赛
2	移动商务实训室	80 平方米	50 个	25 万元	承担短视频制作与商务磋商训练

2. 校外实习实训条件

校外实习实训条件。积极与各类跨境电商企业开展产学合作，签约一批稳定的实习实训合作单位，建设校外实习基地，用于满足学生工学结合、跟岗实习等教学活动的开展，充分满足跨境电商专业的实践教学需求，全面提高学生实际操作能力和水平。跨境电商专业校外实训基地如表 12 所示。

表 12 　　　　　　　　跨境电商专业校外实训基地统计

序号	企业名称
1	广西恒鑫云科电子商务有限公司
2	广西启迪创新跨境电子商务有限公司
3	广西南宁雀云网络科技有限公司

（续表）

序号	企业名称
4	厦门优优汇联教育咨询有限公司
5	广西霆旭网络科技有限公司
6	北京博导前程信息技术股份有限公司
7	广东沃天下供应链管理有限公司广州增城分公司
8	广州点动信息科技股份有限公司

（三）教学资源

配合中等职业学校教学任务开展，专业所有课程要求教师优先选用在全国范围出版发行的优秀中职教材，特别是跨境电子商务行业龙头企业阿里巴巴企业编写的优秀教材。此外，鼓励教学团队结合教学改革成果，并根据专业教学特点和现有的资源编撰和出版校本教材。积极开发相关课程的数字资源，充分满足学生专业学习、教师专业教学研究、教学实施和社会服务需要。目前已有自有课程资源包括跨境电商基础、商品拍摄、店铺运营、短视频与直播带货等，且全部课程皆配备数字资源。

（四）教学方法

提出实施教学应该采取的方法及指导建议，指导教师依据专业培养目标、课程教学要求、学生能力与教学资源，采用适当的教学方法，以达成预期教学目标。倡导因材施教、因需施教，鼓励创新教学方法和策略，以学生为中心，采用理实一体化教学、案例教学、项目教学等方法，坚持学中做、做中学。专业课程主要采用项目课程、工作过程的设计思路，融合理论知识与实践知识，以更好地培养学生综合职业能力。安排学生开展专业课程工学结合教学组织形式，进行认知实习、专业实习、实训及跟岗实习等各项工作，全面提高学生实际操作能力和水平。

（五）教学评价

在突出以提升岗位职业能力为重心的基础上，针对不同教学与实践内容，构建多元化专业教学评价体系。在原有教师过程评价的基础上，吸纳行业、企业和社会有关方面组织参与考核评价，加大企业和行业直接参与评价的力度，将企业和行业的从业标准引入学生学习评价过程中，形成一套适应工学结合、以实操考核为主、体现对综合素质评价的课程考核体系。

新课程考核体系包括课证融合评价、项目式考核评价、理论考核及技能考核相结合等评价方式，体现理实一体、实践导向，对评价对象知识掌握情况、实践操作能力、学习态度和基本职业素质等方面进行全面评价。

（六）质量管理

其一，通过教学团队内部管理有效促进教师业务水平和教学质量的提高。主要开展以下教学活动来达到教学质量管理的要求：教师定期挂职锻炼、骨干教师业务进修、教学团队集中定期举办研讨会、相互听课并开展研究性公开课等。

其二，实行校领导、教务处、教研室三级监控，教师相互听课，学生监察员考察，期末学生评价，期中、期末检查等措施，保障教师教学质量。围绕建立完善教师教学工作质量评价体系来组织实施，核心内容包括教案和授课计划检查、授课教师相互听课评价、督导听课评价、教学座谈会、学生评教等。

其三，通过教诊改对教学过程进行监控，根据学校"十四五"规划及各专项规划和学校年度目标责任书要求、按照广西物资学校专业建设标准，对专业发展进行目标链、标准链的打造。按8字形质量改进螺旋建立与运行实施，分为事前设计建标、事中实施监控、事后诊断改进。对目标完成度、原因以及改进措施进行诊断。

九、升学及毕业要求

在规定学习年限内，修完规定课程，通过考核，满足以下要求，准予升学和毕业。

①思想道德要求。符合学校德育标准，具有良好的思想道德，思想道德鉴定合格。

②职业资格（等级）证书要求。考取 1+X 跨境电子商务多平台运营职业技能等级证书（初级）。（非必要要求）

③实践实习要求。完成规定的实践实习，并鉴定合格。

④学分要求：得到 157 学分。

（执笔：李翔）

▶▶ **广西物资学校物流服务与管理专业人才培养方案**

一、专业名称及代码

专业名称：物流服务与管理（730801）。

二、入学要求

初中毕业生或具有同等学力者。

三、修业年限

三年（全日制）。

四、职业面向及主要接续专业

（一）职业面向

所属专业大类（代码）	所属专业类（代码）	对应行业（代码）	主要职业类别（代码）	主要岗位类别（或技术领域）	职业资格证书或技能等级证书举例
财经商贸大类（73）	物流类（7308）	邮政业（60）	装卸搬运和运输代理服务人员（4-02-05）	装卸搬运工（4-02-05-01）	特种设备作业人员证 物流管理职业技能等级证书（初级）

（续表）

所属专业大类（代码）	所属专业类（代码）	对应行业（代码）	主要职业类别（代码）	主要岗位类别（或技术领域）	职业资格证书或技能等级证书举例
财经商贸大类（73）	物流类（7308）	装卸搬运和仓储业（59）	仓储人员（4-02-06）	仓储管理员（4-02-06-01）理货员（4-02-06-02）物流服务师（4-02-06-03）冷藏工（4-02-06-04）	物流管理职业技能等级证书（初级）
			邮政和快递服务人员（4-02-07）	快递员（4-02-07-08）快件处理员（4-02-07-09）	物流管理职业技能等级证书（初级）

（二）主要接续专业

1. 高职

现代物流管理专业、物流工程技术专业、冷链物流技术与管理专业、港口物流管理专业、工程物流管理专业、采购与供应管理专业、供应链运营专业。

2. 本科

现代物流管理专业、物流工程技术专业。

五、培养目标与培养规格

（一）培养目标

本专业坚持立德树人，主要面向第三方物流企业、运输服务企业、快递企业及企业物流部门，培养理想信念坚定，具有一定的科学文化水平，良好的人文素养，职业道德和创新精神，精益求精的工匠精神，较强的就业能力和可持续发展能力，掌握现代物流服务业典型的业务流程、必要的基础知识、过硬的操作技能，从事仓储与配送、信息操作、采购及运输现场管理、快递服务等工作，德、智、体、美、劳全面发展的高素质劳动者和技能型人才。

（二）培养规格

由素质、知识、能力三方面的要求组成。

1. 素质

（1）基本素质

①有坚定的政治信念，热爱祖国，拥护中国共产党的领导，拥护党的路线、方针、政策，努力掌握中国特色社会主义基本理论，具有爱国主义、集体主义的精神。

②有较强的社会责任心和良好的道德品质。遵纪守法，热爱劳动，行为规范。

③具有积极的人生态度，良好的心理素质，健全的人格，健康的身体和良好的体能。

（2）职业素质

①具有获取、分析和处理信息的能力及应用文写作能力。

②具有市场竞争意识、团队合作意识、安全环保意识和良好的职业道德。

③具有良好的人际交流能力、团队合作精神和客户服务意识。

④具有良好的行为习惯、客户服务意识和较强的自我控制能力。

⑤具有自我提高及终身学习的能力。

2. 知识

①了解物流业务的相关法律法规和标准化要求等知识。

②掌握常见的物流类型，描述物流的基本功能、行业现状及物流业态，熟悉物流企业的典型职能部门和岗位要求。

③熟练掌握物流业务流程，能完成相关作业任务。

④掌握货品管理专业知识，能辨识各类不同货品标识，完成货品验收、养护等作业。

⑤具有较强的客户服务意识，能对各类客户的投诉与异议进行处理，具有一定的协调客户关系的能力。

⑥会操作物流管理软件，能熟练进行物流信息的处理。

⑦掌握常见物流设备的使用、日常维护及保养技术。

⑧熟练掌握各种办公设备、常用的办公软件的使用方法。

3. 能力

①了解现代物流中心的区域设置及功能。

②熟练掌握仓储货品进、出、存相关作业的流程，能完成仓储货品的进、出、存作业。

③熟悉配送作业计划，完成分拣、配载、送货作业。

④了解包装知识，能辨识不同包装材料，能根据货品要求进行简单的货品包装和流通加工作业。

⑤熟练掌握各类叉车基本特性，能驾驶叉车进行货品出入库、移库、托盘堆叠等作业，能对叉车进行日常维护保养。

⑥掌握存储、装卸搬运等仓储设备基本特性，能合理选择与使用常见仓储设备，懂得设备保养常识。

⑦熟练掌握常见的物流信息设备及信息系统，能根据物流信息填写和打印相关物流单据。

⑧掌握仓储业务咨询、在库货物查询、客户意见处理等客户服务工作技能。

⑨遵守仓库及作业安全的管理规定，熟练掌握各种安全作业设备及常见消防设施设备。

⑩熟悉国内物流运输枢纽和综合运输网布局，形成一定的物流空间意识。

⑪掌握货物运输线路与方式选择，会根据具体运输业务提出运费报价，能熟练核算相关运输费用。

⑫熟练掌握各种运输单证组成要素，能识读、填制各种运输单证。

⑬熟练掌握货物运载设备、集装化器具、装卸搬运设备、集装箱装卸作业设备识别、选择及设备维护常识等知识与技能。

⑭掌握现场货物装卸搬运技能，能正确阅读作业单。

⑮熟悉货车类型，会根据货运调度计划进行车辆调度。

⑯熟悉场站布局、货物性质、车型装载量等特点，会进行货物配载，现场作业调度。

⑰掌握运输业务咨询、货物查询、客户意见处理、货损理赔等客户服务

工作技能。

⑱理解快递相关的法律法规，熟悉快递行业服务标准，掌握快件安全知识。

⑲掌握快递业务的基本流程。

六、课程设置

本专业课程设置分为公共基础课程和专业技能课程，如图1所示。

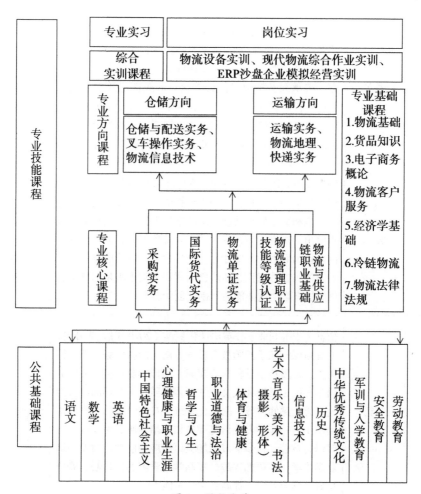

图1　课程体系

（一）公共基础课程

公共基础课程包括语文、数学、英语、中国特色社会主义、心理健康与职业生涯、哲学与人生、职业道德与法治、体育与健康、艺术（音乐、美术、书法、摄影、形体）、信息技术、历史、中华优秀传统文化、军训与入学教育、安全教育、劳动教育，具体如表1所示。

表1 公共基础课程主要教学内容

序号	课程名称	主要教学内容和要求	参考课时
1	语文	依据《中等职业学校语文课程标准（2020年版）》开设，培养学生掌握基础知识和基本技能，强化关键能力，使学生具有较强的语言文字运用能力、思维能力和审美能力，传承和弘扬中华优秀文化，形成良好的思想道德品质、科学素养和人文素养，为学生学好专业知识与技能，提高就业创业能力和终身发展能力，成为全面发展的高素质劳动者和技术技能人才奠定基础	144
2	数学	依据《中等职业学校数学课程标准（2020年版）》开设，培养学生基本、扎实的分析计算能力、计算工具基本使用技能和数据处理技能，培养学生系统、全面特别是重点突出的观察能力、一定的空间想象能力、分析与解决问题能力和数学思维能力。引导学生逐步养成良好的学习习惯、实践意识、初步创新意识和实事求是的科学态度，提高学生就业能力与创业创新能力	144
3	英语	依据《中等职业学校英语课程标准（2020年版）》开设，明确新课标赋予教师教育教学方向上的新任务，即立德树人，发展英语学科核心素养，保证学业质量，突出英语学科的工具性和人文性的课程性质，从职场的语言沟通、思维感知差异、跨文化理解、自主学习四个维度帮助学生进一步学习英语基础知识，培养听、说、读、写等语言技能，初步形成职场英语的应用能力，激发和培养学生学习英语的兴趣，提高学生学习的自信心，养成良好的学习习惯，提高自主学习能力	144

（续表）

序号	课程名称	主要教学内容和要求	参考课时
4	中国特色社会主义	依据《中等职业学校思想政治课程标准（2020年版）》开设，以习近平新时代中国特色社会主义思想为指导，阐释中国特色社会主义的开创与发展，明确中国特色社会主义进入新时代的历史方位，阐明中国特色社会主义建设"五位一体"总体布局的基本内容，引导学生树立对马克思主义的信仰、对中国特色社会主义的信念、对中华民族伟大复兴中国梦的信心，坚定中国特色社会主义道路自信、理论自信、制度自信、文化自信，把爱国情、强国志、报国行自觉融入坚持和发展中国特色社会主义事业、建设社会主义现代化强国、实现中华民族伟大复兴的奋斗之中	36
5	心理健康与职业生涯	依据《中等职业学校思想政治课程标准（2020年版）》开设，基于社会发展对中职学生心理素质、职业生涯发展提出的新要求以及心理和谐、职业成才的培养目标，阐释心理健康知识，引导学生树立心理健康意识，掌握心理调适和职业生涯规划的方法，帮助学生正确处理生活、学习、成长和求职就业中遇到的问题，培育自立自强、敬业乐群的精神和态度，以及自尊自信、理性平和、积极向上的良好心态，根据社会发展需要和学生心理特点进行职业生涯指导，为其职业生涯发展奠定基础	36
6	哲学与人生	依据《中等职业学校思想政治课程标准（2020年版）》开设，阐明马克思主义哲学是科学的世界观和方法论，讲述辩证唯物主义和历史唯物主义基本观点及其对人生成长的意义；阐述社会生活及个人成长中进行正确价值判断和行为选择的意义；引导学生弘扬和践行社会主义核心价值观，为学生成长奠定正确的世界观、人生观和价值观基础	36
7	职业道德与法治	依据《中等职业学校思想政治课程标准（2020年版）》开设，着眼于提高中职学生的职业道德素质和法治素养，对学生进行职业道德和法治教育。帮助学生理解全面依法治国的总目标和基本要求，了解职业道德和法律规范，增强职业道德和法治意识，养成爱岗敬业、依法办事的思维方式和行为习惯	36

（续表）

序号	课程名称	主要教学内容和要求	参考课时
8	体育与健康	依据《中等职业学校体育与健康课程标准（2020 年版）》开设，落实立德树人的根本任务，坚持健康第一的教育理念，通过传授体育与健康的知识、技能和方法，提高学生的运动能力，培养运动爱好和特长，使学生养成终生体育锻炼的习惯，形成健康的行为和生活方式，健全人格，强健体魄，具备身心健康和职业生涯发展必备的体育与健康学科核心素养，引领学生逐步形成正确的世界观、人生观和价值观，自觉践行社会主义核心价值观，成为德、智、体、美、劳全面发展的高素质劳动者和技术技能人才	144
9	艺术（音乐、美术、书法、摄影、形体）	依据《中等职业学校艺术课程标准（2020 年版）》开设，坚持落实立德树人根本任务，通过艺术鉴赏与实践等活动，培养艺术感知、审美判断、创意表达和文化理解等艺术核心素养。使学生了解或掌握不同艺术门类的基本知识、技能和原理，引导学生树立正确的世界观、人生观和价值观，增强文化自觉和文化自信，丰富学生人文素养与精神世界，培养学生艺术欣赏能力，提高学生文化品位和审美素质，培育学生职业素养、创新能力与合作意识	36
10	信息技术	依据《信息技术课程标准（2020 年版）》开设，使学生掌握必备的计算机应用基础知识和基本技能，培养学生应用计算机解决工作与生活中实际问题的能力；使学生初步具有应用计算机学习的能力，为其职业生涯发展和终身学习奠定基础；提升学生的信息素养，使学生了解并遵守相关法律法规、信息道德及信息安全准则，培养学生成为信息社会的合格公民	108
11	历史	依据《中等职业学校历史课程标准（2020 年版）》开设要求，全面贯彻党的教育方针，践行社会主义核心价值观，落实立德树人的根本任务，不断培养学生历史课程核心素养。通过开设"中国历史"和"世界历史"的基础性内容，引导学生对中国重要的历史人、历史物、历史事件、历史现象做出科学的阐释和客观的评价，形成正确的历史价值取向；使学生在学习历史过程中逐步形成唯物史观、时空观念、史料实证、历史阐释、家国情怀五个方面的能力；塑造学生健全的人格，养成学生爱岗敬业、诚信公道、精益求精等职业精神；培养学生成为德、智、体、美、劳全面发展的社会主义建设者和接班人	72

（续表）

序号	课程名称	主要教学内容和要求	参考课时
12	中华优秀传统文化	引导学生感悟中华优秀传统文化的精神内涵，增强学生对中华优秀传统文化的自信心，从而培养他们对祖国的情感和爱国情操。帮助他们理解和认识中国传统文化的优秀要素，影响他们的人生、社交和工作态度以及养成良好的行为习惯	36
13	军训与入学教育	通过军训和入学教育使新生养成良好的行为习惯，树立纪律和法治观念，增强民族团结和爱国主义意识，为使学生成为有理想、有道德、有文化、有纪律的一代新人打下良好基础	56
14	安全教育	依据《中等职业学校职业健康与安全教学大纲》开设，引导学生树立正确的职业健康与安全观念，使学生掌握职业健康与安全的基础知识，树立正确的职业健康与安全观念，形成职业健康与安全技能，提高职业素质和职业能力。做好适应社会，融入社会和就业、创业的准备	10
15	劳动教育	根据教育部印发《大中小学劳动教育指导纲要（试行）》，劳动教育主要包括日常生活劳动、生产劳动和服务性劳动中的知识、技能与价值观。日常生活劳动教育立足个人生活事务处理，结合开展新时代校园爱国卫生运动，注重生活能力和良好卫生习惯培养，树立自立自强意识。生产劳动教育要让学生在工农业生产过程中直接经历物质财富的创造过程，体验从简单劳动、原始劳动向复杂劳动、创造性劳动的发展过程，学会使用工具，掌握相关技术，感受劳动创造价值，增强产品质量意识，体会平凡劳动中的伟大。服务性劳动教育让学生利用知识、技能等为他人和社会提供服务，在服务性岗位上见习、实习，树立服务意识，实践服务技能；在公益劳动、志愿服务中强化社会责任感	56

（二）专业技能课程

专业技能课程由专业基础课程、专业核心课程、专业方向课程、综合实训课程和专业实习组成。

专业基础课程包括物流基础、货品知识、电子商务概论、物流客户服务、经济学基础、冷链物流、物流法律法规。

专业核心课程包括采购实务、国际货代实务、物流单证实务、物流管理职业技能等级认证、物流与供应链职业基础。

专业方向课程分为仓储方向和运输方向。仓储方向：仓储与配送实务、叉车操作实务、物流信息技术。运输方向：运输实务、物流地理、快递实务。

综合实训课程包括物流设备实训、现代物流综合作业实训、ERP沙盘企业模拟经营实训。

专业实习包括岗位实习。

1. 专业基础课程（见表2）

表2　　　　　　　　　　专业基础课程主要教学内容

序号	课程名称	主要教学内容和要求	课时
1	物流基础	了解各种物流活动；理解各类物流企业类型，物流企业主要服务内容、服务流程；掌握运输、仓储、配送等物流主要作业方式及其作业流程；能使用物流设备进行简单操作	72
2	货品知识	掌握货品分类的方法，货品的化学成分与结构，货品的物理、机械及化学性质；掌握货品分类的标志及常见的分类方法；能辨识货品包装物上标识图案和货品商标，掌握货品包装、商品养护、商品条形码等知识	36
3	电子商务概论	了解电子商务的基本框架、基本技术、主要类型及发展现状；理解电子商务的定义，掌握网络信息检索、网络在线支付、电子商务物流、网络风险识别与防范等；能利用C2C、B2C、B2B电子商务平台所提供的功能，获取必要的商品信息、市场信息，顺利完成在线购物、在线支付、在线采购及简单的在线市场调研；能利用主要搜索引擎的功能及基本语法，针对日常生活及工作中的基本问题，精准、高效地搜索到相关信息	36
4	物流客户服务	熟悉物流客户服务流程，掌握客户服务技巧，熟练完成物流客户服务工作，具备较强的沟通能力与应变能力，形成认真严谨的工作态度，树立一切为客户服务的良好意识	36

（续表）

序号	课程名称	主要教学内容和要求	课时
5	经济学基础	掌握经济学的基本概念和基本理论，掌握需求、供给及均衡价格的概念，了解需求曲线背后的消费者行为，供给曲线背后的生产者行为，了解市场经济运行的一般原理和政府对国民经济进行宏观调控的依据与方法、手段，能利用所学知识理解生活中所遇到的各种复杂问题，并做出正确选择	36
6	冷链物流	掌握冷链物流的基本环节；掌握食品变质的原因及冷链物流的基本原理；熟练掌握控制食品的化学成分发生变化的方法；了解食品冻结加工设备及畜肉、禽肉、鱼类的冻结加工工艺；掌握各类食品冷却加工的方法及冻结速度对冻结食品质量的影响；熟练掌握果蔬的速冻工艺；了解冷库的分类；掌握冷库的组成及特点；掌握如何合理使用冷库及如何做好冷库的管理工作；了解冷藏运输方式的种类、冷藏汽车的类型；掌握冷藏运输的特征、要求；掌握肉类的冷链物流操作方法、水产品冷链物流的要求；掌握水产品冷藏运输方法、果蔬冷藏运输的操作与管理	36
7	物流法律法规	熟悉物流领域中所涉及的法规，能查阅相关法律法规和相关资料，分析、判断物流活动是否合法；掌握物流业务合同的拟定和填写；能依据相关法律法规分析判断物流业务纠纷双方的责任，并提出处理办法	36

2. 专业核心课程（见表3）

表3　　　　　　　　专业核心课程主要教学内容

序号	课程名称	主要教学内容和要求	课时
1	采购实务	了解采购的基本原理和运作过程；理解采购相关概念并能描述采购各主要环节的基本要素；能描述采购管理的内容及采购的基本模式；会运用适当方法进行采购需求分析、需求预测；会运用适当方法确定采购量；掌握采购库存控制；会识别采购风险的类型；能运用"PDCA循环"对采购质量进行有效监控	72
2	国际货代实务	了解国际货代公司的设立条件及程序；掌握国际货代公司的组织结构、岗位设置及业务内容；能按照海运和航空进出口货代业务的操作流程处理海运和航空进出口货代业务；会处理国际多式联运相关业务	72

（续表）

序号	课程名称	主要教学内容和要求	课时
3	物流单证实务	理解物流单证相关的基础知识；会填写和审核仓储单证、货物运输与保险所需的单证、货物出入境中所需的单证以及物流结算中所需单证；能发现及处理错误的单证	72
4	物流管理职业技能等级认证	掌握物流市场信息收集的途径与方法；掌握仓储作业基本工作流程，能按照流程进行仓储订单处理及异常处理；掌握配送作业流程和信息系统知识，能按要求完成订单处理和配送作业并处理异常情况；掌握货物托运受理作业内容及要求，能按要求完成运输作业异常处理，能完成运输单证缮制与处理；熟悉物流信息技术及应用的基本知识，熟悉物流管理系统的基本功能	72
5	物流与供应链职业基础	了解职业道德、服务意识的基本要求与规范，掌握提升物流服务水平的途径与方法；理解物流的相关概念，熟悉各类物流企业的服务内容；熟悉物流行业常用办公文书的格式和内容要求，掌握物流行业办公文书的撰写技巧；掌握创新的类型，学习创新思维引导工具	36

3. 专业方向课程

（1）仓储方向（见表4）

表4 　　　　　　　　　　仓储方向课程主要教学内容

序号	课程名称	主要教学内容和要求	课时
1	仓储与配送实务	了解仓储与配送企业的设立条件、程序、组织结构、岗位设置和业务内容；掌握仓储配送企业货物入库作业、货物在库管理、货物出库作业、货物配送作业流程和注意事项；能按照企业要求完成作业任务	72
2	叉车操作实务	了解叉车、叉车属具，理解常见叉车结构；会根据作业内容，初步合理地选择、配置、使用和管理各类叉车；能熟练驾驶叉车完成装卸搬运任务；能对叉车进行日常保养与维护	144
3	物流信息技术	能使用 RFID 等各种物流信息技术设备；能应用 EDI、GPS、GIS 等物流信息管理支持技术；能熟练利用信息技术收集、跟踪、处理、管理物流信息；能熟练使用网络资源与物流公共信息平台；会使用各种仓储、运输、货代、报关等信息管理系统；具备物流信息技术应用能力	72

（2）运输方向（见表5）

表5 运输方向课程主要教学内容

序号	课程名称	主要教学内容和要求	课时
1	运输实务	了解公路、铁路、水路及航空运输作业流程以及相关岗位职责和作业要求；能识读、填制和运用各种运输单证；能根据业务要求和货运需要选择合理的运输方式及核算运费；能接受、处理运输委托，合理配备物流设备、配载车辆，跟踪客户运单信息，处理运输事故	72
2	物流地理	掌握国内主要交通枢纽、物流节点和运输干线、经济资源、交通运输网、国际主要口岸、重点海运航线、航空线路及大陆桥等相关知识；能根据货运要求，在地图中查找铁路、公路、水路、航空路线与节点；会收集、分析、整理物流地理信息资料；能根据货物流向及实际环境选择合理运输方式	36
3	快递实务	了解快递物流的基本概念和基本功能；掌握快递单的填写；掌握快递接单、快件收取和派送作业的技巧；能根据需求进行快件分拣、异常件处理、快件查询和跟踪作业	72

4. 综合实训课程（见表6）

表6 综合实训课程主要教学内容

序号	课程名称	主要教学内容和要求	课时
1	物流设备实训	"物流设备实训"是综合实训课程，旨在通过理论结合实操的方式，让学生深入了解物流设备的种类、操作方法及维护技巧。课程涵盖了叉车、自动搬运车、流通加工设备及集装箱装卸机械等多种物流设备的操作训练，确保学生掌握必要的操作技能。通过该课程的学习，学生将能够全面提升物流设备操作、维护与安全管理等方面的能力，为未来从事物流相关工作奠定坚实基础	56
2	现代物流综合作业实训	"现代物流综合作业实训"课程注重理论与实践的结合，通过模拟真实的物流作业场景，让学生全面了解现代物流的运作流程和管理技巧。课程内容包括仓储管理、配送管理、运输管理等多个环节，旨在培养学生的物流综合能力。学生将通过实训掌握物流设备的操作、物流信息的处理以及物流流程的优化等技能。同时，课程要求学生具备团队协作精神，能够在模拟的物流作业中协同完成任务。通过本课程的学习，学生将能够提升物流作业的效率与质量，为未来的物流职业发展打下坚实的基础	56

续表

序号	课程名称	主要教学内容和要求	课时
3	ERP沙盘企业模拟经营实训	"ERP沙盘企业模拟经营实训"课程旨在通过模拟企业真实运营环境，让学生全面了解企业经营管理流程。课程教学内容涵盖战略规划、市场营销、财务核算、生产组织等多个方面，通过ERP沙盘企业模拟工具进行实操训练。课程要求学生能够分组组建模拟企业，并担任不同管理角色，在模拟经营中学会团队协作、决策分析、问题解决等技能，从而全面提升学生的企业经营管理能力和综合素质	28

5. 专业实习（见表7）

表7　　　　　　　　　　专业实习主要教学内容

课程名称	主要教学内容和要求	参考课时
岗位实习	依据教育部等八部门颁布的《职业学校学生实习管理规定》开设，岗位实习是中等职业学校教育教学的重要内容和环节，也是对中职学生实施思想道德教育的重要途径。学校要结合实训实习的特点和内容，抓住中职学生在实际生产过程中与一线劳动者密切接触的时机，进行以敬业爱岗、诚实守信为重点的职业道德教育，进行职业纪律和安全生产教育，培养中职学生爱劳动、爱劳动人民的情感，增强中职学生讲安全、守纪律、重质量、求效率的意识。要切实加强岗位实习过程管理，在岗位实习阶段，学校与实习单位共同做好实习过程中学生的劳动教育和岗位适应工作。实习结束后，学生要撰写实习报告，由实习指导老师和实习单位共同考核	784

七、教学进程总体安排

每学年为40周，其中教学时间36周，周课时为28课时；岗位实习为28周；每周28课时，共784课时，3年总课时3098课时。其中公共基础课1094课时，约占总课时的1/3，专业技能课2004课时，约占总课时的2/3。具体见表8。

表 8 物流服务与管理专业课程设置与教学时间安排

物流服务与管理专业课程设置与教学时间安排（2022级）

课程类别		课程性质	课程名称	开课学期及周课时						总课时	实践课时	学分	考核形式
				1	2	3	4	5	6				
公共基础课程		必修	中国特色社会主义	2						36	8	2	考查
		必修	心理健康与职业生涯		2					36	10	2	考查
		必修	哲学与人生				2			36	8	2	考查
		必修	职业道德与法治					2		36	8	2	考查
		必修	语文	2	2		2	2		144	48	8	考试
		必修	数学	2	2		2	2		144	48	8	考试
		必修	英语	2	2		2	2		144	48	8	考试
		必修	信息技术	2+2	2					108	72	6	考试
		必修	体育与健康	2	2		2	2		144	128	8	考试
		必修	艺术（音乐、美术、书法、摄影、形体）	2						36	20	2	考查
		必修	历史	2	2					72	12	4	考查
		限选	中华优秀传统文化				2			36	20	2	考查
		必修	军训与入学教育	2周						56	40	3	考查
		必修	安全教育		1周					10	14	1	考查
		限选	劳动教育		2周					56	40	3	考查
小计										1094	524	61	
专业技能课程	专业基础课程	必修	物流基础	4						72	36	4	考试
		必修	货品知识	2						36	18	2	考试
		必修	电子商务概论			2				36	18	2	考试
		必修	物流客户服务					2		36	18	2	考试
		必修	经济学基础					2		36	18	2	考查
		限选	冷链物流					2		36	18	2	考查
		限选	物流法律法规					2		36	18	2	考查

（续表）

物流服务与管理专业课程设置与教学时间安排（2022级）

课程类别			课程性质	课程名称	开课学期及周课时						总课时	实践课时	学分	考核形式
					1	2	3	4	5	6				
专业技能课程	专业方向课程	专业核心课程	必修	采购实务				4			72	36	4	考试
			必修	国际货代实务				4			72	36	4	考查
			必修	物流单证实务					4		72	36	4	考查
			必修	物流管理职业技能等级认证		4					72	36	4	考查
			必修	物流与供应链职业基础		2					36	18	2	考查
			小计								612	306	34	
		仓储方向	必修	仓储与配送实务		4					72	36	4	考试
			必修	物流信息技术				4			72	36	4	考试
			限选	叉车操作实务	4	4					144	144	8	考查
		运输方向	必修	运输实务				4			72	36	4	考试
			必修	物流地理	2						36	18	4	考试
			限选	快递实务					4		72	36	4	考查
		小计									468	306	28	
	综合实训		必修	物流设备实训	28						56	56	2	考查
			必修	现代物流综合作业实训		28					56	56	2	考查
			限选	ERP沙盘企业模拟经营实训				28			28	28	1	考查
		小计									140	140	5	
	专业实习		必修	岗位实习			28			28	784	784	44	考查
		小计									784	784	44	
合计											3098	2060	172	

备注：

1. "信息技术"课程，第一学期周课时"2+2"，2节为线上教学，2节为线下教学。

2. 第6学期，报名升学的学生升学考试后再实习。

3. 取得专业相关职业资格证、技能等级证可在相对接的课程计相应学分。

4. 参加国际性、全国性、省部级、地市级、行业内的职业技能竞赛获得奖励，应予折合成学分，具体标准可参照学校相关文件执行。

八、实施保障

（一）师资队伍

1. 校内教师要求（见表9）

（1）职业素质要求

①爱岗敬业、为人师表、关心学生、教书育人。

②系统掌握专业理论知识，及时了解本专业国内外发展现状和趋势，注重更新知识结构，积极开展课程教学改革。

③刻苦钻研业务、勇于创新教学模式，增强实践教学能力。

④善于结合学科特点，寓思想品德教育于学科教学之中。

（2）职业技能要求

①具备物流及相关专业技术职务（非教师系列）任职资格或具备物流及相关专业（工种）技术等级证书。

②具备通用计算机、多媒体和网络等现代教育手段的操作与应用能力。

③具备组织物流及相关专业实训教学的能力。

④具备物流企业生产实习半年以上工作经历。

2. 继续教育要求

①定期参加所授课程的相关岗位职业资格进修培训。

②每学年参加、带队指导跟岗实习或专业社会实践活动。

③定期参加相关专业学术研讨活动，及时掌握本专业前沿信息。

3. 校外兼职教师要求

（1）具有良好的职业道德和责任心。

（2）校外兼职教师应具备相关行业2年以上一线工作经历，具有较丰富的行业经验和较强的实践技能。

（3）掌握教育教学基本规律，了解职业教育的规律和特点，具备较强的教学能力。

表 9　　　　　　　　　物流服务与管理专业教师条件

教师类型	教师人数	承担的主要教学任务及在专业建设中的作用
专业带头人	2 名	具备高级职称、双师型教师，本科以上学历。主要负责制订人才培养方案、课程开发、教育教学研究等专业建设工作
专职教师	6 名	具备中级职称、符合双师型教师等要求，本科以上学历。承担专业基础课程和专业核心课程教学，指导学生实习实训
实训指导教师	2 名	具备本科学历或企业经验。承担实训室管理、学生实训实习指导、技能竞赛指导和教学等工作
企业兼职教师	3 名	承担专业核心实践课程或实践教学环节的教学与指导，参与课程开发，担任跟岗实习指导教师

（二）教学设施

1. 校内实习实训条件

为保障学生的课内与课外实训教学的要求，在校内建立理实一体化的物流实训基地，满足学生物流教学与实训需要，提高学生业务岗位的适应能力，实现对学生物流方面的职业能力培养和训练。物流服务与管理专业校内实训基地及设备情况如表 10 所示。

表 10　　　　　物流服务与管理专业校内实训基地及设备情况统计

序号	名称	建筑面积	教学工位	设备总值	主要实训项目
1	现代物流管理教学实训基地	1000 平方米	100 个	800 万元	物流设备实训、现代物流综合作业实训、快递实训
2	现代物流商贸第二实训基地	600 平方米	100 个	200 万元	物流设备实训、叉车实训、物流信息实训、1+X 考证
3	运输实训室	50 平方米	50 个	50 万元	物流信息实训

2. 校外实习实训条件

积极与各类物流企业开展产学合作，签约一批稳定的实习实训合作单位，建设校外实习基地，用于满足学生工学结合、跟岗实习等教学活动的开展，充分满足物流服务与管理专业的实践教学需求，全面提高学生实际操作能力和水平。物流服务与管理专业校外实训基地如表 11 所示。

表 11 物流服务与管理专业校外实训基地统计

序号	企业名称
1	广西聚峰物流有限公司
2	广西聚商物流公司特种设备作业人员考试中心
3	广西苏宁物流有限公司
4	广西九州通医药有限公司
5	广西京东信成供应链科技有限公司

（三）教学资源

配合中等职业学校教学任务开展，专业所有课程要求教师优先选用在全国范围出版发行的优秀中职教材、国家规划教材。此外，鼓励教学团队结合教学改革成果根据专业教学特点和现有的资源编撰和出版校本教材。积极开发相关课程的数字资源，充分满足学生专业学习、教师专业教学研究、教学实施和社会服务需要。

（四）教学方法

公共基础课程教学要符合教育部有关教育教学的基本要求，按照培养学生基本科学文化素养、服务学生专业学习和终身发展的功能来定位，重在教学方法、教学组织形式的改革，教学手段、教学模式的创新，调动学生学习积极性，为学生综合素质的提高、职业能力的形成和可持续发展奠定基础。

专业技能课程应按照相应职业岗位（群）的能力要求，强化理论与实践一体化，突出"做中学、做中教"的职业教育教学特色，提倡行动导向型教学模式，具体采用引导文教学、案例教学、项目教学、角色扮演教学等方法，利用校内、校外实训基地，将学生的独立学习、小组合作学习、教师引导教学、岗位实践等教学组织形式有机结合。

（五）教学评价

教学评价主要包括教师教学评价和学生学业评价两部分。

1. 教师教学评价

教师教学评价指标主要包括教学能力评价（综合素养）、教学过程（行为）评价和教学目标评价三部分。具体实施过程中可通过学生评教（综合素养：学生认可度、满意度、教学行为）、教学常规检查（教学过程、教学目标达成）、物流行业企业专家评（教师对生产技能掌控度）等部分。

2. 学生学业评价

坚持用多元评价方式引导学生形成个性化的学习方式，评价应体现评价标准、评价主体、评价方式、评价过程的多元化。对学生考核评价兼顾认知、技能、情感等多个方面。专业技能课评价方式建议如下。

（1）职业素养评价

每门专业技能课的学习均需与相应岗位对应，学生的日常行为习惯与职场要求对应。因此，物流职业素养培养在课程学习中占非常重要地位，学生专业技能课程学业评价将学生的日常行为习惯纳入评价。

（2）职业技能评价

职业技能的培养是专业技能课程的重点，评价的重点是基本技能掌握与应用，解决实际问题能力。

（3）学习能力评价

现代物流企业基层岗位对高科技应用能力要求较高，学生的学习能力及知识与技能迁移能力关系到学生未来职业生涯的发展。

上述三类评价可采用观察、口试、笔试、跟岗操作、职业技能大赛、职业资格鉴定等评价方式；评价过程中注重定性评价与定量评价、过程性评价与终结性评价的结合。

（六）质量管理

其一，通过教学团队内部管理有效促进教师业务水平和教学质量的提高。主要开展以下教学活动来达到教学质量管理的要求：教师定期挂职锻炼、骨干教师业务进修、教学团队集中定期开展研讨会、相互听课并开展研究性公开课等。

其二，实行校领导、教务处、教研室三级监控，教师相互听课，学生监察员考察，期末学生评价，期中、期末检查等措施，保障教师教学质量。围绕建立完善教师教学工作质量评价体系来组织实施，核心内容包括教案和授课计划检查、授课教师相互听课评价、督导听课评价、教学座谈会、学生评教等。

其三，通过教诊改对教学过程进行监控，根据学校"十四五"规划及各专项规划和学校年度目标责任书要求、按照广西物资学校专业建设标准，对专业发展进行目标链、标准链的打造。按8字形质量改进螺旋建立与运行实施，分为事前设计建标、事中实施监控、事后诊断改进。对目标完成度、原因以及改进措施进行诊断。

九、升学及毕业要求

在规定学习年限内，修完规定课程，通过考核，满足以下要求，准予升学和毕业。

①思想道德要求。符合学校德育标准，具有良好的思想道德，思想道德鉴定合格。

②职业资格（等级）证书要求。（非必要要求）

③实践实习要求。完成规定的实践实习，并鉴定合格。

④学分要求：得到172学分。

（执笔：韩璞、周洁）

3

课程体系改革

▶▶ 广西物资学校"直播电商"课程标准

一、课程定位

本课程是电子商务专业的一门专业核心课程，适用于中等职业学校电子商务专业，基于本课程的学习，能够对直播电商有宏观层面的认知，并且获得从事直播间搭建与运维、直播执行、直播后运维与数据整理等工作所需具备的理论知识，具备完成直播间搭建、直播平台操作、直播策划、直播执行和初步数据分析等工作的能力。

二、课程设计思路

2019 年，国家发布了《国务院关于印发国家职业教育改革实施方案的通知》（国发〔2019〕4 号）、《教育部等四部门印发〈关于在院校实施"学历证书＋若干职业技能等级证书"制度试点方案〉的通知》（教职成〔2019〕6 号）等方案。2020 年 7 月，人社部、市场监管总局、国家统计局三部门联合发布9 个新职业，"直播销售员"正式成为一种职业，直播行业迅速发展，推动了主播岗位市场需求的持续增长，大量电商企业急需直播人才。依托于以上的政策及形势，直播电商 1+X 考证课程开展势在必行，本课程是依据直播电商职业技能等级标准理论及技能要求进行综合设置。

三、课程目标

（一）知识目标
（1）了解直播间搭建的重要性。
（2）掌握直播间环境搭建与设备搭建的必备元素。
（3）熟悉直播平台的开通流程。

（4）了解线上直播间装修的重要性。

（5）掌握直播账号添加商品的前提条件。

（6）理解直播间物料的概念。

（7）掌握线下直播间物料准备步骤。

（8）了解线上宣传物料的类型和准备工作。

（9）了解直播预热的概念。

（10）掌握直播预热物料制作思路。

（11）掌握直播平台的预热引流渠道。

（12）理解直播脚本的定义和作用。

（13）掌握直播脚本的基本类型。

（14）掌握直播脚本的基本框架。

（15）了解淘宝直播间的互动活动。

（16）了解直播间评论区的作用。

（17）了解二次传播的概述。

（18）了解常用推广内容制作的方法。

（19）了解推广内容发布的常用渠道及选择方法。

（20）了解订单发货的流程。

（21）了解常见的售后问题及处理方法。

（22）了解直播数据分析的概念及重要性。

（23）熟悉直播数据分析中各个指标的含义。

（24）熟悉直播数据分析的流程环节。

（25）熟悉各项数据的采集路径。

（26）熟悉常用的数据分析方法以及数据分析模型。

（27）了解数据可视化的常用工具。

（二）能力目标

（1）能够根据直播平台规则，设置标题、封面、个人主页等内容，完成线上直播间装修。

（2）能够根据商品资料，提取核心信息，设置并修改商品图片、标题、价格、库存等基础信息。

（3）能够根据直播策划和平台要求，上架直播间商品。

（4）能够明确物料的需求来源，并与主播、嘉宾及品牌方进行沟通确认，并整理出物料清单。

（5）能够制作线上宣传文案物料、海报物料、长图物料和短视频物料。

（6）能根据话题素材和商品资料，结合直播策划和流程，编写直播脚本初稿。

（7）能根据直播脚本流程和主播讲解实时情况，推送商品链接。

（8）能根据直播策划的节奏与直播促销计划，协助主播进行抽奖、发放红包、秒杀、设置满减、发放优惠券等互动操作。

（9）能根据直播间评论区反馈，配合主播回复，对粉丝的恶性评论采用禁言处理，维护评论区秩序。

（10）能够设计战绩海报、撰写推广软文、加工推广短视频。

（11）能够选择渠道发布推广内容。

（12）能够对订单做发货处理。

（13）能够处理常见的售后问题。

（14）能够对直播中的问题进行整理反馈。

（15）能够对客户进行回访、福利发放以及粉丝群维护。

（16）能够基于数据分析所需完成各项数据的采集。

（17）能够完成原始数据的整理和预处理工作。

（18）能够应用数据分析方法或者模型，完成数据的初步分析。

（19）能够利用可视化图表呈现数据分析结果。

（20）能够通过数据，完成销售、推广等各项目标的效果分析。

（21）能够基于数据分析结果，提出问题所在并给出优化方向。

（三）思政目标

（1）培养精益求精的工匠精神。

（2）培养创新能力。

（3）培养实践动手能力。

（4）培养将所学知识运用到实际问题中去的能力。

（5）培养网络直播交际的能力。

（6）培养职业岗位适应能力。

（7）培养学生的商务诚信，就业能力竞争力与就业信心。

（8）培养具备初步的辩证思维能力。

四、课程内容和要求

序号	工作任务	知识要求	技能要求	课时
1	直播间搭建与开播准备	1.了解直播间搭建的重要性。 2.掌握直播间环境搭建与设备搭建的必备元素。 3.熟悉直播平台的开通流程。 4.了解线上直播间装修的重要性。 5.掌握直播账号添加商品的前提条件。 6.理解直播间物料的概念。 7.掌握线下直播间物料准备步骤。 8.了解线上宣传物料的类型和准备工作	1.能够根据直播主题、商品类目、活动类型，结合场地大小，划分直播区域，布置直播背景，调整环境灯光，完成直播间的搭建。 2.能够根据直播要求，检查网络信号和推流软件，调试音视频设备。 3.能够在主流直播平台注册并认证账号，设置基本信息。 4.能够根据直播平台规则，设置标题、封面、个人主页等内容，完成线上直播间装修。 5.能够根据商品资料，提取核心信息，设置并修改商品图片、标题、价格、库存等基础信息。 6.能够根据直播策划和平台要求，上架直播间商品。 7.能够明确物料的需求来源，并与主播、嘉宾及品牌方进行沟通确认，整理出物料清单。 8.能够制作线上宣传文案物料、海报物料、长图物料和短视频物料	8

（续表）

序号	工作任务	知识要求	技能要求	课时
2	直播执行	1. 了解直播预热的概念。 2. 掌握直播预热物料制作思路。 3. 掌握直播平台的预热引流渠道。 4. 理解直播脚本的定义和作用。 5. 掌握直播脚本的基本类型。 6. 掌握直播脚本的基本框架。 7. 了解淘宝直播间的互动活动。 8. 了解直播间评论区的作用	1. 能够制作图文类型和视频类型的直播预热物料。 2. 能够根据预热物料形式和各预热渠道的特性，选择最合适的预热引流渠道。 3. 能够根据品牌背景、商品详细信息，结合行业热点、主播特点和粉丝特征，整理直播话题素材和商品资料。 4. 能根据话题素材和商品资料，结合直播策划和流程，编写直播脚本初稿。 5. 能根据直播脚本流程和主播讲解实时情况，推送商品链接。 6. 能根据直播策划的节奏与直播促销计划，协助主播进行抽奖、发放红包、秒杀、设置满减、发放优惠券等互动操作。 7. 能根据直播间评论区反馈，配合主播回复，对粉丝的恶性评论采用禁言处理，维护评论区秩序	16
3	直播后运维	1. 了解二次传播的概述。 2. 了解常用推广内容制作的方法。 3. 了解推广内容发布的常用渠道及选择方法。 4. 了解订单发货的流程。 5. 了解常见的售后问题及处理方法。 6. 了解直播执行问题及订单跟踪问题的处理方法。 7. 了解客户关系维护的重要性。 8. 了解客户关系维护的具体内容	1. 能够设计战绩海报、撰写推广软文、加工推广短视频。 2. 能够选择渠道发布推广内容。 3. 能够对订单做发货处理。 4. 能够处理常见的售后问题。 5. 能够对直播中的问题进行整理反馈。 6. 能够对客户进行回访、福利发放以及粉丝群维护	12

（续表）

序号	工作任务	知识要求	技能要求	课时
4	直播数据处理与初步分析	1. 了解直播数据分析的概念及重要性。 2. 熟悉直播数据分析中各个指标的含义。 3. 熟悉直播数据分析的流程环节。 4. 熟悉各项数据的采集路径。 5. 熟悉常用的数据分析方法以及数据分析模型。 6. 了解数据可视化的常用工具。 7. 掌握通过数据分析优化运营的思路	1. 能够基于数据分析所需完成各项数据的采集。 2. 能够完成原始数据的整理和预处理工作。 3. 能够应用数据分析方法或者模型，完成数据的初步分析。 4. 能够利用可视化图表呈现数据分析结果。 5. 能够通过数据，完成销售、推广等各项目的效果分析。 6. 能够基于数据分析结果，提出问题所在并给出优化方向	12
总课时				48

五、实施建议

（一）教材编写和选用

（1）必须依据本课程标准选用教材配套资源，教材应充分体现课程思政、任务引领、实践导向课程的设计思想。

（2）教材配套资源应将本专业职业活动与职业技能证书考证组织教材内容相结合。

（3）教材配套资源应图文并茂，提高学生的学习兴趣，加深学生对网络营销的认识和理解。教材表达必须精练、准确、科学。

（二）教学方法

（1）实践理论教学。注重实践理论教学主要通过课堂讲授来实现。在理论讲授时，我们转变教学理念，从传统的"讲课"向"综合性教学系统"转变，强调启发式和行动导向式教学，积极推进问题教学法、案例教学法、讨论式教学法，通过提供大量的案例分析资料，提出问题并组织学生讨论，培养学生的综合分析和解决问题的能力。学习情境中突出实践学习，实现"教、学、做"一体化，使学生在掌握理论知识的同时，能够进行实践操作，熟悉作品设计的流程，提高职业能力和职业素质。

（2）案例教学法。每个学习情境配以案例分析，引用作品设计过程中遇到的问题，学生根据所学知识分析讨论并解决问题，在分析、讨论的过程中巩固所学知识，同时提高解决问题的能力。

（3）实战演练。通过实践性的开播，要求学生多总结、多探讨、多交流，积极参与小组实训的同时，积极分享和总结。通过沟通，培养学生分析、思辨、决策和团队合作能力。

（三）课程资源

（1）常用课程资源的开发和利用。常用资源的开发要有利于创设形象生动的学习环境，激发学生的学习兴趣，促进学生对知识的理解和掌握。建议建立多媒体课程资源数据库，实现跨学校的多媒体资源共享。

（2）积极开发和利用网络课程资源。充分利用网络资源、教育网站等信息资源，使教学媒体从单一媒体向多媒体转变；使教学活动从信息的单向传递向双向交换转变；使学生从单独学习向合作学习转变。

（3）产学合作开发。网络营销实训课程资源充分利用本行业典型的资源，加强产学合作，建立实习实训基地，满足学生的实习实训，在此过程中进行实训课程资源的开发。

（四）教学评价

（1）改革考核手段和方法，加强实践性教学环节的考核，注重学生的实际动手能力。

（2）突出过程评价与阶段（以工作任务模块为阶段）评价，结合课堂提问、训练活动、阶段测验等进行综合评价。

（3）应注重学生分析问题、解决实际问题内容的考核，对在学习和应用上有创新的学生应特别给予鼓励，综合评价学生能力。

（4）注重学生的职业素质考核，体现职业教育的高等性。

类别	指标	考核比重	评价指标
过程化考核（70%）	直播间搭建与开播准备	10%	常规考核（20%）：日常考勤、课堂提问、学生风貌、职业素养。 理论考核（20%）：及时完成课后作业。
	直播执行	20%	
	直播后运维	20%	
	直播数据处理与初步分析	20%	实践考核（60%）：课后实践作业；每章综合实训，完成时间、质量及团队协作
总结性考核（30%）	课程总结性考核	30%	理论考试（20%）：完成考证对应理论考核。 综合实践（80%）：完成考证要求的各项技能要求，严格按照题目完成任务

▶▶ 广西物资学校"电子商务数据分析"课程标准

一、课程定位

本课程是电子商务专业的一门专业核心课程,适用于中等职业学校电子商务专业,依据《1+X电子商务数据分析职业技能等级标准》(初级)的相关要求,其主要功能是帮助学生对电子商务数据分析形成系统而清晰的基础认知,掌握数据采集和数据处理的工具、方法和技巧,能够监测运营数据,及时发现异常数据,并完成数据图表、报表制作。

前置课程:Excel基础、网店运营、新媒体运营等。

二、课程设计思路

本课程依据教育部《职业技能等级标准开发指南》,以客观反映现阶段行业的水平和对从业人员的要求为目标,在遵循电子商务数据分析相关技术规程的基础上,以专业活动为导向,以专业技能为核心,组织企业专家、院校学术带头人等开发了《电子商务数据分析职业技能等级标准》(初级),并在此基础上开发电子商务数据分析1+X证书制度系列教材。

本课程(培训)采用理论与实战相结合的设计体例,建设了在线开放课程,同步开发了微课、课件、实训专区源数据库、习题答案等类型丰富的数字化教学资源。

通过本课程(培训)的学习,学员能够对电子商务数据分析在实际运营过程中的作用、价值、意义形成更系统、清晰的认识。

本门课程建议课时为72,其中实训课时为64。

三、课程目标

通过本课程（培训）的学习，学员能够掌握数据采集和数据处理的知识、方法和工具，通过数据平台、问卷调研等工具或途径获取电子商务企业内、外部数据。能够根据数据分析的目的和主题，通过 Excel 等数据处理工具对采集到的数据进行处理与基础分析。能够监测企业经营数据，及时发现数据异常，完成数据图表、报表制作。

（一）知识目标

（1）熟悉电子商务数据的含义及分类。

（2）熟悉电子商务数据分析的含义、作用和应用。

（3）了解数据分析报告的基本结构。

（4）了解电子商务数据分析的各类指标。

（5）了解数据采集的概念。

（6）熟悉数据采集的原则。

（7）熟悉数据采集的方法和步骤。

（8）了解数据分类与处理的作用和原则。

（9）掌握数据分类统计的常用方法。

（10）熟悉数据清洗的内容。

（11）了解电子商务数据计算的常用方法。

（12）熟悉描述性统计量的类型和指标含义。

（13）熟悉图表趋势预测法和时间序列预测法。

（14）熟悉对比分析的概念和方法。

（15）了解频数分析法、分组分析法、结构分析法、平均分析法、交叉分析法和漏斗图分析法。

（16）熟悉电子商务日常运营重点监控的数据指标。

（17）熟悉数据图表的类型及不同类型图表的适用场景。

（18）了解数据异常的常见原因及解决办法。

（19）了解数据报表的制作流程。

（二）能力目标

（1）能够熟练使用指标计算公式对相应指标进行计算。

（2）能够初步完成数据分析报告框架的搭建。

（3）能够熟练使用数据采集工具。

（4）能够独立完成电子商务市场、运营、产品数据采集。

（5）能够使用 Excel 分类汇总、数据透视表等方法对数据进行分类统计。

（6）能够根据数据处理目标对数据进行清洗、转化及排序等操作。

（7）能够使用公式对电子商务运营数据进行计算。

（8）能够利用 Excel 进行数据描述性统计分析。

（9）能够利用图表趋势预测法和时间序列预测法对电子商务日常运营数据进行趋势分析。

（10）能够使用同比分析法、环比分析法对本期和同期、本期和上期的数据进行分析。

（11）能够运用频数分析法、分组分析法、结构分析法、平均分析法、交叉分析法和漏斗图分析法对电子商务数据进行分析。

（12）能够结合日常运营需要完成数据的监控。

（13）能够完成日常及专项数据报表的制作。

（14）能够进行常见图表的制作和美化。

（三）思政目标

（1）了解我国大数据发展理念和发展战略。

（2）能够在电子商务数据分析过程中坚持正确的道德观。

（3）熟悉《中华人民共和国电子商务法》相关法规。

（4）具备法律意识，能够遵守个人隐私、数据保密等方面的相关法律法规，在数据采集过程中做到不侵权，不违法。

（5）熟悉《中华人民共和国网络安全法》。

（6）具备较好的数据保密意识，在数据统计及处理过程中具有耐心、细致的工作态度。

（7）具备法律意识，尊重公民隐私，不侵犯公民合法权益。

（8）具备严谨的数据分析态度，在数据分析过程中遵守职业道德。

（9）培养并践行社会主义核心价值观。

四、课程内容和要求

模块	工作任务	知识要求	技能要求	课时
模块一 电子商务 数据分析 概述	单元一 电子商务数据及 数据分析认知	了解电子商务数据的含义	1. 能够采集数据； 2. 能够处理数据； 3. 能够分析数据； 4. 能够展现数据； 5. 能够撰写数据分析 报告	4
		了解电子商务数据的分类		
		了解电子商务数据分析的作用		
		了解电子商务数据分析的应用		
	单元二 电子商务数据分 析的指标	了解市场数据指标		
		了解运营数据指标		
		了解产品数据指标		
	单元三 电子商务数据分 析的流程	明确数据分析目标		
		采集数据		
		处理数据		
		分析数据		
		展现数据		
		撰写数据分析报告		
模块二 基础数据 采集	单元一 数据采集认知	认识数据采集（概念、流程、 方法）	1. 掌握市场行情数据采 集的方法； 2. 掌握竞争对手数据采 集的方法； 3. 客户成交数据采集； 4. 推广效果数据采集； 5. 销售数据采集； 6. 供应链数据采集； 7. 产品指数数据采集； 8. 产品 SKU 数据采集	12
		电子商务数据采集注意事项		
	单元二 电子商务数据采 集渠道及工具	数据主要来源渠道		
		数据常用采集工具		
	单元三 市场数据采集	行业数据采集		
		竞争数据采集		
	单元四 运营数据采集	客户数据采集		
		推广数据采集		
		销售数据采集		
		供应链数据采集		
	单元五 产品数据采集	产品行业数据采集		
		产品能力数据采集		

（续表）

模块	工作任务	知识要求	技能要求	课时
模块三 数据分类 与处理	单元一 数据分类与处理 认识	数据分类与处理的作用	1. 用户静态信息数据分类与处理； 2. 用户动态信息数据分类与处理； 3. 销售数据分类与处理； 4. 推广数据分类与处理； 5. 店铺产品类目数据分类与处理； 6. 行业产品类目数据分类与处理	14
		数据分类与处理的原则		
		数据分类与处理的方法		
	单元二 分类统计	分类统计的方法		
		数据分类统计		
	单元三 数据处理	数据清洗（方法、步骤）		
		数据转化（类型、方法）		
		数据排序（规则、方式）		
	单元四 数据计算	数据计算（类型、计算方法）		
模块四 数据描述 性分析	单元一 描述性统计分析	认识描述性统计量	1. 月度访客量描述性统计分析； 2. 店铺销量趋势预测； 3. 月度销量环比分析； 4. 年度利润同比分析； 5. 客户购买频数分析； 6. 推广数据分组分析； 7. 销售数据结构分析； 8. 商品与销量交叉分析	26
	单元二 趋势分析	认识趋势分析（概念、作用）		
		图表趋势预测法（概念、流程、方法）		
		时间序列预测法（概念、流程、方法）		
	单元三 对比分析	认识对比分析（使用场景、注意事项）		
		对比分析方法（同比、环比）		
	单元四 其他分析方法	频数分析法		
		分组分析法		
		结构分析法		
		平均分析法		
		交叉分析法		
		漏斗图分析法		
模块五 基础数据 监控与报 表制作	单元一 基础数据监控	电子商务日常运营重点监控指标	1. 日常推广渠道数据监控、分析与处理； 2. 日常销售数据监控、分析与处理； 3. 日常运营数据报表制作；	16
		电子商务数据指标的监控方式		
		数据异常原因分析与解决办法		

（续表）

模块	工作任务	知识要求	技能要求	课时
模块五 基础数据 监控与报 表制作	单元二 基础数据报表制作	日常数据报表制作	4.专项活动数据报表制作;	
		专项数据报表制作	5.年度销量分析;	
	单元三 基础数据图表制作	常见图表类型	6.商品价格区间分析;	
		图表选择原则与方法	7.流量与成交量占比分析;	
		常见电子商务数据图表制作与美化	8.客户地域分布分析; 9.竞争能力指数分析	
总课时				72

五、实施建议

（一）教材编写和选用

（1）教材应将本专业职业活动与职业技能证书考证组织教材内容相结合。通过对电商数据分析的组织和实施等程序的分析和体验，引入必需的理论知识，增加实践实操内容，强调理论在实践过程中的应用。

（2）教材应配备翔实的案例，提高学生的学习兴趣，加深学生对这部分专业知识的认识和理解。教材表达必须精练、准确、科学。

（3）教材内容应体现先进性、通用性、实用性，要将营销最新动态和前沿知识及时地纳入教材，使教材更贴近本专业的发展和实际需要。

（4）教材中的活动设计的内容要具体，并具有可操作性。

（5）本课程选用北京博导前程信息技术股份有限公司依据教育部《职业技能等级标准开发指南》的相关要求开发的电子商务数据分析1+X证书制度系列教材：《电子商务数据分析基础》和《电子商务数据分析实践（初级）》。

（二）教学方法

理论教学主要通过课堂讲授来实现，在理论讲授时，我们转变教学理念，从传统的"讲课"向"综合性教学系统"转变，强调启发式和行动导向式教学，积极推进任务教学法、案例教学法、讨论式教学法，通过提供大量的任务背景资料和数据、提出问题，并组织学生实施任务，培养学生的综合分析和解决问题的能力。

学习情境中突出实践学习，实现"教、学、做"一体化，使学生在掌握理论知识的同时，能够进行实践操作，熟悉数据分析的流程，提高职业能力和职业素质。

（三）课程资源

（1）常用课程资源的开发和利用。常用资源的开发要有利于创设形象生动的学习环境，激发学生的学习兴趣，促进学生对知识的理解和掌握。建议建立多媒体课程资源的数据库，实现跨学校的多媒体资源共享。

（2）积极开发和利用网络课程资源。充分利用网络资源、教育网站等信息资源，使教学媒体从单一媒体向多媒体转变；使教学活动从信息的单向传递向双向交换转变；使学生从单独学习向合作学习转变。

（四）教学评价

（1）改革考核手段和方法，加强实践性教学环节的考核，注重学生的实际动手能力。

（2）突出过程评价与阶段（以工作任务模块为阶段）评价，结合课堂提问、训练活动、阶段测验等进行综合评价。

（3）应注重学生分析问题、解决实际问题内容的考核，对在学习和应用上有创新的学生应特别给予鼓励，综合评价学生能力。

（4）注重学生的职业素质考核，体现职业教育的高等性。

类别	指标		考核比重	评价指标
过程化考核（70%）	模块一	电子商务数据分析概述	6%	常规考核（20%）：日常考勤、课堂提问、学生风貌、职业素养。理论考核（20%）：及时完成课后作业。实践考核（60%）：课堂任务完成情况
	模块二	基础数据采集	16%	
	模块三	数据分类与处理	20%	
	模块四	数据描述性分析	18%	
	模块五	基础数据监控与报表制作	10%	

（续表）

类别	指标	考核比重	评价指标
总结性考核（30%）	课程总结性考核	30%	理论考试（20%）：完成期末课程理论考试。综合实践（80%）：电子商务数据分析实践（初级）

六、其他说明

无。

▶▶ 广西物资学校"短视频与直播实操"课程标准

一、课程定位

本课程是电子商务专业的一门专业核心课程，适用于中等职业学校电子商务专业，其主要功能是让学生了解短视频与直播内容策划的相关知识，并能够熟悉运用这些知识打造自己的短视频账号实现直播带货，锻炼学生短视频制作以及直播带货能力，培养能够胜任短视频策划以及网红直播带货相关岗位的人才。

在开设本课程之前，学生已经学习过新媒体运营等专业课程，学生对短视频制作已经有所了解，并具备一定的基础。学习本课程有助于学生建立完整的短视频与直播策划的思想。

二、课程设计思路

本课程以培养学生的职业能力为重点，偏重实际操作的同时也注重理论学习。根据就业导向和高职应用人才培养规格的要求，本课程从新的设计理念出发，将传统的以教师为主体的灌输式的教学方法替换为以教师为主导、学生为主体的学生自主的学习理念，并结合学校的直播电商实训室的实际操作来达到理论与实践的双重结合。强调学生在做中学，注重学生的方法能力、社会能力、专业能力的培养，给学生拓展能力发展的空间。

通过对短视频以及直播案例的分析，培养学生独立分析和视频制作以及在直播过程中解决问题的实际能力；另外还要注意加强学生的后劲，通过理论学习提高实践过程的指导性，并为之后的提升性学习打下基础。对于理论方面的教学，坚持以案例导入、在案例分析中理解相关知识的学习，启迪学生的思维，培养学生独立分析和解决短视频与直播实践中存在问题的实际能力，掌握在网络时代进行短视频与直播的方法和技术手段，构筑全面的短视频与直播知识和技能平台，为今后学习其他电子商务课程和从事短视频制作和直播带货工作奠定基础。

本门课程建议课时为 72，其中实训课时为 36。

三、课程目标

2020 年短视频与直播带货已经成为风口，全民直播的时代已经到来。在这个风口上，开展短视频与直播课程让学生能紧跟时代的脚步，把握时代的风口。

通过本课程的学习，使学生掌握视频拍摄和视频剪辑技术，锻炼学生吃苦耐劳，做事细致，有责任心的基本素质。培养学生能够胜任企业短视频制作与直播岗位所要具备的知识体系与实际操作，同时满足学生未来创业所需的发展愿景。

通过对短视频与直播概念的认知、岗位工作流程的了解与相关工具的使用以及短视频与直播策划方案的学习，让学生能够对不同受众进行分析，借助各类工具和方法完成短视频与直播的策划与实施，并从中掌握企业级的短视频与直播的实战技能，建立起系统性的思维，继而帮助企业进行诊断与分析。

（一）知识目标

（1）了解短视频与直播的岗位设置及岗位职责。

（2）了解短视频与直播的发展趋势。

（3）了解什么是短视频。

（4）了解短视频的内容策划。

（5）了解短视频的拍摄方法。

（6）了解短视频的后期剪辑。

（7）了解短视频的营销与变现方式。

（8）了解直播的内容策划。

（9）了解直播间的配置。

（10）了解主播能力提升的途径。

（11）了解各平台的直播规则。

（二）能力目标

（1）能够掌握短视频内容的策划。

（2）能够掌握大片效果的拍摄手法和镜头。

（3）能够掌握手机拍摄的五镜头拍摄法。

（4）能够掌握视频剪辑中转场、音频、调节、字幕、动画、特效、贴纸、滤镜、分屏等功能的使用。

（5）能够根据不同的直播场景搭建合适的直播间。

（6）能够针对不同的产品策划直播内容。

（7）能够自然大方地进行直播带货。

（三）思政目标

（1）培养精益求精的工匠精神。

（2）培养创新能力。

（3）培养实践动手能力。

（4）培养能利用互联网工具解决日常生活问题的能力。

（5）培养将所学知识运用到解决实际问题中去的能力。

（6）培养网络规范用语的沟通能力。

（7）培养职业岗位适应能力。

（8）培养学生的商务诚信，就业能力竞争力与就业信心。

（9）培养学生具备初步的辩证思维能力。

四、课程内容和要求

序号	工作任务	知识要求	技能要求	课时
1	第一章 短视频与直播实操概述	理解网络营销的概念；了解短视频与直播的发展现状及未来的发展趋势；了解短视频与直播的岗位设置及岗位职责	能够说出短视频与直播的特征和优势；能够说出短视频与直播的岗位职责与能力要求	4

（续表）

序号	工作任务	知识要求	技能要求	课时
2	第二章 短视频内容策划	分析内容受众，精准定位用户需求； 短视频展现形式定位； 短视频选题策划； 打造高质量的短视频内容	能够精确分析出目标受众的用户需求； 能熟练进行短视频选题策划； 能打造出高质量的短视频内容	8
3	第三章 短视频的制作方法	短视频的拍摄方法； 短视频的后期剪辑	能够掌握大片效果的拍摄手法和镜头； 能够掌握手机拍摄的五镜头拍摄法； 能够掌握视频剪辑中转场、音频、调节、字幕、动画、特效、贴纸、滤镜、分屏等功能的使用	12
4	第四章 短视频营销	短视频的引流推广； 短视频的用户运营	能够熟练设置短视频的封面、标题、标签等； 具备短视频文案的撰写能力； 能使用引流工具对短视频进行推广引流； 能针对不同的用户需求进行用户运营	12
5	第五章 短视频运营实战	完善抖音账号； 制作高水准的抖音短视频	能够熟练设置抖音账号名称、头像、简介、主页背景图； 掌握拍摄高水准的抖音短视频的能力； 掌握短视频后期剪辑的能力	12
6	第六章 直播内容策划	评价直播内容的标准； 增强直播内容的创造性； 提升直播内容的吸引力	具备策划高质量直播内容的能力	8

（续表）

序号	工作任务	知识要求	技能要求	课时
7	第七章 直播技能 培养与 提升	配置专业的直播设备； 直播间的布置； 直播拍摄角度的选择； 主播专业直播能力的提升； 主播直播必备的心理素质； 直播变现的方法	能够根据直播需要布置合适的直播间； 能够打造自身的人设定位的能力； 掌握高水平的直播话术技巧； 掌握直播变现的方法	12
8	第八章 直播运营 实战	淘宝直播的策划与运营	掌握淘宝直播的策划与运营技巧	4
总课时				72

五、实施建议

（一）教材编写和选用

（1）必须依据本课程标准编写教材配套资源，教材应充分体现课程思政、任务引领、实践导向课程的设计思想。

（2）教材配套资源应将结合直播电商职业技能证书考证组织教材内容。

（3）教材配套资源应图文并茂，提高学生的学习兴趣，加深学生对短视频与直播的认识和理解。教材表达必须精练、准确、科学。

（二）教学方法

（1）注重实践

理论教学主要通过课堂讲授来实现，在理论讲授时，我们转变教学理念，从传统的"讲课"向"综合性教学系统"转变，强调启发式和行动导向式教学，积极推进问题教学法、案例教学法、讨论式教学法，通过提供大量的案例分析资料、提出问题，并组织学生讨论，培养学生的综合分析和解决问题的能力。

学习情境中突出实践学习，实现"教、学、做"一体化，使学生在掌握理论知识的同时，能够进行实践操作，熟悉作品设计的流程，提高职业能力和职业素质。

（2）案例教学法

每个学习情境配以案例分析，引用作品设计过程中遇到的问题，学生根据所学知识分析讨论并解决问题，在分析、讨论的过程中巩固所学知识，同时提高解决问题的能力。

（3）分享、合作、探讨

"短视频与直播实操"课程实训要求学生多总结、多探讨、多交流，积极参与小组实训的同时，积极分享和总结。通过沟通，培养学生分析、思辨、决策和团队合作能力。

（三）课程资源

（1）常用课程资源的开发和利用

常用资源的开发要有利于创设形象生动的学习环境，激发学生的学习兴趣，促进学生对知识的理解和掌握。建议建立多媒体课程资源的数据库，实现跨学校的多媒体资源共享。

（2）积极开发和利用网络课程资源

充分利用网络资源、教育网站等信息资源，使教学媒体从单一媒体向多媒体转变；使教学活动从信息的单向传递向双向交换转变；使学生从单独学习向合作学习转变。

（3）产学合作开发短视频与直播实操课程资源

充分利用本行业典型的资源，加强产学合作，建立实习实训基地，满足学生的实习实训，在此过程中进行实训课程资源的开发。

（4）建立开放式短视频与直播实训中心

建立开放式短视频与直播实训中心，使之具备短视频与直播的实操功能、现场教学的功能，将教学与培训合一，教学与实训合一，满足学生综合职业能力培养的要求。

（四）教学评价

（1）改革考核手段和方法，加强实践性教学环节的考核，注重学生的实际动手能力。

（2）突出过程评价与阶段（以工作任务模块为阶段）评价，结合课堂提问、训练活动、阶段测验等进行综合评价。

（3）应注重学生分析问题、解决实际问题内容的考核，对在学习和应用上有创新的学生应特别给予鼓励，综合评价学生能力。

（4）注重学生的职业素质考核，体现职业教育的高等性。

类别	指标		考核比重	评价指标
过程化考核（70%）	第一章	短视频与直播实操概述	6%	常规考核（20%）：日常考勤、课堂提问、学生风貌、职业素养。理论考核（20%）：及时完成课后作业。实践考核（60%）：课后实践作业。每章综合实训，完成时间、质量及团队协作
	第二章	短视频内容策划	8%	
	第三章	短视频的制作方法	8%	
	第四章	短视频营销	10%	
	第五章	短视频运营实战	8%	
	第六章	直播内容策划	8%	
	第七章	直播技能培养与提升	16%	
	第八章	直播运营实操	6%	
总结性考核（30%）	课程总结性考核		30%	完成直播内容策划方案（40%）；根据内容策划录制十分钟直播视频（60%）

六、其他说明

无。

▶▶ 广西物资学校"农产品电商运营"课程标准

一、课程定位

本课程是电子商务专业的一门专业核心课程，适用于中等职业学校电子商务专业，依据《农产品电商运营职业技能等级标准》（初级）的相关要求，其主要功能是帮助学生对农产品电商运营形成系统而清晰的基础认知，掌握农产品电商日常运营、客户服务、农产品营销执行等。

前置课程：网上开店、短视频与直播电商、网络美工与视觉营销等。

二、课程设计思路

本课程依据教育部《职业技能等级标准开发指南》，以客观反映现阶段行业的水平和对从业人员的要求为目标，在遵循农产品电商运营相关技术规程的基础上，以专业活动为导向，以专业技能为核心，组织企业专家、院校学术带头人等开发了《农产品电商运营职业技能等级标准》，并在此基础上开发农产品电商运营 1+X 证书制度系列教材。

本课程（培训）采用理论与实战相结合的设计体例，建设了在线开放课程，同步开发了微课、课件、实训专区源数据库、习题答案等类型丰富的数字化教学资源。

通过本课程（培训）的学习，学员能够对农产品电商运营在实际运营过程中的作用、价值、意义形成更系统、清晰的认识。

本门课程建议课时为 72，其中实训课时为 64。

三、课程目标

通过本课程（培训）的学习，学生能够掌握农产品营销渠道日常维护、农产品上架与维护、农产品订单管理；能够完成农产品客户问题解答、农产品交易促成、农产品订单纠纷处理；能够掌握农产品平台营销执行、农产品社交媒体日常运维、农产品直播与辅助执行、农产品短视频发布与维护等。

（一）知识目标

（1）能根据农产品运营规划，开通网店、社交媒体、直播、短视频等账号，进行对应营销渠道信息设置。

（2）能根据农产品特点和营销目标，通过网络平台、搜索引擎、社交媒体等渠道收集、整理农产品相关文字、图片和视频资料。

（3）能熟悉农产品信息，利用客户服务相关工具，准确有效地回复农产品配送、包装、存储等物流问题，农产品规格、质量、食用安全等商品问题，农产品活动优惠、预售、认购等营销问题及其他售前、售中和售后问题。

（4）能有效收集、整理客户售前、售中和售后等常见问题，制定并及时更新客服话术模板。

（5）能明确订单纠纷原因，及时、妥善处理服务过程纠纷、产品质量纠纷、物流配送纠纷等常见纠纷。

（6）能根据农产品营销规划，熟练运用营销工具，进行农产品网店日常营销、专题营销、活动促销等网店营销设置。

（7）能跟踪营销活动各项数据，及时上报并提出优化建议。

（8）能根据运营规划，收集农产品相关图文、音频、视频等素材，定期编制图文、音频、视频等内容，选择合适的社交媒体平台进行发布。

（9）能跟踪社交媒体平台农产品营销活动执行效果，实时掌握营销动态，及时上报并提出优化建议。

（10）能监控直播客户留言，及时协助主播解答客户关于农产品质量、库存情况、食用方法、使用方法、存储方法等问题，配合主播活跃氛围，协助主播顺利完成直播。

（11）能跟踪农产品直播平台营销活动执行效果，实时掌握营销动态，及时上报并提出优化建议。

（12）能根据农产品短视频运营规划，熟悉短视频平台规则和平台客户需求，收集整理农产品短视频营销相关素材。

（13）能根据农产品短视频营销方案，进行农产品特点提炼、创意脚本编辑、口播文案编辑。

（14）能了解短视频热点和趋势，确定创意方向，参与农产品短视频拍摄和后期制作等相关工作。

（二）能力目标

（1）能根据农产品运营规划，开通网店、社交媒体、直播、短视频等账号，进行对应营销渠道信息设置。

（2）能根据农产品运营规划，根据不同营销渠道特点、客户特征、业务类别、营销账号定位，开通营销账号，搭建营销矩阵。

（3）能运用营销矩阵发布营销信息，实施各渠道账号间互动传播。

（4）能根据农产品属性和特点，收集整理关键词，进行农产品标题撰写与优化。

（5）能根据各营销渠道规则，结合运营规划，编辑农产品属性、价格产品详情等信息，进行农产品上架与优化。

（6）能与客户沟通，确认订单信息，利用订单管理相关工具，进行订单修改、确认、发货等管理操作。

（7）能及时跟踪订单的发货、运输、签收等状态，及时发现并解决缺货漏货、配送延期、到货拒签等订单执行相关问题。

（8）能根据营销规划，向老客户定向推送优惠活动和客户关怀等信息，以维护客户关系。

（9）能根据客户购买意向、使用需求、客户画像等情况，适时推荐农产品。

（10）能选择合适的交易促成方法，促使客户购买。

（11）能根据客户订单执行情况，对未支付订单进行催付，对已签收订单邀请客户好评和分享。

（12）能根据订单纠纷处理相关制度，区分纠纷级别，及时上报并提出解决建议。

（13）能根据平台纠纷处理结果，收集整理相关订单资料，协助上级进行纠纷处理。

（14）能根据农产品营销方案，收集平台活动报名所需材料，进行平台活动报名与活动设置。

（15）能根据农产品社交媒体营销方案，结合产品特点、社交媒体平台特点、客户需求等要素，熟练运用营销工具，进行营销活动设置。

（16）能根据农产品客户在各社交媒体的特征，进行农产品客户互动，提升客户活跃度，回复客户问题，引导购买。

（17）能根据农产品直播方案，编辑直播预告和宣传文案，并通过直播、短视频、社交媒体等平台及矩阵账号进行预告发布。

（18）能根据农产品直播方案和直播脚本，编写个人直播脚本。

（19）能根据客户画像，针对客户需求，进行农产品直播、粉丝互动、营销活动推送。

（20）能根据农产品直播方案，熟悉直播平台营销活动规则和客户需求核对产品价格、包装、库存、食用方法等信息，并运用营销工具，进行直播过程控制，完成直播营销活动。

（21）能完成农产品短视频发布，编辑宣传文案，并通过账号矩阵和社交媒体平台等方式进行宣传，吸引客户关注，与粉丝积极互动，提升粉丝黏性。

（22）能跟踪农产品短视频效果，实时掌握营销动态，及时上报并提出优化建议。

（23）能根据农产品运营规划，开通网店、社交媒体、直播、短视频等账号，进行对应营销渠道信息设置。

（三）思政目标

（1）能遵守相关平台规则，具备积极主动的工作态度、一定的自主学习能力、较强的信息收集整理能力和沟通互动能力。

（2）能够严格遵守《中华人民共和国电子商务法》《中华人民共和国广告法》等相关法律法规及平台规则，具备较强的素材信息收集能力和图文编辑能力。

（3）具备良好的职业道德、耐心细致的工作态度、较强的沟通能力和一定的解决问题的能力。

（4）具备耐心细致的工作态度、良好的客户服务意识、较强的语言表达能力和沟通能力。

（5）具备较好的客户服务与营销意识、耐心细致的工作态度、较强的语言表达能力和沟通能力。

（6）能够严格遵守《中华人民共和国电子商务法》《中华人民共和国食品安全法》等相关法律法规及平台规则，具备较强的沟通表达能力、解决问题能力和抗压能力。

（7）能够严格遵守《中华人民共和国电子商务法》《中华人民共和国广告法》等相关法律法规及平台规则，具备耐心细致的工作态度。

（8）能够严格遵守《中华人民共和国电子商务法》《中华人民共和国广告法》等相关法律法规及平台规则，具备一定的数据敏感度、较强的文字表达能力和沟通互动能力。

（9）能够严格遵守《中华人民共和国电子商务法》《中华人民共和国广告法》等相关法律法规及平台规则，具备较强的临场应变能力。

（10）能够严格遵守《中华人民共和国电子商务法》《中华人民共和国广告法》等相关法律法规及平台规则，具备较强的语言表达能力和沟通互动能力。

四、课程内容和要求

工作领域	工作任务	职业技能	课时
1 农产品电商日常运营	1.1 农产品营销渠道日常维护	1.1.1 能根据农产品运营规划，开通网店、社交媒体、直播、短视频等平台账号，进行对应营销渠道信息设置。 1.1.2 能根据农产品运营规划，根据不同营销渠道特点、客户特征、业务类别、营销账号定位，开通营销账号，搭建营销矩阵。 1.1.3 能运用营销矩阵发布营销信息，实施各渠道账号间互动传播。 1.1.4 能遵守相关平台规则，具备积极主动的工作态度、一定的自主学习能力、较强的信息收集整理能力和沟通互动能力	24

（续表）

工作领域	工作任务	职业技能	课时
1 农产品电商日常运营	1.2农产品上架与维护	1.2.1 能根据农产品特点和营销目标，通过网络平台、搜索引擎、社交媒体等渠道收集、整理农产品相关文字、图片和视频资料。 1.2.2 能根据农产品属性和特点，搜集整理关键词，进行农产品标题撰写与优化。 1.2.3 能根据各营销渠道规则，结合运营规划，编辑农产品属性、价格产品详情等信息，进行农产品上架与优化。 1.2.4 能够严格遵守《中华人民共和国电子商务法》《中华人民共和国广告法》等相关法律法规及平台规则，具备较强的素材信息收集能力和图文编辑能力	
	1.3农产品订单管理	1.3.1 能与客户沟通，确认订单信息，利用订单管理相关工具，进行订单修改、确认、发货等管理操作。 1.3.2 能及时跟踪订单的发货、运输、签收等状态，及时发现并解决缺货漏货、配送延期、到货拒签等订单执行相关问题。 1.3.3 具备良好的职业道德、耐心细致的工作态度、较强的沟通能力和一定的解决问题能力	
2 客户服务	2.1 农产品客户问题解答	2.1.1 能熟悉农产品信息，利用客户服务相关工具，准确有效地回复农产品配送、包装、存储等物流问题，农产品规格、质量、食用安全等商品问题，农产品活动优惠、预售、认购等营销问题及其他售前、售中和售后问题。 2.1.2 能有效收集、整理客户售前、售中和售后等常见问题，制订并及时更新客服话术模板。 2.1.3 能根据营销规划，向老客户定向推送优惠活动和客户关怀等信息维护客户关系。 2.1.4 具备耐心细致的工作态度、良好的客户服务意识、较强的语言表达能力和沟通能力	24
	2.2 农产品交易促成	2.2.1 能根据客户购买意向、使用需求、客户画像等情况，适时推荐农产品。 2.2.2 能选择合适的交易促成方法，促使客户购买。 2.2.3 能根据客户订单执行情况，对未支付订单进行催付，对已签收订单邀请客户好评和分享。 2.2.4 具备较好的客户服务与营销意识、耐心细致的工作态度、较强的语言表达能力和沟通能力	

（续表）

工作领域	工作任务	职业技能	课时
2 客户服务	2.3 农产品订单纠纷处理	2.3.1 能明确订单纠纷原因，及时、妥善处理服务过程纠纷、产品质量纠纷、物流配送纠纷等常见纠纷。 2.3.2 能根据订单纠纷处理相关制度，区分纠纷级别，及时上报并提出解决建议。 2.3.3 能根据平台纠纷处理结果，收集整理相关订单资料，协助上级进行纠纷处理。 2.3.4 能够严格遵守《中华人民共和国电子商务法》《中华人民共和国食品安全法》等相关法律法规及平台规则，具备较强的沟通表达能力、解决问题的能力和抗压能力	
3 农产品营销	3.1 农产品平台营销执行	3.1.1 能根据农产品营销规划，熟练运用营销工具，进行农产品网店日常营销、专题营销、活动促销等网店营销设置。 3.1.2 能根据农产品营销方案，收集平台活动报名所需材料，进行平台活动报名与活动设置。 3.1.3 能跟踪营销活动各项数据，及时上报并提出优化建议。 3.1.4 能够严格遵守《中华人民共和国电子商务法》《中华人民共和国广告法》等相关法律法规及平台规则，具备耐心细致的工作态度	24
	3.2 农产品社交媒体日常运维	3.2.1 能根据运营规划，收集农产品相关图文、音频、视频等素材，定期编制图文、音频、视频等内容，选择合适的社交媒体平台进行发布。 3.2.2 能根据农产品社交媒体营销方案，结合产品特点、社交媒体平台特点、客户需求等要素，熟练运用营销工具，进行营销活动设置。 3.2.3 能根据农产品客户在各社交媒体的特征，进行农产品客户互动，提升客户活跃度，回复客户问题，引导购买。 3.2.4 能跟踪社交媒体平台农产品营销活动执行效果，实时掌握营销动态，及时上报并提出优化建议。 3.2.5 能够严格遵守《中华人民共和国电子商务法》《中华人民共和国广告法》等相关法律法规及平台规则，具备一定的数据敏感度、较强的文字表达能力和沟通互动能力	

工作领域	工作任务	职业技能	课时
3 农产品营销	3.3 农产品直播与辅助执行	3.3.1 能根据农产品直播方案，编辑直播预告和宣传文案，并通过直播短视频、社交媒体等平台及矩阵账号进行预告发布。 3.3.2 能根据农产品直播方案和直播脚本，编写个人直播脚本。 3.3.3 能根据客户画像，针对客户需求，进行农产品直播、粉丝互动、营销活动推送。 3.3.4 能根据农产品直播方案，熟悉直播平台营销活动规则和客户需求，核对产品价格、包装、库存、食用方法等信息，并运用营销工具，进行直播过程控制，完成直播营销活动。 3.3.5 能监控直播客户留言，及时协助主播解答客户关于农产品质量、库存情况、食用方法、使用方法、存储方法等问题，配合主播活跃氛围，协助主播顺利完成直播。 3.3.6 能跟踪农产品直播平台营销活动执行效果，实时掌握营销动态，及时上报并提出优化建议。 3.3.7 能够严格遵守《中华人民共和国电子商务法》《中华人民共和国广告法》等相关法律法规及平台规则，具备较强的语言表达能力和临场应变能力	
	3.4 农产品短视频发布与维护	3.4.1 能根据农产品短视频运营规划，熟悉短视频平台规则和平台客户需求，收集整理农产品短视频营销相关素材。 3.4.2 能根据农产品短视频营销方案，进行农产品特点提炼、创意脚本编辑、口播文案编辑。 3.4.3 能了解短视频热点和趋势，确定创意方向，参与农产品短视频拍摄和后期制作等相关工作。 3.4.4 能完成农产品短视频发布，编辑宣传文案，并通过账号矩阵和社交媒体平台等方式进行宣传，吸引客户关注，与粉丝积极互动，提升粉丝黏性。 3.4.5 能跟踪农产品短视频效果，实时掌握营销动态，及时上报并提出优化建议。 3.4.6 能够严格遵守《中华人民共和国电子商务法》《中华人民共和国广告法》等相关法律法规及平台规则，具备较强的语言表达能力和沟通互动能力	

五、实施建议

（一）教材编写和选用

（1）教材应将本专业职业活动结合职业技能证书考证组织教材内容。要通过对电商数据分析的组织和实施等程序的分析和体验，引入必需的理论知识，增加实践实操内容，强调理论在实践过程中的应用。

（2）教材应配备翔实的案例，提高学生的学习兴趣，加深学生对这部分专业知识的认识和理解。教材表达必须精练、准确、科学。

（3）教材内容应体现先进性、通用性、实用性，要将营销最新动态和前沿知识及时地纳入教材，使教材更贴近本专业的发展和实际需要。

（4）教材中的活动设计的内容要具体，并具有可操作性。

（5）本课程选用北京博导前程信息技术股份有限公司依据教育部《职业技能等级标准开发指南》的相关要求开发的农产品电商运营1+X证书制度系列教材：《农产品电商运营基础》和《农产品电商运营实践（初级）》

（二）教学方法

理论教学主要通过课堂讲授来实现，在理论讲授时，我们转变教学理念，从传统的"讲课"向"综合性教学系统"转变，强调启发式和行动导向式教学，积极推进任务教学法、案例教学法、讨论式教学法，通过提供大量的任务背景资料和数据，提出问题并组织学生实施任务，培养学生综合分析和解决问题的能力。

学习情境中突出实践学习，实现"教、学、做"一体化，使学生在掌握理论知识的同时，能够进行实践操作，熟悉数据分析的流程，提高职业能力和职业素质。

（三）课程资源

1. 常用课程资源的开发和利用

常用课程资源的开发要有利于创设形象生动的学习环境，激发学生的学习兴趣，促进学生对知识的理解和掌握。建议建立多媒体课程资源的数据库，实现跨学校的多媒体资源共享。

2. 积极开发和利用网络课程资源

充分利用网络资源、教育网站等信息资源，使教学媒体从单一媒体向多媒体转变；使教学活动从信息的单向传递向双向交换转变；使学生从单独学习向合作学习转变。

（四）教学评价

（1）改革考核手段和方法，加强实践性教学环节的考核，注重学生的实际动手能力。

（2）突出过程评价与阶段（以工作任务模块为阶段）评价，结合课堂提问、训练活动、阶段测验等进行综合评价。

（3）应注重学生分析问题、解决实际问题内容的考核，对在学习和应用上有创新的学生应特别给予鼓励，综合评价学生能力。

（4）注重学生的职业素质考核，体现职业教育的"高等性"。

类别	指标		考核比重	评价指标
过程化考核（70%）	模块一	农产品电商日常运营	30%	常规考核（20%）：日常考勤、课堂提问、学生风貌、职业素养。理论考核（20%）：及时完成课后作业。实践考核（60%）：课堂任务完成情况
	模块二	客户服务	20%	
	模块三	农产品营销执行	20%	
总结性考核（30%）	课程总结性考核		30%	理论考试（20%）：完成期末课程理论考试。综合实践（80%）：农产品电商运营实践（初级）

六、其他说明

无。

▶▶ 广西物资学校"网店运营推广"课程标准

一、课程定位

本课程是电子商务专业的一门专业核心课程，适用于中等职业学校电子商务专业，其主要功能是让学生了解网店运营推广的方法，并能够熟练运用这些方法完成网店注册、网店开通、商品上传、网店设置及网店运营的任务，能够获得 1+X 网店运营推广职业技能等级证书（初级），并能够胜任网店运营推广的相关岗位。

在本课程开设之前，学生已经系统学习过网上开店等一些较为基础的专业核心课程，学生对开设网店也已经有所了解，并具备一定的基础，本课程帮助学生系统性学习以淘宝作为原型的 1+X 网店运营推广平台，从而更好地掌握淘宝网店运营的基本技能。

二、课程设计思路

本课程是依据《网店运营推广职业技能等级标准》中的网店运营初级项目设置的。

网店运营推广课程的开设根据任务引领型的项目活动要求，基于网店运营推广的实际情况。本课程在偏重实际操作的同时也注重理论学习，以获得 1+X 网店运营推广职业技能等级证书（初级）为学习目标，利用 1+X 网店运营推广平台，集虚拟平台教学与实际任务教学于一体，通过让学生在日常教学中进行理论学习和实操任务练习，从而帮助学生考取 1+X 网店运营推广职业技能等级证书（初级），同时也让学生掌握基本的淘宝网店运营操作技能。课程开发设计以电子商务就业能力培养为导向；以专业人才培养目标和满足学生职业生涯发展为依据；以专业知识和技术应用能力、自主学习与创新能力、综合职业素质培养为指导思想，以帮助学生考取 1+X 网店运营推广职业技能等级证书（初级）为目的，是我校电商专业"课证融通"模式的一个重要尝试。以企业"网店运营推广工作流程"为起点设计课程教学内容，把网店运营推广课程、实际工作岗位能力需求以及证书考取三方面紧密结合起来，打破教材体系的框架，把所有的知识汇集起来，以一个工作过程为主线，把整本书的教学演变为一个连贯的、可实际操作的业务训练，使课程的教学内容实现了"项目化、任务化、实战化"。同时强调学生自主探索、协作学习，坚持把能力培养贯穿教学的全过程，使每一环节都能充分体现学生自主学习的要求。

通过对网店运营推广各工作岗位群的工作流程分析，模块化工作任务，培养学生独立分析和解决网店运营推广实践中存在的问题的实际能力；另外，注意加强学生后劲，通过理论学习提高实践过程的指导性，并为进一步提升性学习打基础。对于理论方面的教学，坚持以案例导入、在案例分析中理解相关知识的学习，不仅让学生学会相关知识，还让学生记住考证知识点，为考证理论部分做准备。同时掌握在网络时代进行网店运营推广的方法和技术手段，构筑全面的网店运营推广知识和技能平台，为今后学习其他电商课程和从事网店运营推广工作奠定基础。

本门课程建议课时为 72，其中实训课时为 64。

三、课程目标

本课程在《电子商务师国家职业技能标准》的基础上，有效扩展网店运营推广环节，以提升网店运营推广基础知识、运营策略、商品管理、网店推广及专项实践技能为主线，以网店运营推广的企业实践思路、需求技能、操作方法及相关分析为切入点，培养学生能够胜任企业网店运营推广岗位所要具备的知识体系与实际操作，帮助学生考取 1+X 网店运营推广职业技能等级证书（初级），同时满足学生未来创业所需，实现其有效组织并实施第三方网店运营推广服务的发展愿景。

通过对网店运营推广概念的认知、网店运营思维架构、岗位工作流程的了解与相关工具的使用以及网店运营推广策划方案的学习，让学生能够根据店铺受众人群进行分析，运用各种方法完成网店运营推广的策划与实施，并从中掌握企业级的网店运营推广实战技能，建立起系统性的网店运营推广思维，继而帮助企业进行网店运营推广诊断与分析。

（一）知识目标

（1）熟悉主流电商平台的优势及特点。

（2）熟悉网店选品主要货源渠道。

（3）了解与电子商务相关的法律规范。

（4）了解网店装修设计包含内容。

（5）熟悉网店首页框架布局。

（6）了解不同平台详情页构成。

（7）掌握详情页设计规范。

（8）了解网店自定义页的作用。

（9）熟悉网店自定义页分类。

（10）了解不同平台商品发布的流程。

（11）了解商品上下架处理的原理。

（12）了解不同电商平台的主流活动及店铺促销活动。

（13）了解不同平台的主要物流方式。

（14）熟悉商品发布的主要内容。

（15）熟悉商品优化的方法。

（16）熟悉不同平台活动报名的条件及流程。

（17）熟悉不同平台的退换货政策。

（18）了解客服常用的行为规范。

（19）了解订单交易的流程。

（20）了解客服岗位各阶段的职业规划。

（21）熟悉智能客服机器人在客服工作中的应用。

（22）熟悉客户信息收集与管理的方法。

（23）熟悉订单催付的原则与方式。

（24）了解常用的第三方数据分析工具。

（25）了解速卖通、亚马逊评价体系。

（26）了解单品运营分析内容。

（二）能力目标

（1）掌握网店选品的方法。

（2）掌握网店商品定价的原则。

（3）掌握主流平台网店申请与开通的方法。

（4）掌握网店 Logo 和 Banner 设计方法。

（5）熟悉详情页文案设计。

（6）掌握详情页视觉营销设计。

（7）掌握商品标题撰写及优化的方法。

（8）掌握商品类目优化的方法。

（9）掌握店铺促销活动设置的技巧。

（10）掌握退换货处理的流程及技巧。

（11）掌握商品推荐的技巧。

（12）掌握售后交易纠纷处理的过程。

（13）掌握流失客户挽回的方法。

（14）掌握平台内的主要数据分析工具。

（15）掌握淘宝评价体系分析方法。

（16）掌握店铺销售数据分析指标。

（17）掌握有效数据获取途径。

（18）掌握网店的基本流量分析指标。

（三）思政目标

（1）培养精益求精的工匠精神。

（2）培养创新能力。

（3）培养实践动手能力。

（4）培养能利用互联网工具解决日常生活问题的能力。

（5）培养学生将所学知识运用到实际问题中去的能力。

（6）培养学生网络社交礼仪与沟通能力。

（7）培养学生职业岗位适应能力。

（8）培养学生的商务诚信、就业能力、竞争力与就业信心。

（9）培养学生具备初步的辩证思维能力。

（10）培养学生诚实考证的思维能力。

（11）引导学生努力考取职业证书。让学生明确职业证书对就业的积极作用。

四、课程内容和要求

序号	工作任务	知识要求	技能要求	课时
1	模块一 网店开设	1. 熟悉主流电商平台的优势及特点； 2. 熟悉网店选品主要货源渠道； 3. 了解与电子商务相关的法律规范	1. 掌握网店选品的方法； 2. 掌握网店商品定价的原则； 3. 掌握主流平台网店申请与开通的方法	6
2	模块二 网店装修	1. 了解网店装修设计包含内容； 2. 熟悉网店首页框架布局； 3. 了解不同平台详情页构成； 4. 掌握详情页设计规范； 5. 了解网店自定义页的作用； 6. 熟悉网店自定义页分类	1. 掌握网店 Logo 和 Banner 设计方法； 2. 熟悉详情页文案设计； 3. 掌握详情页视觉营销设计	22
3	模块三 网店基础操作	1. 了解不同平台商品发布的流程； 2. 了解商品上下架处理的原理； 3. 了解不同电商平台的主流活动及店铺促销活动； 4. 了解不同平台的主要物流方式； 5. 熟悉商品发布的主要内容； 6. 熟悉商品优化的方法； 7. 熟悉不同平台活动报名的条件及流程； 8. 熟悉不同平台的退换货政策	1. 掌握商品标题撰写及优化的方法； 2. 掌握商品类目优化的方法； 3. 掌握店铺促销活动设置的技巧； 4. 掌握退换货处理的流程及技巧	14

（续表）

序号	工作任务	知识要求	技能要求	课时
4	模块四 网店客户服务	1. 了解客服常用的行为规范； 2. 了解订单交易的流程； 3. 了解客服岗位各阶段的职业规划； 4. 熟悉智能客服机器人在客服工作中的应用； 5. 熟悉客户信息收集与管理的方法； 6. 熟悉订单催付的原则与方式	1. 掌握商品推荐的技巧； 2. 掌握售后交易纠纷处理的过程； 3. 掌握流失客户挽回的方法	20
5	模块五 运营数据分析	1. 了解常用的第三方数据分析工具； 2. 了解速卖通、亚马逊评价体系； 3. 了解单品运营分析内容	1. 掌握平台内的主要数据分析工具； 2. 掌握淘宝评价体系分析方法； 3. 掌握店铺销售数据分析指标； 4. 掌握有效数据获取途径； 5. 掌握网店的基本流量分析指标	10
总课时				72

五、实施建议

（一）教材选用

（1）必须依据本课程标准选择 1+X 网店运营推广职业技能等级（初级）考证指定高等教育出版社教材及配套资源，教材应充分体现课程思政、任务引领、实践导向课程的设计思想。

（2）教材配套资源应将本专业职业活动，分解成若干典型的工作项目，按完成工作项目的需要和岗位操作规程，结合 1+X 网店运营推广职业技能证书考证组织教材内容。

（3）教材配套资源应图文并茂，提高学生的学习兴趣，加深学生对网店运营推广的认识和理解。教材表达必须精练、准确、科学。

（二）教学方法

1. 注重实践

理论教学主要通过课堂讲授和让学生完成平台理论练习题来实现，在理论讲授时，我们转变教学理念，从传统的"讲课"向"综合性教学系统"转变，强调启发式和行动导向式教学，积极推进问题教学法、案例教学法、讨论式教学法，通过提供大量的案例分析资料、提出问题并组织学生讨论、培养学生的综合分析和解决问题的能力。

学习情境中突出实践学习，实现"教、学、做"一体化，使学生在掌握理论知识的同时，能够进行实践操作，熟悉作品设计的流程，提高职业能力和职业素质。

2. 案例教学法

每个学习情境配以案例分析，引用作品设计过程中遇到的问题，学生根据所学知识分析讨论，并解决问题，在分析、讨论的过程中巩固所学知识，同时提高解决问题的能力。

3. 分享、合作、探讨

"网店运营推广（含 1+X 考证）"课程实训要求学生多总结、多探讨、多交流、多竞赛，积极参与小组实训中的同时，积极分享和总结。同时引入竞赛机制，增加各项目的模拟竞赛，让学生模拟考证环节，通过教师的及时反馈不断自我激励，从而适应考证的节奏。通过沟通，培养学生分析、思辨、决策和团队合作能力。

（三）课程资源

1. 常用课程资源的开发和利用

常用资源的开发要有利于创设形象生动的学习环境，激发学生的学习兴趣，促进学生对知识的理解和掌握。建议建立多媒体课程资源的数据库，实现跨学校的多媒体资源共享。

2. 积极开发和利用网络课程资源

充分利用网络资源、教育网站等信息资源，使教学媒体从单一媒体向多媒体转变；使教学活动从信息的单向传递向双向交换转变；使学生从单独学习向合作学习转变。

3. 产学合作开发网店运营推广实训课程资源

充分利用本行业典型的资源，加强产学合作，建立实习实训基地，满足学生的实习实训，在此过程中进行实训课程资源的开发。

4. 建立开放式网店运营推广实训中心

建立开放式网店运营推广实训中心，使之具备网店运营推广实操功能、现场教学的功能，将教学与培训合一，教学与实训合一，满足学生综合职业能力培养的要求。

（四）教学评价

（1）改革考核手段和方法，加强实践性教学环节的考核，注重学生的实际动手能力。

（2）突出过程评价与阶段（以工作任务模块为阶段）评价，结合课堂提问、训练活动、阶段测验等进行综合评价。

（3）应注重学生分析问题、解决实际问题内容的考核，对在学习和应用上有创新的学生应特别给予鼓励，综合评价学生能力。

（4）注重学生的职业素质考核，体现职业教育的"高等性"。

类别	指标	考核比重	评价指标
过程化考核（70%）	项目一：1+X 网店运营推广考证理论 1. 完成 1+X 网店运营推广考证理论学习任务。 2. 完成理论期末考核题	10%	1. 常规考核（10%）：日常考勤、课堂提问、学生风貌、职业素养。 2. 理论考核（30%）：及时完成课后作业。 3. 实践考核（60%）：课后实践作业。每章综合实训，完成时间、质量及团队协作
	项目二：1+X 网店运营推广考证实操一 1. 完成店铺注册及认证、店铺基本信息设置学习任务。 2. 完成实操一平台考核任务	10%	

（续表）

类别	指标	考核比重	评价指标
过程化考核（70%）	项目三：1+X 网店运营推广考证实操二 1.完成商品上传与维护、营销活动设置、日常订单管理学习任务。 2.完成实操二平台考核任务	10%	
	项目四：1+X 网店运营推广考证实操三 1.完成聊天互动、客户问题处理、交易促成、售后问题处理、客户关系维护、智能客服机器人学习任务。 2.完成实操三平台考核任务	20%	
	项目五：1+X 网店运营推广考证实操四 1.完成首页设计、详情页设计、自定义页面设计学习任务。 2.完成实操四平台考核任务	20%	
总结性考核（30%）	课程总结性考核	30%	1.理论考试（50%）：完成 1+X 网店运营推广平台理论考核； 2.实操任务（50%）：完成 1+X 网店运营推广平台实操任务

六、其他说明

授课教师在进行 1+X 网店运营推广考证培训授课的时候，可以根据班级学生学情及接受程度，适当调整各项目的课时比重。但是授课教师请注意的是，网店运营推广考证必须理论与实操两项同时及格，才能获得证书，因此要提醒学生不能偏科，否则会完不成考证任务。

▶▶ **广西物资学校"网络美工与视觉营销"课程标准**

一、课程定位

本课程是电子商务专业的一门专业核心课程，适用于中等职业学校电子商务专业，其主要功能是培养学生的创意和审美观，帮助学生理解图、文、色彩的搭配方式，掌握 Photoshop 软件的使用，提高学生对图片的综合处理及页面的整体布局能力，为电子商务店铺运营课程的开展奠定良好的基础。通过学习该课程，学生能够将理论与实践相结合，并能够胜任网络美工相关岗位。

在本课程开设之前，学生已经系统学习过网上开店等一些专业课程，学生对图片基础处理方式已经有所了解，并具备一定的基础。本课程要求掌握电商美工设计基本概念，学会使用常用的 Photoshop 软件等工具来解决在主图制作、海报制作、详情页制作、首页装修时遇到的各种装修效果问题，能够设计发布出常见的各种风格的商品、装修出常见的各种风格的店铺首页。同时，通过本课程的学习，培养学生成为技能全面，实战能力超强的"能手"型人才。并且通过客户案例，逐渐认识美工设计对电商领域的重要作用，能够欣赏和分析优秀网络店铺的图文设计，能够区分不同产品对色彩、构图、客户心理、营销文案的差异化要求，能够通过对产品的理解制作主图、详情页、店铺首页等。

二、课程设计思路

1. 突破常规教学顺序，采取艺术审美先行

本课程的设计思路以终身教育、创新教育等职业教育理念为指导思想，以职业需求为导向，按照基于工作过程的职业能力来进行课程开发，这不是简单的教学顺序调整，而是从审美与应用切入，产生强烈的学习欲望，变"要我学"为"我要学"。学生一入门就要明确学习目标和任务，树立好学习该课程的信心。

2. 突出创新思维目标在美工中的运用

本课程设计中把全部内容分为新手美工入门、Photoshop 软件工具操作应用、构图、主图、海报、详情页和店铺装修等七个模块，将美工理论、技术与实践相结合，将艺术构想设计贯穿每个项目的始终，强调了创新思维在美工中的地位和作用。

3. 突出灵活运用美工技术技巧，为表现专业应用主题服务

根据不同专业的特点，设立有针对性的项目任务，对学生在专业应用方面的设计能力进行培养。

4. 项目工作引领情境学习

以具有挑战性并促使工作能力提高的项目工作任务为导向，教师共同精心创设学习情境，结合岗位工作的实际问题进行有针对性的教学，学习与工作合为一体；学习情境要注重学生的学习者角色，在完成项目任务的过程中，实现理论、实践一体化学习和相关的多学科知识一体化学习。

本门课程建议课时为 88，其中实训课时为 72。

三、课程目标

本课程在《电子商务师国家职业技能标准》的基础上，通过本课程的学习，学生能够达到美工设计岗位要求，熟练应用 Photoshop 软件工具，能够独立地完成商品主图设计、海报设计、详情设计和店铺装修，能够配合运营岗位完成活动策划和活动图文设计；学生作品符合电子商务网络店铺要求，商品处理真实且有美感，具备引导消费的营销策略；了解淘宝、天猫、京东等电子商务平台的图文规则和搜索规则，既能够确保商品详情关键词的均匀分布，又能尽可能地满足大众审美。

（一）知识目标

（1）理解网络美工与视觉营销的概念。

（2）掌握 Photoshop 软件图片的设计与处理方法。

（3）掌握图像的构成方法，包括像素软件应用、矢量软件应用。

（4）掌握一般网络营销设计方案的设计方法、步骤。

（5）掌握电子商务视觉营销运营管理的基本知识与方法。

（二）能力目标

（1）具有进行一般图像的处理能力。

（2）具有进行一般性网站店铺设计的能力。

（3）具有综合应用软件提升电商网站美感的设计能力。

（4）具有分析和处理实际操作软件过程中遇到的一般问题的能力。

（5）具有正确识读视觉营销的能力。

（三）思政目标

（1）运用多种教学手段密切联系电商运营实际，激发学生的求知欲望，培养学生科学严谨的工作态度和创造性工作能力。

（2）培养热爱专业、热爱本职工作的精神，一丝不苟的学习态度和自觉学习的良好习惯。

（3）培养精益求精的工匠精神。

（4）培养创新设计能力与实践动手能力。

（5）培养团队协作精神与沟通能力。

（6）培养职业岗位适应能力。

四、课程内容和要求

序号	工作任务	知识要求	技能要求	课时
1	了解电商美工	1. 了解电商美工以及视觉营销重要性； 2. 淘宝美工前期知识	学会欣赏优秀店铺，从页面布局及色彩搭配入手，理解美工设计的应用。 教师用互动讨论的形式进行教学铺垫。要求学生掌握从网站中寻找自己喜欢的店面设计，并阐述喜欢的理由。 教师用实际操作演示，学生认识 Photoshop 软件、学会安装 Photoshop 软件、认识 Photoshop 界面	4

（续表）

序号	工作任务	知识要求	技能要求	课时
2	学会构图方法	1. 初识构图； 2. 淘宝主图设计体验； 3. 天猫主图设计； 4. 直通车主图设计； 5. 优惠券设计	了解淘宝、天猫主图的特点，主图色调，主图作图标准，品牌类产品构图，避免主图"牛皮癣"。 根据产品价格阶梯设计店铺优惠券	8
3	设计产品海报	1. 初识海报； 2. 手表海报设计； 3. 水果生鲜海报设计； 4. 彩妆海报设计； 5. 促销海报设计； 6. 钻展海报设计	欣赏海报，了解海报制作四要素、背景分类、文案类型、产品、修饰。 查看产品适合哪种构图，色彩，抠图方式，色彩调整，文案整理，最终修饰	12
4	设计产品详情页	1. 初识详情页； 2. 详情页的组成； 3. 女装详情页设计； 4. 家电详情页设计； 5. 童装详情页设计； 6. 水果详情页设计； 7. 详情页优化设计	了解详情页设计思路：前提，调查，分析，卖点，定位，准备。 学会详情页卖点提炼，详情页模块组成。 了解细节展示的作用，在详情页中细节展示的方法有几种。 了解详情页中包含了哪些内容，如何评定详情页是否达到标准（商家遵循的2个要点、6个基本原则），从哪里优化	28
5	设计店铺首页	1. 店招设计； 2. 店标设计； 3. 店铺首页布局； 4. 无线端店铺首页装修； 5. 家电店铺首页装修； 6. 水果店铺首页装修； 7. 厨具店铺首页装修	淘宝网与天猫店招尺寸，店招如何设计，淘宝美工的流程。 店标的尺寸，首页基础模块，首页背景，布局管理，自定义页面布局。 买家心理学，大数据分析，首页组成，每一模块做完，切片上传。 品牌定位，编辑导航，装修店铺。 无线端（手机淘宝）首页模块组成，无线端首页模块尺寸，无线端首页布局，手机端首页上传方法	36
总课时				88

五、实施建议

（一）教材编写和选用

（1）必须依据本课程标准编写教材配套资源，教材应充分体现课程思政、任务引领、实践导向课程的设计思想。

（2）教材配套资源应将本专业职业活动分解成若干典型的工作项目，按完成工作项目的需要和岗位操作规程，结合职业技能证书考证组织教材内容。

（3）教材配套资源应图文并茂，提高学生的学习兴趣，加深学生对网络营销的认识和理解。教材表达必须精练、准确、科学。

（二）教学方法

1. 注重实践

本课程以上机实训为主，体现课程改革基本理念，实施"工学一体化"教学模式，实现"教、学、做"融会贯通，采用丰富多样的教学方法，采用项目化、任务驱动、基于工作过程的先进课程教学方法和教学手段。

2. 任务驱动教学法

任务驱动的教与学的方式，能为学生提供体验实践的情境和感悟问题的情境，围绕任务展开学习，以任务的完成结果检验和总结学习过程等，改变学生的学习状态，使学生主动建构探究、实践、思考、运用、解决、高智慧的学习体系。

学生的学习活动必须与任务或问题相结合，以探索问题来引导和维持学习者的学习兴趣和动机，创建真实的教学环境，让学生带着真实的任务学习，使学生拥有学习的主动权。学生的学习不单是知识由外到内的转移和传递，更应该是学生主动建构自己的知识经验的过程，通过新经验和原有知识经验的相互作用，充实和丰富自身的知识、能力。

3. 分享、合作、探讨

"网络美工与视觉营销"课程实训要求学生多总结、多探讨、多交流，踊跃参与小组实训中的同时，踊跃分享和总结。通过沟通，培养学生分析、思辨、决策和团队合作能力。

（三）课程资源

1. 常用课程资源的开发和利用

常用资源的开发要有利于创设形象生动的学习环境，激发学生的学习兴趣，促进学生对知识的理解和掌握。建议建立多媒体课程资源的数据库，实现跨学校的多媒体资源共享。

2. 积极开发和利用网络课程资源

充分利用网络资源、教育网站等信息资源，使教学媒体从单一媒体向多媒体转变；使教学活动从信息的单向传递向双向交换转变；使学生从单独学习向合作学习转变。

（四）教学评价

（1）改革考核手段和方法，加强实践性教学环节的考核，注重学生的实际动手能力。

（2）突出过程评价与阶段（以工作任务模块为阶段）评价，结合课堂提问、训练活动、阶段测验等进行综合评价。

（3）应注重学生分析问题、解决实际问题内容的考核，对在学习和应用上有创新的学生应特别给予鼓励，综合评价学生能力。

（4）注重学生的职业素质考核，体现职业教育的"高等性"。

类别	指标		考核比重	评价指标
过程化考核（70%）	项目一	了解电商美工	10%	常规考核（20%）：日常考勤、课堂提问、学生风貌、职业素养。理论考核（20%）：及时完成课后作业。实践考核（60%）：课后实践作业。每章综合实训，完成时间、质量及团队协作
	项目二	学会构图方法	10%	
	项目三	设计产品海报	10%	
	项目四	设计产品详情页	20%	
	项目五	设计店铺首页	20%	

（续表）

类别	指标	考核比重	评价指标
总结性考核（30%）	课程总结性考核	30%	理论考试（20%）：完成期末课程理论考试。 综合实践（80%）：完成教师指定的某件产品的店铺首页设计、详情页设计各一份

六、其他说明

无。

▶▶ 广西物资学校"网上开店与创业"课程标准

一、课程定位

本课程是电子商务专业的一门专业核心课程，学习领域课程标准以遵循职业性、开放性、实践性、启发性为原则，以"校企合作、工学结合"思想为指导，以通过完成整体化工作任务培养训练学生的"综合职业能力"为核心，以"工作内容"来组织课程内容为着眼点，以淘宝网店为教学活动载体，使学生在尽量真实的职业情境中"学中做、做中学"。

二、课程设计思路

（一）设计理念

课程内容的选择是以网上开店的实际环节为依据，打破了以原理知识传授为主要特征的课程模式，转变为以工作任务为中心，并让学生在完成具体任务的过程中构建相关理论与实践知识，锻炼技能，发展职业能力。课程内容突出对学生职业能力的训练，理论与实践知识的选取紧紧围绕工作任务完成的需要来进行，同时又充分考虑了中等职业教育对理论知识学习的需要，并融合了相关职业技能证书对知识、技能和态度的要求。

（二）设计思路

本课程以培养全能型网上开店技能人才为目标，以真实企业网上开店案例为背景，结合网上开店前沿的理论知识，并以"学习模块—学习情境—实训"为巩固环节，展开"案例—理论—实践运用"三点结合的教学理念。学生通过对教材真实案例详细理解并结合课后实训任务或相关实训软件，通过这种综合训练，系统地运用网上开店理论知识与技能解决实际中网上开店管理问题，进而促进本专业学生更好地掌握互联网网店开设、网上开店管理等基本理论，提升学生网上开店管理中的实际运用能力及操作能力。

通过对本课程的学习，学生会对网上开店在思维认知上达到更高的层次，同时，结合案例及实训，也将对学生技能进行加强，提升综合应用能力，最终全面提升网上开店能力。

本课程建议课时为 96，其中实训课时为 72。

三、课程目标

（一）知识目标

（1）了解不同平台下网络店铺区别与特点。

（2）了解网店市场定位方式。

（3）了解网店产品价格制定原则。

（4）了解商品构图的知识。

（5）了解商品图片美化的技巧。

（6）了解网店结构。

（7）了解店标设计要点。

（8）了解店铺头像设计要点。

（9）店铺装修原则。

（10）了解网店商品发布步骤。

（11）了解商品信息发布的方法。

（12）了解商品发布的策略。

（13）了解网店推广的概念。

（14）了解常见网店推广方式。

（15）了解商品配装的方法。

（16）了解物流配送流程。

（17）了解不同数据分析工具，如生意参谋、店侦探等。

（18）了解网店数据类型。

（19）掌握数据分析方法。

（二）能力目标

（1）掌握不同平台网店分析方法。

（2）掌握网络商店销售产品选择方法。

（3）掌握网络商店进货渠道选择分析。

（4）能够根据商品制定产品价格。

（5）掌握商品构图的类型及技巧。

（6）能够应用修图软件对商品进行美化处理。

（7）能够设计网店结构。

（8）能够独立完成店标的设计。

（9）能够独立完成店铺头像的设计。

（10）能够掌握商品发布技巧。

（11）能够掌握商品信息编辑技巧。

（12）能够掌握商品标题编辑技巧。

（13）能够掌握商品展示图片编辑技巧。

（14）能够独立策划店内活动。

（15）掌握淘宝客推广的方法、直通车推广的方法。

（16）能够利用微博、微信等站外工具进行网店产品的推广宣传。

（17）能够根据不同商品确定其配装方法。

（18）能够根据不同商品的相关因素确定物流配送方法。

（19）能够利用 Excel 建立数据列表。

（20）能够对网店数据进行基础分析，包括流量来源、转化率、客户数据分析等。

（三）素质目标

（1）培养创新能力。

（2）实践动手能力。

（3）能够开办自己的网店。

（4）将所学知识运用到实际的问题中去。

（5）对各类网店平台进行综合分析。

（6）网店话术练习。

（7）职业岗位适应能力。

（8）培养商务诚信、就业能力竞争力与就业信心。

（9）具备初步的辩证思维能力。

四、课程内容和要求

序号	项目	工作任务	知识要求	技能要求	课时
1	项目一 网店开设与定位	1. 网店定位； 2. 网店选品； 3. 淘宝开店注册； 4. 安全管理	1. 了解不同平台下网络店铺的区别与特点； 2. 了解网店销售产品的选择技巧以及注意事项； 3. 了解网店产品价格制定原则； 4. 了解个人店铺升级到企业店铺需要具备的条件； 5. 掌握个人和企业网店的注册流程； 6. 掌握网店安全管理方法	1. 能够根据网上开店模式分析不同模式下不同平台的特点； 2. 能够根据行业及网店定位确定销售的产品，并对产品进行分类； 3. 能够分析不同进货渠道的利与弊，并根据自己销售的产品确定最终渠道； 4. 能够根据商品确定产品价格策略； 5. 能够完成个人网店的注册，完成网店基本的信息设置	10
2	项目二 网店商品图片处理	1.Photoshop 软件基本操作； 2. 调整图片大小； 3. 按尺寸裁剪图片（裁剪工具）； 4. 自由变换图片（大小、方向）； 5. 调整图片色差（亮度对比度、曲线、色阶、白场）；	1. 掌握 Photoshop 软件的使用方法； 2. 了解商品图片美化的技巧	能够使用 Photoshop 软件对商品图片进行美化处理	8

（续表）

序号	项目	工作任务	知识要求	技能要求	课时
2	项目二 网店商品图片处理	6. 更换图片中商品颜色（色相饱和度、替换颜色）； 7. 使模糊的图片清晰（锐化、减淡工具）； 8. 去除图片中商品的瑕疵（仿制图章工具或其他）； 9. 更换服饰拍摄背景二（魔棒工具）； 10. 去掉服装拍摄背景一（钢笔工具）； 11. 合成两张商品图片（认识图层）； 12. 颜色填充1：油漆桶填色； 13. 颜色填充2：渐变色			
3	项目三 网店商品信息维护	1. 商品标题撰写； 2. 商品定价； 3. 商品发布	1. 了解不同网店商品信息编辑要点； 2. 了解商品标题确定的方法； 3. 了解网店商品发布流程； 4. 了解商品发布的策略	1. 能够根据商品属性完成商品信息的编辑； 2. 能够完成商品标题的编辑； 3. 能够根据商品特点完成商品展示图片的编辑； 4. 能够完成商品的发布	16
4	项目四 网店装修管理	1. 电脑端店铺首页设计； 2. 无线端店铺首页设计； 3. 店铺店标设计； 4. 店铺banner设计； 5. 店铺海报设计； 6. 商品主图设计； 7. 商品详情页设计	1. 了解店铺首页设计思路； 2. 熟知网店店标、店招的设计思路； 3. 熟知商品主图、海报的设计思路； 4. 了解详情页设计思路与逻辑关系	1. 能够给电脑端、无线端装修页面添加对应模块，进行首页设计； 2. 能够根据网店风格，在Photoshop软件中设计并制作店标、店招、商品主图、海报、商品详情页图	16

序号	项目	工作任务	知识要求	技能要求	课时
5	项目五 网店推广	1. 淘宝SEO（淘宝搜索引擎优化）； 2. 淘宝微淘引流； 3. 淘宝直通车； 4. 淘宝客； 5. 淘宝直播； 6. 淘宝店铺活动； 7. 淘宝站外推广	1. 了解常见站内推广方式，包括搜索推广、站内活动营销（平台活动天天特价、自建活动满就送和满减等）、直通车推广、站内移动端内容营销（微淘、淘宝直播等）等； 2. 了解常见站外推广方式，如移动端的微博营销、微信营销，以及淘宝客推广等； 3. 掌握站内不同推广方式的要求以及方法	1. 能够优化商品标题和图片； 2. 能够独立策划店内活动； 3. 掌握淘宝客推广、直通车推广的方法； 4. 能够利用移动端微博、微信等站外工具进行网店商品的推广	10
6	项目六 网店订单管理	1. 千牛工具使用； 2. 订单处理流程； 3. 退换货订单管理	1. 掌握千牛工具的作用、方法； 2. 掌握正常订单的处理流程； 3. 掌握退换货订单的管理流程	能够正确处理淘宝订单	12
7	项目七 物流配送与管理	1. 仓储管理； 2 货物打包； 3. 物流配送与成本核算	1. 了解仓储管理的流程； 2. 了解入仓、在库管理过程； 3. 了解货物打包的方法； 4. 熟悉物流配送的流程	1. 能够进行淘宝仓库管理； 2. 能够按照规定完成散货和成品的入库，并掌握入库管理的要点； 3. 能够根据规定完成商品在库管理；	8

（续表）

序号	项目	工作任务	知识要求	技能要求	课时
7	项目七 物流配送与管理			4. 能完成不同货物的打包； 5. 能够根据地域完成物流成本的核算； 6. 能够根据网店要求完成相应物流模板的设置	
8	项目八 网店数据分析	1. 网店数据获取； 2 网店数据分析	1. 了解数据分析的步骤； 2. 熟悉获取数据的渠道； 3. 熟悉网上开店基础指标体系	1. 能够通过不同渠道获取商品以及网店数据； 2. 能够将获取的数据通过不同方式进行整理汇总； 3. 掌握数据分析及快速建立图表的方法； 4. 能够结合数据分析的结论进行运营调整	10
9	项目九 网店客服	1. 客户服务流程及岗前准备； 2. 客户沟通技巧认知； 3. 售前、售中、售后问题处理	1. 掌握客服岗位基本工作内容和要求； 2. 了解客户沟通情境应答方式； 3. 熟悉常见的售后问题种类； 4. 明确客户档案建立的方法、步骤，熟悉建立客户档案需要注意的问题	1. 能够运用客户服务技巧进行在线接待及客户咨询回复； 2. 能够进行售后问题处理； 3. 能够建立客户档案，并进行会员营销	6
总课时					96

五、实施建议

（一）教材编写和选用

（1）必须依据本课程标准编写教材，教材应充分体现任务引领、实践导向课程的设计思想。

（2）教材应将本专业职业活动，分解成若干典型的工作项目，按完成工作项目的需要和岗位操作规程，结合职业技能证书考证组织教材内容。

（3）教材应图文并茂，提高学生的学习兴趣，加深学生对网上开店的认识和理解。教材表达必须精练、准确、科学。

（二）教学方法

以案例引导、模块教学等教学方法推进学生完成学习。

1. 理论与实践相结合，重视实践教学

理论教学主要通过课堂讲授来实现，在理论讲授时，教师应转变教学理念，从传统的"讲课"向"综合性教学系统"转变，强调启发式和行动导向式教学，积极推进问题教学法、案例教学法、讨论式教学法，通过提供大量的案例分析资料、提出问题、组织学生讨论、培养学生的综合分析和解决问题的能力。

学习项目中突出实践学习，实现"教、学、做"一体化，使学生在掌握理论知识的同时，能够进行实践操作，熟悉作品设计的流程，提高职业能力和职业素质。

2. 案例教学法

每个学习项目配以案例分析，引用作品设计过程中遇到的问题，学生根据所学知识分析讨论，并解决问题，在分析、讨论的过程中巩固所学知识，同时提高解决问题的能力。

3. 互动教学法

改变以往"满堂灌"和"填鸭式"的教学方式，在教学过程中，就某些问题征询学生的意见，学生根据自己所掌握的知识阐述自己的看法，在交流中学习，形成良性的互动。

4. 实训作业

给学生布置实训作业，让学生在实训中巩固并运用所学知识。

5. 企业参观

组织学生到行业企业参观学习，提高学生的感性认识和学习积极性，同时让学生接触真实的工作环境，了解工作流程，从而提高学生实践学习的质量。

6. 课堂教学与课外讲座结合

邀请行业企业的专家给学生做讲座，丰富学生的知识面，了解网上开店操作的相关知识和技巧。

（三）课程资源

（1）注重理论的理解和网店推广营销方案的策划。

（2）产学合作开发实训课程资源，充分利用校内、外实践教学基地，进行产学合作，实践"工学交替"，满足学生的实习、实训，同时为学生的就业创造机会。

（3）积极开发和利用网络课程资源，充分利用诸如网络资源和电子论坛等网上信息资源，使教学从单一媒体向多种媒体转变；教学活动从信息的单向传递向双向交换转变；使学生从单独学习向合作学习转变。

（4）同时应积极创造条件，搭建课下实训机会，将实践教学从课上走到课下。

（四）教学评价

（1）改革传统的学生评价手段和方法，采用阶段评价，过程性评价与目标评价相结合，项目评价，理论与实践一体化评价模式。

（2）关注评价的多元性，将课堂提问、学生作业、平时测验、项目考核、能力目标考核作为平时成绩，占总成绩的70%；理论考试作为期末成绩，占总成绩的30%。

（3）应注重学生动手能力和实践中分析问题、解决问题能力的考核，对在学习和应用上有创新的学生应给予特别鼓励，全面综合评价学生能力。

类别	指标		考核比重	评价指标
过程化考核（70%）	项目一	网店开设与定位	5%	常规考核（20%）：日常考勤、课堂提问、学生风貌、职业素养。理论考核（20%）：及时完成课后作业。实践考核（60%）：课堂任务实施考核
	项目二	网店商品图片处理	10%	
	项目三	网店商品信息维护	10%	
	项目四	网店装修管理	10%	
	项目五	网店推广	10%	
	项目六	网店订单管理	5%	
	项目七	物流配送与管理	5%	
	项目八	网店数据分析	10%	
	项目九	网店客服	5%	
总结性考核（30%）	课程总结性考核		30%	理论考试（20%）：完成期末课程理论考试。综合实践（80%）：完成店铺的开设、装修、运营管理、物流、客服等实践操作

六、其他说明

本课程教学标准适用于中职学校电子商务专业。

▶▶ **广西物资学校"网站建设"课程标准**

一、课程定位

本课程是电子商务专业的一门专业核心课程，适用于中等职业学校电子商务专业，其主要功能是让学生了解网站建设的各种方法，并能够熟悉运用这些方法完成简单电子商务站点的建立。

在本课程开设之前已经开设了网店运营、美工等专业课程，学生对电子商务已经有所了解，并具备了一定的基础，本课程帮助学生建立完整的网站建设思想。

二、课程设计思路

本课程是依据"电子商务专业工作任务与职业能力分析表"中的网站建设项目设置的。

本课程根据任务引领型的项目活动要求，基于网站建设的策划与执行的实际情况而开设。本课程在偏重实际操作的同时也注重理论学习，集案例式教学与体验式教学于一体，通过案例引导与分解并结合学校实训室的实际操作来达到理论与实践的双重结合。课程开发设计以电子商务就业能力培养为导向；以专业人才培养目标和满足学生职业生涯发展为依据；以专业知识和技术应用能力、自主学习与创新能力、综合职业素质培养为指导思想。以企业"建立网站"为起点设计课程教学内容，把整个网站建设课程和实际运作紧密结合起来，打破教材体系的框架，把所有的知识汇集起来，以一个问题或目标为主线，把整本书的教学演变为一个连贯的、可实际操作的业务训练，使课程的教学内容实现了"项目化、任务化、实战化"。同时强调学生自主探索、协作学习，坚持把能力培养贯穿教学的全过程，使每一环节都能充分体现学生自主学习的要求。

通过对网站建设的各种方法、工作流程分析、模块化工作任务的学习，培养学生独立分析和解决网站建设实践过程中存在的问题的实际能力；另外，需注意加强学生后劲，通过理论学习提高实践过程的指导性，并为进一步提升性学习打基础。对于理论方面的教学，坚持以案例导入、在案例分析中理解相关知识的学习，启迪学生的思维，培养学生独立分析和解决网站建设实践中存在的问题的实际能力，掌握在移动网络时代建立企业网站的方法和技术手段，构筑全面的网站建设知识和技能平台，为今后学习其他电商课程和从事相关工作奠定基础。

本门课程建议课时为 72，其中实训课时为 64。

三、课程目标

本课程在《电子商务师国家职业技能标准》的基础上，有效扩展网站建设的内容环节，以提升相关基础知识、设计理念、工具使用及专项实践技能为主线，以网站建设过程中的设计思路、需求技能、操作方法及相关分析为切入点，培养学生能够胜任企业网站设计制作岗位所要具备的知识体系与实际操作，同时满足学生未来创业所需，实现其有效组织并实施第三方网站建设服务的发展愿景。

通过对网站建设概念的认知、企业营销思维架构、岗位工作流程的了解与相关工具的使用以及网站建设策划方案的学习，让学生能够根据企业受众进行分析，借助各类工具和方法完成网站建设的策划与实施，并从中掌握企业级的站点设计制作实战技能，建立起系统性的网站设计制作思维，继而帮助企业进行网站诊断与分析。

（一）知识目标

（1）理解企业建立独立网站的重要性。

（2）了解常见网站类型与特点。

（3）了解网页设计常见的几种布局。

（4）了解网页设计常见的几种色彩搭配方案。

（5）掌握 Photoshop 软件中设计页面的常用工具。

（6）掌握 Adobe Dreamweaver 中表格及常用工具的使用。

（7）了解域名及网站备案的相关知识。

（8）了解网站的各种推广及效果统计方法。

（二）能力目标

（1）能够根据企业情况进行分析，选择合适的网站类型、布局及配色及栏目。

（2）能够使用 Photoshop 软件完成网页效果图的设计工作。

（3）能够使用 Photoshop、Adobe Dreamweaver 等工具，根据网页设计与制作的步骤，完成站点页面的制作。

（4）掌握购买域名、空间的步骤及流程。

（5）了解域名备案的工作流程，能完成网站的域名备案工作。

（6）能够根据企业需求制定网站推广方案。

（三）思政目标

（1）培养精益求精的工匠精神。

（2）培养创新能力。

（3）培养实践动手能力。

（4）培养能利用互联网工具解决日常生活问题的能力。

（5）培养将所学知识运用到实际问题中去的能力。

（6）培养网络社交礼仪与沟通能力。

（7）培养职业岗位适应能力。

（8）培养商务诚信，就业能力、竞争力与就业信心。

（9）培养具备初步的辩证思维能力。

四、课程内容和要求

序号	工作任务	知识要求	技能要求	课时
1	网页布局与配色	1. 能够说出常见网站类型与特点； 2. 了解网页设计常见的3种布局； 3. 了解网页设计常用的3种色彩搭配方案； 4. 了解企业网站页面中包含的重要栏目与内容	能够根据企业需求与产品特色，选择合适的企业网站类型、布局、配色以及栏目	4
2	校园网首页制作	掌握 Photoshop 软件中设计页面的常用工具	能使用 Photoshop 软件制作首页效果图	8
3	家私公司网站首页制作	掌握 Photoshop 软件设计页面的常用工具	能使用 Photoshop 软件制作首页效果图	12
4	手机网页制作	掌握 Photoshop 软件中设计页面的常用工具	能使用 Photoshop 软件制作手机站点效果图	12
5	凡科免费建站	掌握凡科免费建站平台中建站工具的使用	能使用凡科建站平台建立企业站点	12
6	H5 微传单制作	掌握 H5 微传单制作工具的使用	能使用易企秀制作 H5 微传单	8
7	App 界面及原型设计	掌握 App 原型设计工具"墨刀"的使用方法	能使用 App 原型设计工具"墨刀"设计制作 App 界面及 App 原型	12
8	网站推广方案	1. 掌握关键词的优化方法； 2. 掌握百度竞价排名方法	1. 能完成搜索引擎登录； 2. 能完成关键词优化； 3. 能开展四项推广活动； 4. 能开展竞价排名业务； 5. 能分析统计工具数据	4
总课时				72

五、实施建议

（一）教材编写和选用

（1）必须依据本课程标准编写教材配套资源，教材应充分体现课程思政、任务引领、实践导向课程的设计思想。

（2）教材配套资源应将本专业职业活动，分解成若干典型的工作项目，按完成工作项目的需要和岗位操作规程，结合职业技能证书考证组织教材内容。

（3）教材配套资源应图文并茂，提高学生的学习兴趣，加深学生对网站建设的认识和理解。教材表达必须精练、准确、科学。

（二）教学方法

1. 注重实践

理论教学主要通过课堂讲授来实现，在理论讲授时，教师应转变教学理念，从传统的"讲课"向"综合性教学系统"转变，强调启发式和行动导向式教学，积极推进问题教学法、案例教学法、讨论式教学法，通过提供大量的案例分析资料、提出问题并组织学生讨论、培养学生的综合分析和解决问题的能力。

学习情境中突出实践学习，实现"教、学、做"一体化，使学生在掌握理论知识的同时，能够进行实践操作，熟悉作品设计的流程，提高职业能力和职业素质。

2. 案例教学法

每个学习情境配以案例分析，引用作品设计过程中遇到的问题，学生根据所学知识分析讨论，并解决问题，在分析、讨论的过程中巩固所学知识，同时提高解决问题的能力。

3. 分享、合作、探讨

"网站建设"课程实训要求学生多总结、多探讨、多交流，积极参与小组实训中的同时，积极分享和总结。通过沟通，培养学生分析、思辨、决策和团队合作能力。

（三）课程资源

1. 常用课程资源的开发和利用

常用资源的开发要有利于创设形象生动的学习环境，激发学生的学习兴趣，促进学生对知识的理解和掌握。建议建立多媒体课程资源的数据库，实现跨学校的多媒体资源共享。

2. 积极开发和利用网络课程资源

充分利用网络资源、教育网站等信息资源，使教学媒体从单一媒体向多媒体转变；使教学活动从信息的单向传递向双向交换转变；使学生从单独学习向合作学习转变。

3. 产学合作开发网站建设实训课程资源

充分利用本行业典型的资源，加强产学合作，建立实习实训基地，满足学生的实习实训，在此过程中进行实训课程资源的开发。

4. 建立开放式网站建设实训中心

建立开放式网站建设实训中心，使之具备网站建设实操功能、现场教学的功能，将教学与培训合一，教学与实训合一，满足学生综合职业能力培养的要求。

（四）教学评价

（1）改革考核手段和方法，加强实践性教学环节的考核，注重学生的实际动手能力。

（2）突出过程评价与阶段（以工作任务模块为阶段）评价，结合课堂提问、训练活动、阶段测验等进行综合评价。

（3）应注重学生分析问题、解决实际问题内容的考核，对在学习和应用上对有创新的学生应特别给予鼓励，综合评价学生能力。

（4）注重学生的职业素质考核，体现职业教育的"高等性"。

类别	指标	考核比重	评价指标
过程化考核（70%）	电脑端网站建设	20%	常规考核（20%）：日常考勤、课堂提问、学生风貌、职业素养。理论考核（20%）：及时完成课后作业。实践考核（60%）：课后实践作业。每章综合实训，完成时间、质量及团队协作
	无线网站建设	10%	
	H5 微传单	10%	
	手机 App 界面设计	10%	
	手机 App 原型设计	10%	
	网站推广	10%	

（续表）

类别	指标	考核比重	评价指标
总结性考核（30%）	课程总结性考核	30%	理论考试（20%）：完成期末课程理论考试。 综合实践（80%）：完成教师指定产品网站的设计与制作

六、其他说明

无。

▶▶ 广西物资学校"跨境电商海外营销"课程标准

一、课程定位

"跨境电商海外营销"课程是跨境电子商务专业的一门专业方向课程，适用于中等职业学校跨境电子商务专业第三个学期的学习，其主要功能是让学生了解跨境电商海外营销的平台和方法，并能够熟悉运用这些方法完成短视频策划实施、直播策划实施、高级社群营销以及平台运营等任务，能够进一步提升海外营销和运营能力，并能够胜任跨境电商营销类的相关岗位。

在本课程开设之前，学生已系统学习过短视频与直播实操等一些较为基础的专业核心课程，学生对短视频与直播项目实操也已经有所了解，并具备一定的基础。本课程以 Facebook、TikTok、YouTube 等平台为基础，引导学生开展海外平台营销项目实操，通过分析平台数据，从而更好地掌握海外平台营销的技能，提高分析和处理海外平台营销问题的综合能力和实践能力。

二、课程设计思路

本课程是根据任务引领型的项目活动要求，基于跨境电商海外营销的实际运营情况而开设的。本课程在偏重实际操作的同时也注重理论学习，通过学生从事跨境营销的岗位需求为学习目标，利用真实海外运营平台让学生体验真实运营流程。课程开发设计以跨境电子商务就业能力培养为导向；以专业人才培养目标和满足学生职业生涯发展为依据；以专业知识和技术应用能力、自主学习与创新能力、综合职业素质培养为指导思想，以帮助学生在未来升学或就业中能够继续从事跨境电商海外营销项目实操，以"学有所长"为目的。以企业"跨境电商海外营销工作流程"为起点设计课程教学内容，把整个跨境电商海外营销课程和实际工作岗位能力需求紧密结合起来，打破教材体系的框架，把所有的知识汇集起来，以一个工作过程为主线，把整本书的教学演变为一个连贯的、实际操作的业务训练，通过让学生不断重复各个平台实操的一个个小项目，从而达到"熟能生巧"的效果，也使课程的教学内容实现了"项目化、任务化、实战化"。同时强调学生自主探索、协作学习，坚持把能力培养贯穿到教学的全过程，使每一环节都能充分体现学生自主学习的要求。

通过对跨境电商海外营销工作岗位群的工作流程分析，模块化工作任务，培养学生独立分析和解决运营实践中存在的问题的实际能力；另外，则需要注意加强学生后劲，通过理论学习提高实践过程的指导性，并为进一步提升性学习打基础。对于理论方面的教学，坚持以案例导入、在案例分析中理解相关知识的学习，不仅让学生学会相关知识，还让学生在不断重复的项目实操训练中找到适合自己的岗位。同时掌握在跨境电商海外营销的方法和技术手段，构筑全面的知识和技能平台，为今后学习其他跨境电商课程和从事跨境电商海外营销工作奠定基础。

本门课程建议课时为 72，其中实训课时为 60。

三、课程目标

通过"跨境电商海外营销"课程的学习，学生应当掌握基本的营销概念和营销理论，具备相应的市场分析能力，形成将理论知识应用于实际工作分析场景的技能；在此基础之上，掌握平台运营的基础知识，再结合不同主流跨境电商平台，掌握对应的站内方式，最终提高整体的跨境电商海外营销综合运用能力。

（一）知识目标

（1）了解海外主流社交媒体概况。

（2）了解海外社交媒体发展趋势。

（3）熟悉海外各社交媒体的平台规则

（4）掌握 Facebook 平台内容发布规范。

（5）熟悉社交媒体内容类型。

（6）了解海外媒体文案基础知识。

（7）熟悉 Facebook 平台的营销方法。

（8）了解 YouTube 平台的发布规范。

（9）了解视频拍摄、剪辑基础内容。

（10）熟悉 YouTube 平台的营销方法。

（11）熟悉视频上传的要点。

（12）了解 TikTok 平台的算法机制。

（13）了解 TikTok 平台的短视频制作规则。

（14）了解 TikTok 直播的流程方法。

（15）了解 TikTok 推广的方法。

（二）能力目标

（1）掌握 Facebook 内容加工的方法。

（2）掌握 Facebook 热点提炼的方法。

（3）掌握 Facebook 的好友拉新方法。

（4）掌握 Facebook 的群组管理功能

（5）能利用 Facebook 进行选品。

（6）掌握群组内容规划及实施的方法。

（7）掌握群活动策划及实施的方法。

（8）掌握群监控及裂变的方法。

（9）掌握 YouTube 视频发布与推广的方法。

（10）掌握视频内容规划的方法。

（11）掌握视频脚本撰写的技巧。

（12）能够分组完成视频拍摄实操任务。

（13）能够完成视频剪辑实操任务。

（14）掌握视频数据分析的技巧。

（15）掌握 TikTok 直播定位及选品的方法。

（16）掌握直播内容规划及实施的方法。

（17）掌握直播平台操作技巧。

（18）掌握直播项目实施的方法。

（19）掌握直播复盘的技巧。

（20）掌握 TikTok 短视频封面标题的制作技巧。

（21）掌握 TikTok 平台热点追踪的方法。

（22）掌握 TikTok 平台的引流方法。

（23）掌握 TikTok 平台数据分析的方法。

（三）思政目标

（1）培养践行社会主义核心价值观。

（2）树立爱岗敬业的职业素养。

（3）树立依法依规经商和精益求精的工匠精神。

（4）培养能利用互联网工具解决日常生活问题的能力。

（5）培养将所学知识运用到实际问题中去的能力。

（6）培养网络社交礼仪与沟通能力。

（7）培养职业岗位适应能力。

（8）培养商务诚信、就业能力、竞争力与就业信心。

（9）培养学生具备初步的思辨能力。

（10）培养诚实考证的思维能力。

（11）培养创新能力。

（12）培养团队合作的协同能力。

四、课程内容和要求

序号	工作任务	知识要求	技能要求	课时
1	项目一海外社交网络媒体行业认知及运营认知	1. 了解社交媒体和社交媒体营销的定义； 2. 熟悉海外社交媒体品牌传播的规律； 3. 了解海外社交网络媒体行业现状及趋势； 4. 了解跨境电商海外营销企业的岗位需求及能力要求	1. 了解跨境电商海外营销媒体的现状和发展趋势； 2. 能够分析跨境电商海外营销优秀案例	4

（续表）

序号	工作任务	知识要求	技能要求	课时
2	项目二 Facebook 营销推广	1. 掌握 Facebook 平台内容发布规范； 2. 熟悉社交媒体内容类型； 3. 了解海外媒体文案基础知识； 4. 熟悉 Facebook 平台的营销方法	1. 掌握 Facebook 内容加工的方法； 2. 掌握 Facebook 热点提炼的方法； 3. 掌握 Facebook 的好友拉新方法； 4. 掌握 Facebook 的群组管理功能； 5. 能利用 Facebook 进行选品； 6. 掌握群组内容规划及实施的方法； 7. 掌握群活动策划及实施； 8. 掌握群监控及裂变的方法	22
3	项目三 YouTube 营销推广	1. 了解 YouTube 平台的发布规范； 2. 了解视频拍摄、剪辑基础内容； 3. 熟悉 YouTube 平台的营销方法； 4. 熟悉视频上传的要点	1. 掌握 YouTube 视频发布与推广的方法； 2. 掌握视频内容规划的方法； 3. 掌握视频脚本撰写的技巧； 4. 能够分组完成视频拍摄实操任务； 5. 能够完成视频剪辑实操任务； 6. 掌握视频数据分析的技巧	22
4	项目四 TikTok 营销推广	1. 了解 TikTok 平台的算法机制； 2. 了解 TikTok 平台的短视频的制作规则； 3. 了解 TikTok 直播的流程方法； 4. 了解 TikTok 推广的方法	1. 掌握 TikTok 直播定位及选品的方法； 2. 掌握直播内容规划及实施的方法； 3. 掌握直播平台操作技巧； 4. 掌握直播项目实施的方法； 5. 掌握直播复盘的技巧； 6. 掌握 TikTok 短视频封面标题的制作技巧； 7. 掌握 TikTok 平台热点追踪的方法； 8. 掌握 TikTok 平台的引流方法； 9. 掌握 TikTok 平台数据分析的方法	24
总课时				72

五、实施建议

（一）教材选用

（1）由于本门课程以实操为主，教材及配套资源必须依据本课程标准进行选择，教材应充分体现课程思政、任务引领、实践导向课程的设计思想。

（2）教材配套资源应将本专业职业活动，分解成若干典型的工作项目，按完成工作项目的需要和岗位操作规程组织教材内容。

（3）教材配套资源应图文并茂，提高学生的学习兴趣，加深学生对新媒体运营的认识和理解。教材表达必须精练、准确、科学。

（二）教学方法

1. 注重实践

本门课程在实操教学时，教师应该转变教学理念，从传统的"老师讲课"向"综合性教学系统"转变，强调启发式和行动导向式教学，积极推进问题教学法、案例教学法、讨论式教学法，通过提供大量的案例分析资料、提出问题并组织学生讨论、引导学生在实操中发现问题、培养学生的综合分析和解决问题的能力。

学习情境中突出实践学习，实现"教、学、做"一体化，使学生在掌握理论知识的同时，能够进行实践操作，熟悉作品设计的流程，提高职业能力和职业素质。

2. 案例教学法

每个学习情境配以案例分析，引用作品设计过程中遇到的问题，学生根据所学知识分析讨论并解决问题，在分析、讨论的过程中巩固所学知识，同时提高解决问题的能力。

3. 分享、合作、探讨

"跨境电商海外营销"课程实训要求学生多操作、多总结、多探讨、多交流、多竞赛，积极参与小组实训中的同时，积极分享和总结。同时引入竞赛机制，增加各项目的竞赛环节，让学生们分小组进行数据比拼，通过教师的及时反馈不断修正，从而达到共同提高的目的。通过沟通，培养学生分析、思辨、决策和团队合作能力。

（三）课程资源

1. 常用课程资源的开发和利用

常用资源的开发要有利于创设形象生动的学习环境，激发学生的学习兴趣，促进学生对知识的理解和掌握。建议建立多媒体课程资源的数据库，实现跨学校的多媒体资源共享。

2. 积极开发和利用网络课程资源

充分利用网络资源、教育网站等信息资源，使教学媒体从单一媒体向多媒体转变；使教学活动从信息的单向传递向双向交换转变；使学生从单独学习向合作学习转变。

3. 产学合作开发"跨境电商海外营销"课程资源

充分利用本行业典型的资源，加强产学合作，建立实习实训基地，满足学生的实习实训，在此过程中进行实训课程资源的开发。

（四）教学评价

（1）改革考核手段和方法，加强实践性教学环节的考核，注重学生的实际动手能力。

（2）突出过程评价与阶段（以工作任务模块为阶段）评价，结合课堂提问、训练活动、阶段测验等进行综合评价。

（3）应注重学生分析问题、解决实际问题内容的考核，对在学习和应用上有创新的学生应特别给予鼓励，综合评价学生能力。

（4）注重学生的职业素质考核，体现职业教育的"高等性"。

类别	指标	考核比重	评价指标
过程化考核（70%）	项目一　海外社交网络媒体行业认知及运营认知	10%	常规考核（10%）：日常考勤、课堂提问、学生风貌、职业素养。
	项目二　Facebook 营销推广	20%	理论考核（30%）：及时完成课后作业。实践考核（60%）：课后实践作业。
	项目三　YouTube 营销推广	20%	每项目综合实训，完成时间、质量及团队协作
	项目四　TikTok 营销推广	20%	
总结性考核（30%）	课程总结性考核	30%	理论考试（20%）：完成期末课程理论考试。综合实践（80%）：完成海外营销推广

六、其他说明

无。

▶▶ 广西物资学校"跨境电商基础"课程标准

一、课程定位

"跨境电商基础"是中等职业院校电子商务专业的专业基础课程，主要面向跨境电商社会基础岗位，包括跨境电商销售推广、跨境电商客服、跨境电商运营等岗位，为从事跨境电商工作提供必要的、基础的知识技能储备。

通过本门课程的学习，学生能熟知跨境电子商务的基本概念和政策，遵守跨境第三方操作平台规则，能够进行跨境电商基本工作流程的操作。

本课程设置在第二个学期，前导课程主要有电子商务基础、网上开店等，这些课程为跨境电商基础课程的开设提供了必要的技术和理论基础，而"跨境电商基础"是对前面所学知识的融合、应用和升华，并为学生今后从事跨境电商工作提供知识技能储备。

二、课程设计思路

（一）设计理念

课程内容的选择是以跨境电商的实际工作环节为依据，将以原理知识传授为主要特征的课程模式，转变为以工作任务为中心组织课程内容。并让学生在完成具体任务的过程中构建相关理论与实践知识，锻炼技能，发展职业能力。课程内容突出对学生职业能力的训练，理论与实践知识的选取紧紧围绕工作任务完成的需要来进行，同时又充分考虑了中等职业教育对理论知识学习的需要，并融合了相关职业技能证书对知识、技能和态度的要求。

（二）设计思路

本课程设计遵循以职业能力培养为核心，围绕第三方跨境电子商务平台，以跨境电商岗位为学习角色，以跨境电子商务平台操作为知识载体，采用"教、学、做"一体化的教学模式，结合任务驱动为主的多种教学方法，培养学生利用跨境电子商务平台开发国际客户的能力和技巧。

课程设置的依据：①跨境电子商务行业、企业调研；②跨境电子商务专业人才培养方案；③跨境电商岗位的实际需求。课程内容的确定主要依据跨境电商岗位的工作任务目标。

课程的项目编排基于跨境电商的工作过程，结合学生智能特点，遵循先易后难的原则。活动设计的目的在于有效组织课堂，充分利用灵活多样的教学方法和教学手段，激发学生的学习积极性与能动性，在"做中学、学中做"，真正体现以教师为主导、学生为主体的职业教育特点。

本课程建议课时为16，其中实训课时为8。

三、课程目标

本课程以掌握跨境电商基础知识、运营部署、营销策划及专项实践技能为主线，以跨境电商企业实践思路、需求技能、操作方法为切入点，培养学生能够胜任企业跨境电商营销推广、客服、运营等岗位所要具备的知识体系与实际操作，同时满足学生未来创业所需，实现其有效组织并实施第三方跨境电商服务的发展愿景。

（一）知识目标

（1）了解跨境电商的发展、模式。

（2）了解跨境电商的主要平台。

（3）识记跨境电商平台选品的技巧。

（4）熟知跨境电商操作基本工作流程。

（5）了解跨境电商视觉设计的技巧。

（6）了解跨境电商营销方式。

（7）了解跨境电商物流。

（8）熟知跨境电商客户服务要点。

（二）能力目标

（1）能够在速卖通模拟平台上注册并开通店铺。

（2）能够在速卖通模拟平台上发布新产品。

（3）掌握文案策划的技巧。

（4）掌握产品主图的设计技巧。

（5）能够设计店招图、广告图、自定义模块样式。

（6）能够根据自身店铺情况选择合适的营销方式。

（7）掌握营销活动实施的技巧。

（8）能够引入流量并使用。

（9）掌握营销效果监测的技巧。

（10）能够进行物流模块设置。

（11）掌握行业数据分析的技巧。

（12）掌握店铺数据分析的方法。

（13）能够进行移动端店铺数据分析。

（14）掌握跨境电商客户服务的技巧。

（15）能够进行跨境电商纠纷处理。

（三）思政目标

（1）培养创新能力。

（2）培养实践动手能力。

（3）具备跨境电商运营的基本职业道德。

（4）培养对境外客户有一定了解，并能包容、合理应对各种买方行为。

（5）培养职业岗位适应能力。

（6）培养商务诚信、就业能力、竞争力与就业信心。

（7）具备初步的辩证思维能力。

四、课程内容和要求

序号	项目	工作任务	知识要求	技能要求	课时
1	走进跨境电商	1.跨境电商的发展； 2.跨境电商的模式； 3.跨境电子商务与传统国际贸易； 4.跨境电商法律法规	1.了解跨境电商的发展历程； 2.了解跨境电商的模式； 3.认识跨境电子商务与传统国际贸易的特点及其区别； 4.了解跨境电商法律法规	1.能识别不同的跨境电商模式； 2.能识记跨境电商的特点	2
2	跨境电商市场调研	1.跨境电商平台选择； 2.数据化选品； 3.货源渠道确认	1.了解跨境电商平台选择的技巧； 2.了解数据化选品的方法； 3.了解常见的货源渠道	1.能够选择合适的跨境电商平台； 2.掌握数据化选品的技巧； 3.掌握货源渠道选择的方法	2
3	跨境电子商务平台基本操作	1.全球速卖通； 2.Amazon； 3.eBay； 4.Lazada； 5.Wish； 6.阿里巴巴国际站	1.了解速卖通模拟平台的操作技巧； 2.了解在速卖通模拟平台发布产品的基本流程	1.能够在速卖通模拟平台上注册并开通店铺； 2.能够在速卖通模拟平台上发布新产品	2
4	跨境电商视觉设计	1.文案策划； 2.产品主图和设计结构； 3.店招图设计； 4.广告图设计； 5.自定义模块设计	1.熟记文案策划的技巧； 2.了解产品主图设计的方法； 3.了解店招图、广告图、自定义模块的设计方法	1.掌握文案策划的技巧； 2.掌握产品主图的设计技巧； 3.能够设计店招图、广告图、自定义模块	2
5	跨境电子商务营销	1.营销方式的认识和选择； 2.营销活动的实施； 3.流量的引入和使用； 4.营销效果监测	1.了解跨境电商营销方式； 2.熟记营销活动实施的方法； 3.掌握营销效果监测的技巧	1.能够根据自身店铺情况选择合适的营销方式； 2.掌握营销活动实施的技巧； 3.能够引入流量并使用； 4.掌握营销效果监测的技巧	2

（续表）

序号	项目	工作任务	知识要求	技能要求	课时
6	跨境电商物流	1. 国际物流认知； 2. 物流模块设置； 3. 海外仓物流模块设置	1. 了解国际物流； 2. 掌握物流模块设置的技巧	1. 能够进行物流模块设置； 2. 能够进行海外仓物流模块设置	2
7	数据分析	1. 行业数据分析； 2. 店铺数据分析； 3. 移动端店铺数据分析	1. 了解行业数据分析的方法； 2. 了解店铺数据分析的方法； 3. 了解移动端店铺数据分析的方法	1. 掌握行业数据分析的技巧； 2. 掌握店铺数据分析的方法； 3. 能够进行移动端店铺数据分析	2
8	跨境电商客户服务	1. 跨境电商询盘； 2. 客户服务； 3. 纠纷处理	1. 熟记跨境电商客户服务的要点； 2. 了解跨境电商纠纷处理的方法	1. 掌握跨境电商客户服务的技巧； 2. 能够进行跨境电商纠纷处理	2
总课时					16

五、实施建议

（一）教材编写和选用

（1）必须依据本课程标准编写教材，教材应充分体现任务引领、实践导向课程的设计思想。

（2）本课程教材将跨境电子商务的具体业务工作，按照工作过程或工作内容的逻辑顺序分解成典型的工作项目，按完成工作项目的需要和通行惯例，分解到相应的操作中。

（3）教材应图文并茂，提高学生的学习兴趣，加深学生对跨境的认识和理解。教材表达必须精练、准确、科学。

（二）教学方法

以案例引导、模块教学等教学方法推进学生完成学习。

1. 理论与实践相结合，重视实践教学

理论教学主要通过课堂讲授来实现，在理论讲授时，教师应转变教学理

念，从传统的"讲课"向"综合性教学系统"转变，强调启发式和行动导向式教学，积极推进问题教学法、案例教学法、讨论式教学法，通过提供大量的案例分析资料、提出问题并组织学生讨论、培养学生的综合分析和解决问题的能力。

学习项目中突出实践学习，实现"教、学、做"一体化，使学生在掌握理论知识的同时，能够进行实践操作，熟悉作品设计的流程，提高职业能力和职业素质。

2. 案例教学法

每个学习项目配以案例分析，引用作品设计过程中遇到的问题，学生根据所学知识分析讨论，并解决问题，在分析、讨论的过程中巩固所学知识，同时提高解决问题的能力。

3. 互动教学法

改变以往"满堂灌"和"填鸭式"的教学方式，在教学过程中，就某些问题征询学生的意见，学生根据自己所掌握的知识阐述自己的看法，在交流中学习，形成良性的互动。

4. 实训作业

给学生布置实训作业，让学生在实训中巩固并运用所学知识。

5. 企业参观

组织学生到行业企业参观学习，提高学生的感性认识和学习积极性，同时让学生接触真实的工作环境，了解工作流程，从而提高学生实践学习的质量。

6. 课堂教学与课外讲座结合

邀请行业企业的专家给学生做讲座，丰富学生的知识面，了解跨境电商运营操作的相关知识和技巧。

（三）课程资源

1. 常用课程资源的开发和利用

常用课程资源的开发要有利于创设形象生动的学习环境，激发学生的学习兴趣，促进学生对知识的理解和掌握。建议建立多媒体课程资源的数据库，实现跨学校的多媒体资源共享。

2. 积极开发和利用网络课程资源

充分利用网络资源、教育网站等信息资源，使教学媒体从单一媒体向多媒体转变；使教学活动从信息的单向传递向双向交换转变；使学生从单独学习向合作学习转变。

3. 产学合作开发跨境电商实训课程资源

充分利用跨境行业典型的资源，加强产学合作，建立实习实训基地，满足学生的实习实训，在此过程中进行实训课程资源的开发。

4. 建立开放式跨境电商实训中心

建立开放式跨境电商实训中心或创业孵化园，使之具备跨境实操功能、现场教学的功能，将教学与培训合一、教学与实训合一，满足学生综合职业能力培养的要求。

（四）教学评价

（1）改革传统的学生评价手段和方法，围绕知识目标、能力目标和素质目标的实现程度，着力构建多元化考核评价体系。

（2）关注评价的多元性，将课堂提问、学生作业、平时测验、项目考核、能力目标考核作为平时成绩，占总成绩的50%，理论考试作为期末成绩，其中理论考试占50%。

（3）应注重学生动手能力和实践中分析问题、解决问题能力的考核，对在学习和应用上有创新的学生应给予特别鼓励，全面综合评价学生能力。

类别	指标	考核比重	评价指标
过程化考核（70%）	走进跨境电商	5%	常规考核（20%）：日常考勤、课堂提问、学生风貌、职业素养。理论考核（20%）：及时完成课后作业。实践考核（60%）：课后实践作业。每章综合实训，完成时间、质量及团队协作
	跨境电商市场调研	5%	
	跨境电子商务平台基本操作	15%	
	跨境电商视觉设计	10%	
	跨境电子商务营销	10%	
	跨境电商物流	5%	
	数据分析	10%	
	跨境电商客户服务	10%	

（续表）

类别	指标	考核比重	评价指标
总结性考核（30%）	课程总结性考核	30%	理论考试（20%）：完成期末课程理论考试。综合实践（80%）：完成跨店电商创业（开店）策划方案

六、其他说明

本课程教学标准适用于中职学校电子商务专业以及跨境电子商务专业学生。

▶▶ 广西物资学校"跨境电商美工"课程标准

一、课程定位

"跨境电商美工"是跨境电子商务专业的一门专业核心课程，适用于中等职业学校跨境电子商务专业，其主要功能是培养学生的创意和审美观，帮助学生理解图、文、色彩的搭配方式，掌握软件 Photoshop 软件的使用，提高学生对图片的综合处理及页面的整体布局能力，为跨境电子商务店铺运营课程的开展奠定良好的基础。使学生能将理论与实践相结合，并能胜任网络美工相关岗位。

在本课程开设之前，学生已经学习了"网上开店"等一些专业课程，学生对图片基础处理已经有所了解，并具备一定的基础。本课程要求学生掌握电商美工设计基本概念，学会使用常用的 Photoshop 等工具来解决在主图制作、海报制作、详情制作、首页装修时遇到的各种装修效果问题，能够设计、发布出常见的各种风格的商品、装修中常见的各种店铺风格的店铺首页。具备表达恰当、美观大气并能够体现商品的特性和网店装修风格的能力。同时通过本课程的学习，培养学生成为技能全面，实战能力超强的"能手"型人才。并且通过客户案例，逐渐认识美工设计对电商领域的重要作用，能够欣赏和分析优秀网络店铺的图文设计，能够区分不同产品对色彩、构图、客户心理、营销文案的差异化要求，能够通过对产品的理解制作主图、详情页、店铺首页等。

二、课程设计思路

1. 突破常规教学顺序，采取艺术审美先行

本课程的设计思路以终身教育、创新教育等职业教育理念为指导思想，以职业需求为导向，按照基于工作过程的职业能力进行课程开发，这不是简单的教学顺序调整，而是从审美与应用切入，产生强烈的学习欲望，变"要我学"为"我要学"。学生在一入门就明确学习目标和任务，树立好学习该课

程的信心。

2. 突出创新思维目标在美工中的运用

本课程设计中把全部内容分为新手美工入门、Photoshop 软件工具操作应用、构图、主图、海报、详情页和店铺装修七个模块，将美工理论、技术与实践相结合，将艺术构想设计贯穿每个项目的始终，强调了创新思维在美工中的地位和作用。

3. 灵活运用美工技术技巧，为表现专业应用主题服务

根据不同专业的特点设立有针对性的项目任务，对学生在专业应用方面的设计能力进行培养。

4. 项目工作引领情境学习

以具有挑战性并促使工作能力提高的项目工作任务为导向，教师共同精心创设学习情境，结合岗位工作的实际问题进行有针对性的教学，学习与工作合为一体；学习情境要超越当前的和特定的工作任务，注重学生的学习者角色，在完成项目任务的过程中，实现理论、实践一体化学习和相关的多学科知识一体化学习。

本门课程建议课时为 88，其中实训课时为 72。

三、课程目标

本课程目标是使学生技能达到美工设计岗位要求，熟练应用 Photoshop 软件工具，能够独立完成商品主图设计、海报设计、详情设计和店铺装修，能够配合运营岗位完成活动策划和活动图文设计；学生作品符合跨境电子商务网络店铺要求，商品处理真实而有美感，具备引导消费的营销策略；了解 eBay、Amazon、Shopee 等跨境电子商务平台的图文规则和搜索规则，既能够确保商品详情关键词的均匀分布，又能尽可能地满足大众审美。

（一）知识目标

（1）理解网络美工与视觉营销的概念。

（2）掌握 Photoshop 软件图片的设计与处理方法。

（3）掌握图像的构成方法，包括像素软件应用、矢量软件应用。

（4）掌握一般网络营销设计方案的设计方法、步骤。

（5）掌握电子商务视觉营销运营管理的基本知识与方法。

（二）能力目标

（1）具有进行一般图像处理的能力。

（2）具有进行一般性跨境平台店铺设计的能力。

（3）具有综合应用软件提升跨境电商网站美感的设计能力。

（4）具有分析和处理实际操作软件过程中遇到的一般问题的能力。

（5）具有正确识读、视觉营销的能力。

（三）思政目标

（1）培养运用多种教学手段密切联系跨境电商运营实际问题，激发求知欲望，培养科学严谨的工作态度和创造性工作能力。

（2）培养热爱专业、热爱本职工作的精神。

（3）培养一丝不苟的学习态度和自觉学习的良好习惯。

（4）培养精益求精的工匠精神。

（5）培养创新设计能力与实践动手能力。

（6）培养团队协作精神与沟通能力。

（7）培养职业岗位适应能力。

四、课程内容和要求

序号	工作任务	知识要求	技能要求	课时
1	了解跨境电商美工	1. 了解跨境电商美工以及视觉营销重要性； 2. 淘宝美工前期知识	1. 学会欣赏优秀店铺，从页面布局及色彩搭配入手，理解美工设计的应用； 2. 学会从网站中寻找自己喜欢的店面设计，并阐述喜欢的理由； 3. 认识 Photoshop 软件、学会安装 Photoshop 软件、认识 Photoshop 界面	4

（续表）

序号	工作任务	知识要求	技能要求	课时
2	学会构图方法	1. 初识构图； 2. 淘宝主图设计体验； 3. 天猫主图设计； 4. 直通车主图设计； 5. 优惠券设计	1. 了解 eBay、Amazon、Shopee 主图的特点，主图色调，主图作图标准，品牌类产品构图，避免主图"牛皮癣"； 2. 能根据产品价格阶梯设计店铺优惠券	8
3	设计产品海报	1. 初识海报； 2. 手表海报设计； 3. 水果生鲜海报设计； 4. 彩妆海报设计； 5. 促销海报设计； 6. 钻展海报设计	1. 能欣赏海报，了解海报制作四要素、背景分类、文案类型、产品、修饰； 2. 查看产品适合哪种构图、色彩、抠图方式； 3. 掌握色彩调整，文案整理，最终修饰技巧	12
4	设计产品详情页	1. 初识详情页； 2. 详情页的组成； 3. 女装详情页设计； 4. 家电详情页设计； 5. 童装详情页设计； 6. 水果详情页设计； 7. 详情页优化设计	1. 了解详情页设计思路：前提，调查，分析，卖点，定位，准备； 2. 学会详情页卖点提炼，详情页模块组成； 3. 了解细节展示的作用，在详情页中细节展示的方法有几种； 4. 了解详情页中包含哪些内容，如何评定详情页是否达到标准，商家遵循的 2 个要点、6 个基本原则，从哪里优化	28

（续表）

序号	工作任务	知识要求	技能要求	课时
5	设计跨境店铺首页	1. 店招设计； 2. 店标设计； 3. 店铺首页布局； 4. 无线端店铺首页装修； 5. 家电店铺首页装修； 6. 水果店铺首页装修； 7. 厨具店铺首页装修	1. eBay、Amazon、Shopee 店招尺寸，店招如何设计，淘宝美工的流程； 2. 掌握店标的尺寸，首页基础模块，首页背景，布局管理，自定义页面布局； 3. 掌握买家心理学，大数据分析，首页组成，每一模块做完，切片上传； 4. 品牌定位，编辑导航，装修店铺； 5. 无线端（手机淘宝）首页模块组成，无线端首页模块尺寸，无线端首页布局，手机端首页上传方法	36
总课时				88

五、实施建议

（一）教材编写和选用

（1）必须依据本课程标准编写教材配套资源，教材应充分体现课程思政、任务引领、实践导向课程的设计思想。

（2）教材配套资源应将本专业职业活动，分解成若干典型的工作项目，按完成工作项目的需要和岗位操作规程，结合职业技能证书考证组织教材内容。

（3）教材配套资源应图文并茂，提高学生的学习兴趣，加深学生对网络营销的认识和理解。教材表达必须精练、准确、科学。

（二）教学方法

1. 注重实践

本课程以上机实训为主，体现课程改革基本理念，实施工学结合"教、学、做"一体化的现代教学模式，采用丰富多样的教学方法，采用项目化、任务驱动、基于工作过程的先进课程教学方法和教学手段。

2. 任务驱动教学法

任务驱动的教与学的方式，能为学生提供体验实践的情境和感悟问题的情境，围绕任务展开学习，以任务的完成结果检验和总结学习过程等，改变学生的学习状态，使学生主动建构探究、实践、思考、运用、解决高智慧的学习体系。

学生的学习活动必须与任务或问题相结合，以探索问题来引导和维持学习者的学习兴趣和动机，创建真实的教学环境，让学生带着真实的任务学习，以使学生拥有学习的主动权。学生的学习不单是知识由外到内的转移和传递，更应该是学生主动建构自己的知识经验的过程，通过新经验和原有知识经验的相互作用，充实和丰富自身的知识、能力。

3. 分享、合作、探讨

"跨境电商美工"课程要求学生多总结、多探讨、多交流，积极参与小组实训中的同时，积极分享和总结。通过沟通，培养学生分析、思辨、决策和团队合作能力。

（三）课程资源

1. 常用课程资源的开发和利用

常用资源的开发要有利于创设形象生动的学习环境，激发学生的学习兴趣，促进学生对知识的理解和掌握。建议建立多媒体课程资源的数据库，实现跨学校的多媒体资源共享。

2. 积极开发和利用网络课程资源

充分利用网络资源、教育网站等信息资源，使教学媒体从单一媒体向多媒体转变；使教学活动从信息的单向传递向双向交换转变；使学生从单独学习向合作学习转变。

（四）教学评价

（1）改革考核手段和方法，加强实践性教学环节的考核，注重学生的实际动手能力。

（2）突出过程评价与阶段（以工作任务模块为阶段）评价，结合课堂提问、训练活动、阶段测验等进行综合评价。

（3）应注重学生分析问题、解决实际问题内容的考核，对在学习和应用上有创新的学生应特别给予鼓励，综合评价学生能力。

（4）注重学生的职业素质考核，体现职业教育的"高等性"。

类别	指标	考核比重	评价指标
过程化考核（70%）	项目一　了解跨境电商美工	10%	常规考核（20%）：日常考勤、课堂提问、学生风貌、职业素养。理论考核（20%）：及时完成课后作业。实践考核（60%）：课后实践作业。每章综合实训，完成时间、质量及团队协作
	项目二　学会构图方法	10%	
	项目三　设计产品海报	10%	
	项目四　设计产品详情页	20%	
	项目五　设计跨境店铺首页	20%	
总结性考核（30%）	课程总结性考核	30%	理论考试（20%）：完成期末课程理论考试。综合实践（80%）：完成教师指定一件产品的店铺首页设计、详情页设计各一份

六、其他说明

无。

▶▶ 广西物资学校"跨境电子商务平台运营"课程标准

一、课程定位

"跨境电子商务平台运营"课程是跨境电子商务专业的一门核心课程，学习领域课程标准以遵循职业性、开放性、实践性、启发性为原则，以"校企合作、工学结合"思想为指导，以通过完成整体化工作任务培养训练学生的"综合职业能力"为核心，以"工作内容"来组织课程内容为着眼点，以跨境电商平台亚马逊、eBay、速卖通等平台为教学活动载体，使学生在尽量真实的职业情境中"学中做、做中学"。

二、课程设计思路

（一）设计理念

本课程以跨境电子商务专员岗位职业能力为培养重点，校企合作共同调研、分析跨境电商专员工作过程和工作任务，选取教学内容，设计项目及其活动载体，进行以工作任务驱动的项目教学，使课程具备职业性、实践性、开放性的特征。

（二）设计思路

在"工学结合"课程建设模式的指导下，校企合作分析跨境电商专员工作过程和工作任务，共同开发岗位职业标准；依据职业标准，以学生为主题，以职业能力为本位，开发课程标准，设计项目活动载体；建设"双主体"的课程教学团队，在校内外实训基地开展以学生为主体、融"教、学、做、考、创业"为一体、以工作任务驱动的项目教学；实施过程考核与结果考核相结合、校内考核与企业考核相结合、课程考核与创业考核相结合的多样化课程评价体系。

本课程建议课时为 72，其中实训课时为 72。

三、课程目标

（一）知识目标

（1）熟悉跨境第三方操作多平台规则。

（2）熟悉跨境电商操作基本工作流程。

（3）熟悉跨境电商平台进行选品的技巧。

（4）熟悉不同国际物流方式的运费计算方法。

（5）熟悉支付宝优势、交易流程及支付方式。

（6）熟悉各平台纠纷规则。

（二）能力目标

（1）实现顺利开通跨境电商店铺账号。

（2）掌握熟练设计跨境物流方案、合理选择跨境物流方式。

（3）实现独立完成跨境电商选品及产品的信息化工作。

（4）掌握合理设置跨境电商产品价格、完成产品刊登和发布。

（5）掌握跨境电商产品和店铺优化方案、通过合适的方法和渠道在平台内外进行推广。

（6）实现及时处理订单、提升客户体验感和满意度。

（7）实现及时处理争议订单，维护老客户、开发新客户。

（三）素质目标

（1）践行跨境电商运营的基本职业道德，热爱外贸工作，虚心学习，勤奋工作，遵守行业法律法规。

（2）养成细心耐心的习惯，具有良好的服务意识。

（3）培养良好的时间管理能力，养成良好的书面记录习惯，及时回复客户的各种要求并将重要事项反馈给相关部门或领导。

（4）愿意维护企业的形象，在客户面前不卑不亢，信函交往中切勿庸俗低下。

（5）具有团队精神，能够与周围的同事和谐相处，有合理化建议及时提供给领导。

（6）了解各个国家的客户消费习惯，并能包容、理解并知道如何应对各种买方行为。

（7）增强学生的中国特色社会主义道路自信、理论自信、制度自信、文化自信，立志肩负起民族复兴的时代重任。

四、课程内容和要求

序号	项目	工作任务	知识要求	技能要求	课时
1	项目一 跨境电商概述	1.跨境电商的定义与主要模式； 2.我国跨境电商的发展历程和发展方向； 3.跨境电商平台认知	1.了解跨境电商的定义及其模式分类； 2.掌握跨境电商的发展方向	能够选择适合自身发展的跨境平台入驻	6
2	项目二 亚马逊平台操作	1.亚马逊平台认知； 2.亚马逊平台账号注册； 3.亚马逊平台物流体系； 4.亚马逊平台商品发布与管理； 5.亚马逊平台店铺营销推广； 6.亚马逊平台订单处理； 7.亚马逊平台客户服务与沟通	1.了解亚马逊平台的特点； 2.了解亚马逊平台账号注册流程	1.完成亚马逊账号注册流程； 2.掌握亚马逊平台后台操作； 3.了解亚马逊平台纠纷的应对及处理方法	22
3	项目三 eBay平台操作	1.eBay平台认知； 2.eBay平台账号注册； 3.eBay平台物流体系； 4.eBay平台商品发布与管理； 5.eBay平台店铺营销推广； 6.eBay平台订单处理； 7.eBay平台客户服务与沟通	1.了解eBay平台的特点； 2.了解eBay平台账号注册流程	1.完成eBay账号注册流程； 2.能够在eBay平台发布和管理产品、订单处理、做好客户管理	22

（续表）

序号	项目	工作任务	知识要求	技能要求	课时
4	项目四 速卖通平台操作	1.速卖通平台认知； 2.速卖通平台账号注册； 3.速卖通平台物流体系； 4.速卖通平台商品发布与管理； 5.速卖通平台店铺营销推广； 6.速卖通平台订单处理； 7.速卖通平台客户服务与沟通	1.了解速卖通平台的特点； 2.了解速卖通平台账号注册流程	1.完成速卖通账号注册流程； 2.掌握速卖通平台选品、商品定价、商品发布的方法和步骤； 3.掌握速卖通平台的订单处理、客户服务与沟通的技巧； 4.学会速卖通寄送商品的物流方式的选择	22
		总课时			72

五、实施建议

（一）教材编写和选用

（1）必须依据本课程标准编写教材，教材应充分体现任务引领、实践导向的课程设计思想。

（2）教材应将本专业职业活动，分解成若干典型的工作项目，按完成工作项目的需要和岗位操作规程，结合职业技能证书考证组织教材内容。

（3）教材应图文并茂，提高学生的学习兴趣，加深学生对网上开店的认识和理解。教材表达必须精练、准确、科学。

（二）教学方法

以案例引导、模块教学等教学方法推进学生完成学习。

1. 理论与实践相结合，重视实践教学

理论教学主要通过课堂讲授来实现，在理论讲授时，教师应转变教学理念，从传统的"讲课"向"综合性教学系统"转变，强调启发式和行动导向式教学，

积极推进问题教学法、案例教学法、讨论式教学法，通过提供大量的案例分析资料，提出问题并组织学生讨论，培养学生的综合分析和解决问题的能力。

学习项目中突出实践学习，实现"教、学、做"一体化，使学生在掌握理论知识的同时，能够进行实践操作，熟悉作品设计的流程，提高职业能力和职业素质。

2. 案例教学法

每个学习项目配以案例分析，通过作品设计过程中遇到的问题，学生根据所学知识分析讨论，并解决问题，在分析、讨论的过程中巩固所学知识，同时提高解决问题的能力。

3. 互动教学法

改变以往"满堂灌"和"填鸭式"的教学方式，在教学过程中，就某些问题征询学生的意见，学生根据自己所掌握的知识阐述自己的看法，在交流中学习，形成良性的互动。

4. 实训作业

给学生布置实训作业，让学生在实训中巩固并运用所学知识。

5. 企业参观

组织学生到行业企业参观学习，提高学生的感性认识和学习积极性，同时让学生接触真实的工作环境，了解工作流程，从而提高学生实践学习的质量。

6. 课堂教学与课外讲座结合

邀请行业企业的专家给学生做讲座，丰富学生的知识面，了解网上开店操作的相关知识和技巧。

（三）课程资源

（1）注重理论的理解和网店推广营销方案的策划。

（2）产学合作开发实训课程资源，充分利用校内、外实践教学基地，进行产学合作，实践"工学交替"，满足学生的实习、实训，同时为学生的就业创造机会。

（3）积极开发和利用网络课程资源，充分利用诸如网络资源和电子论坛等网上信息资源，使教学从单一媒体向多种媒体转变；教学活动从信息的单向传递向双向交换转变；学生从单独学习向合作学习转变。

（4）同时应积极创造实训条件，为学生搭建课下实训机会，将实践教学从课上走到课下。

（四）教学评价

（1）改革传统的学生评价手段和方法，采用阶段评价，过程性评价与目标评价相结合，项目评价，理论与实践一体化评价模式。

（2）关注评价的多元性，将课堂提问、学生作业、平时测验、项目考核、能力目标考核作为平时成绩，占总成绩的70%，理论考试作为期末成绩，其中理论考试占30%。

（3）应注重学生动手能力和实践中分析问题、解决问题能力的考核，对在学习和应用上有创新的学生应给予特别鼓励，全面综合评价学生能力。

类别	指标		考核比重	评价指标
过程化考核（70%）	项目一	跨境电商概述	10%	常规考核（20%）：日常考勤、课堂提问、学生风貌、职业素养。
	项目二	亚马逊平台操作	20%	理论考核（20%）：及时完成课后作业。
	项目三	eBay平台操作	20%	
	项目四	速卖通平台操作	20%	实践考核（60%）：课堂任务实施考核
总结性考核（30%）	课程总结性考核		30%	理论考试（20%）：完成期末课程理论考试。 综合实践（80%）：完成跨境电商平台亚马逊、eBay、速卖通的开店及运营

六、其他说明

本课程教学标准适用于中职学校跨境电子商务专业。

▶▶ 广西物资学校"外贸单证"课程标准

一、课程定位

"外贸单证"课程是跨境电子商务专业的一门核心课程，本学习领域课程标准依据学生毕业后的就业面向的职业岗位（群），明确主要岗位（群）所需要的能力、知识和素养，从而确立学习领域，确立通过哪些项目和任务来完成这些学习领域。课程所面向的岗位为单证员、跟单员、报检员、外贸业务员等主要岗位，从外贸业务流程角度来看，涉及运输、保险、结汇等环节，这些岗位、工作环节都需要具备单证知识。

二、课程设计思路

（一）设计理念

根据课程所面向的工作岗位提炼课程能力目标；根据工作过程确定学习领域；通过若干项目、任务训练达成工作的能力。课程内容突出对学生职业能力的训练，理论与实践知识的选取紧紧围绕工作任务完成的需要来进行，同时又充分考虑了中等职业教育对理论知识学习的需要，并融合了相关职业技能证书对知识、技能和态度的要求。

（二）设计思路

本课程采取项目化模式组织教学，根据国际贸易单证实务的主要学习领域来设计完成学习领域需要进行的项目和任务。通过项目、任务来训练职业岗位能力。通过课程学习，使学生熟悉外贸单证工作中收证、审证、制单、审单、交单、归档业务流程，能根据外贸合同履行过程中各个业务环节的需要独立完成收证、审证、制单、审单、交单、归档一系列的外贸单证工作，具备外贸单证员的职业素质、职业能力和专业知识。

本课程建议课时为 92，其中实训课时为 54。

三、课程目标

（一）知识目标

（1）了解外贸单证工作的基本要求及重要性，熟悉单证的含义和种类。

（2）掌握国际贸易磋商的基础知识，熟悉国际贸易交易前的准备工作，掌握合同订立和履行的基础知识，掌握汇款和托收这两种支付方式的含义及业务流程。

（3）掌握信用证的含义、内容、性质及操作流程，熟悉申请开立信用证的程序，分析信用证各当事人之间的关。

（4）掌握信用证的种类、内容以及信用证开证申请书的填写和信用证修改的注意事项。

（5）了解进口货物海运操作流程和进口订舱单、进口货物报检单、进口货物报关单等常用进口单证的缮制要点。

（6）掌握商业发票、装箱单、出口托运单、原产地证书、出口货物报检单、出口货物报关单、投保单、海运提单、装船通知、受益人证明、汇票等出口单证的内容和缮制要点。

（7）掌握审单的一般程序及审单的要点。

（8）掌握交单结汇的含义和信用证交单的规定，熟悉单据归档要求。

（9）掌握信用证下各类单证的缮制、熟悉外贸进出口合同履行和操作程序。

（二）能力目标

（1）能进行简单的国际贸易交易磋商，会根据交易磋商的内容拟制外贸合同，运用所学知识合理选择贸易的结算方式。

（2）能根据进口合同的要求申请开立信用证；能按要求分析信用证的基本内容。

（3）会根据外贸合同审核信用证；能根据不符点和修改意见撰写改证函

并处理信用证修改。

（4）能根据合同、信用证和货物的实际情况，正确缮制发票、包装单据、出口托运单。

（5）能缮制产地证明书、出口报检单、出口报关单、运输单据、保险单据、汇票等出口单证，能按流程规范缮制全套进口单证。

（6）能根据单证审核的基本要求和方法快速审核相关单据并找出其不符点。

（7）能按信用证指示或合同条款交单并按业务和其他部门要求将各类单证归档。

（8）能够运用所学知识合理选择贸易的结算方式。

（9）能根据实际贸易案例，掌握信用证下各类单证的缮制。

（三）素质目标

通过课程学习，促进学生的品性素质和精神素质的提高。

（1）提升学生诚实正直、专业信心等方面的基本品性素质。

（2）提升学生言谈举止、心态、受人喜爱、赢得尊重等交往素质。

（3）提升学生职业定位、个人规划、挫折承受力等专业必备素质。

（4）提升学生专业自信心、持之以恒、积极进取、自强不息的精神素质。

（5）提升学生洞察力、应变思维、创造性意识、影响他人等的能力素质。

四、课程内容和要求

序号	项目	工作任务	知识要求	技能要求	课时
1	单证工作概述	认识外贸单证课程面向的岗位及职业资格证书	认识外贸单证实务的主要岗位、素质、能力、职业资格证书与职责	了解单证员的职责、单证员的岗位要求、单证员的基本素质、外贸单证的基本概念、外贸单证的基本知识、外贸单证工作的发展	6

（续表）

序号	项目	工作任务	知识要求	技能要求	课时
2	结算方式	1.认识结算工具； 2.票据、结算方式； 3.汇付、托收及信用证	能够运用所学知识合理选择贸易的结算方式	1.理解信用证各当事人之间的关系； 2.掌握信用证的含义、内容及支付的程序、掌握汇付和托收这两种支付方式的含义、种类及业务流程； 3.掌握汇票的定义、种类及其票据行为	10
3	发票与包装单据	1.认识发票的种类； 2.发票的基本作用； 3.发票的内容； 4.发票在外贸业务中的使用	能根据信用证或合同，制作商业发票、制作装箱单	1.了解发票的种类、发票的内容； 2.了解装箱单的内容	6
4	运输单据	1.认知运输单据的种类和特点； 2.海运提单的分类、作用； 3.使用托运流程	能根据信用证或合同，制作托运单、制作海运提单	1.了解海运提单的作用； 2.了解海运提单的内容	6
5	保险单据	认识保险单据的基本作用和种类、国际货物运输保险投保的程序、投保单、保险单的主要内容	能根据信用证或合同，制作投保单、制作保险单	了解保险单据的种类、投保单及保险单的主要内容	12
6	公务证书	1.认识我国出口配额及出口许可证管理制度； 2.商品检验检疫的有关规定； 3.产地证的作用及签证程序	根据信用证或合同，制作出口许可证申请表、制作检验检疫报检单、制作一般原产地证书	1.了解我国出口配额及出口许可证管理制度。 2.了解出口许可证及一般原产地证书的主要内容	14

（续表）

序号	项目	工作任务	知识要求	技能要求	课时
7	其他单据	认识装船通知、受益人证明、船公司证明的作用和内容，装船通知、出口货物的通关程序、出口收汇核销和出口企业退税程序	根据信用证或合同，制作装船通知、制作受益人证明	1. 掌握报关单、出口许可证填制规范和要求；2. 熟悉出口收汇核销和出口企业退税程序	10
8	国际商务单证的操作	1. 认识单证的审核；2. 我国进出口单证工作的一般程序	能根据单证审核的基本要求和方法快速审核相关单据并找出其不符点	1. 掌握每种单证的出具实践顺序；2. 掌握单证的审核要点、掌握进出口单证的操作	10
9	综合实训	认知具体贸易案例的单证实训	能根据合同、信用证和货物的实际情况，正确缮制发票、包装单据、出口托运单、产地证明书、出口报检单、出口报关单、运输单据、保险单据、汇票等出口单证	1. 掌握信用证下各类单证的缮制；2. 熟悉外贸进出口合同履行和操作程序	18
		总课时			92

五、实施建议

（一）教材编写和选用

（1）必须依据本课程标准编写教材，教材应充分体现任务引领、实践导向课程的设计思想。

（2）教材应将本专业职业活动，分解成若干典型的工作项目，按完成工作项目的需要和岗位操作规程，结合职业技能证书考证组织教材内容。

（3）教材应图文并茂，提高学生的学习兴趣，加深学生外贸单证的认识和理解。教材表达必须精练、准确、科学。

（二）教学方法

以案例引导、模块教学等教学方法推进学生完成学习。

1. 理论与实践相结合，重视实践教学

理论教学主要通过课堂讲授来实现，在理论讲授时，教师应转变教学理念，从传统的"讲课"向"综合性教学系统"转变，强调启发式和行动导向式教学，积极推进问题教学法、案例教学法、讨论式教学法，通过提供大量的案例分析资料、提出问题并组织学生讨论、培养学生的综合分析和解决问题的能力。

学习项目中突出实践学习，实现"教、学、做"一体化，使学生在掌握理论知识的同时，能够进行实践操作，熟悉作品完成的流程，提高职业能力和职业素质。

2. 案例教学法

每个学习项目配以案例分析，引用单证填写过程中遇到的问题，学生根据所学知识分析讨论，并解决问题，在分析、讨论的过程中巩固所学知识，同时提高解决问题的能力。

3. 互动教学法

改变以往"满堂灌"和"填鸭式"的教学方式，在教学过程中，就某些问题征询学生的意见，学生根据自己所掌握的知识阐述自己的看法，在交流中学习，形成良性的互动。

4. 实训作业

给学生布置实训作业，让学生在实训中巩固并运用所学知识。

5. 企业参观

组织学生到行业企业参观学习，提高学生的感性认识和学习积极性，同时让学生接触真实的工作环境，了解工作流程，从而提高学生实践学习的质量。

6. 课堂教学与课外讲座结合

邀请行业企业的专家给学生做讲座，丰富学生的知识面，了解外贸单证的相关知识和技巧。

（三）课程资源

（1）注重理论的理解和外贸单证的实习流程。

（2）产学合作开发实训课程资源，充分利用校内、外实践教学基地，进行产学合作，实践"工学交替"，满足学生的实习、实训，同时为学生的就业创造机会。

（3）积极开发和利用网络课程资源，充分利用诸如网络资源和电子论坛等网上信息资源，使教学从单一媒体向多种媒体转变；教学活动从信息的单向传递向双向交换转变；学生从单独学习向合作学习转变。

（4）同时应积极创造条件，搭建课下实训机会，将实践教学从课上走到课下。

（四）教学评价

（1）改革传统的学生评价手段和方法，采用阶段评价，过程性评价与目标评价相结合，项目评价，理论与实践一体化评价模式。

（2）关注评价的多元性，将课堂提问、学生作业、平时测验、项目考核、能力目标考核作为平时成绩，占总成绩的70%，理论考试作为期末成绩，其中理论考试占30%。

（3）应注重学生动手能力和实践中分析问题、解决问题能力的考核，对在学习和应用上有创新的学生应给予特别鼓励，全面综合评价学生能力。

类别	指标	考核比重	评价指标
过程化考核（70%）	单证工作概述	5%	常规考核（20%）：日常考勤、课堂提问、学生风貌、职业素养。理论考核（20%）：及时完成课后作业。实践考核（60%）：课堂任务实施考核
	结算方式	5%	
	发票与包装单据	10%	
	运输单据	10%	
	保险单据	10%	
	公务证书	10%	
	其他单据	10%	
	国际商务单证的操作	10%	
总结性考核（30%）	课程总结性考核	30%	理论考试（20%）：完成期末课程理论考试。综合实践（80%）：完成收证、审证、制单、审单、交单、归档一系列的外贸单证工作

六、其他说明

本课程教学标准适用于中职学校跨境电子商务专业。

4

师资队伍建设

▶▶ 广西中职"双师型"教师培养探析

广西山清水秀、物产富饶，居住着壮、瑶、苗、侗、仫佬、毛南、回、京、水、彝、仡佬11个世居少数民族，是全国少数民族人口最多的自治区。地理位置的特殊性，加上经济相对落后的因素，民族地区中职学校师资队伍建设存在的困难和问题尤为突出。职业教育，教师为本，一流的职业教育，一流的技能型劳动能手，将创造出一流的产业和打造一支专业能力过强过硬的"双师型"的教师团队。促进广西"双师型"中职学校教师专业发展，建设理论知识和专业技能一流的"双师型"职业教育团队，是当下广西职业教育专业教师发展的趋势，也符合新时代广西中等职业教育改革与发展的要求，更是提升具有广西特色的"双师型"教师个体职业能力的有效途径。

一、广西中职"双师型"教师培养的现实意义

新形势下的中职教育不仅要培养面向生产、建设、管理、服务第一线的技术型应用型人才，还要培养专业能力与人文素养并存的全面发展的综合型人才。提高广西中职学校"双师型"教师的专业性，培育具备高技能的"双师型"师资团队，是促进广西中职教师发展的必经之路，是适应广西中职教育改革的必然选择，是提升广西师资力量的必然途径。当前，在国家和地方政府的政策扶持和资金支持下，广西中职学校"双师型"教师的专业发展取得长足进步，师资队伍建设日臻完善，培养模式和目标也日益清晰。因此，人们开始将目光聚焦在广西中职学校"双师型"教师的培养研究。教师队伍是广西中职学校可持续发展的核心内驱力，应高质量、高标准地进行"双师型"教师的培育培养，使教师不仅具有科学理论知识、人文素养，还要具备指导学生进行实践活动的能力；既能从事理论课教学，又能从事技能实践教学及指导。虽然近几年广西经济快速发展，但同发达地区相比还是相对落后，而广西教师队伍建设尤其是"双师型"教师队伍建设更加举步维艰，这严重

影响了广西现代职业教育前进的步伐。《国家中长期教育改革和发展规划纲要（2010—2020年）》《现代职业教育体系建设规划（2014—2020年）》《中等职业学校教师专业标准（试行）》等都明确提出了建设高素质"双师型"中等职业学校教师队伍的要求。2015年，全国人大常委会执法检查组《关于检查〈中华人民共和国职业教育法〉实施情况的报告》指出，教师队伍建设仍是当前发展职业教育中的薄弱环节，"双师型"教师尤为不足，仅占职业教育教师总数的25.2%。可见，强化职业教育"双师型"教师队伍建设已是刻不容缓。

二、广西中职"双师型"教师培养现状

2014年，《中共广西壮族自治区委员会、广西壮族自治区人民政府关于加快改革创新全面振兴教育的决定》提出：加强职业院校"双师型"教师队伍建设，建立"双师型"教师信息资源库，探索建立培养培训、资格认证、聘任管理新机制。

但是，2014—2015年"双师型"教师认定试点工作开展的两年间，广西只有3666个中职教师人申报"双师型"教师，而最终通过认定的仅有2406人。其中，高级180人，占比7.5%；中级1241人，占比51.6%；初级985人，占比41.4%。2017年，广西教育厅发布《关于全面开展广西中等职业学校"双师型"教师认定工作的通知》。在全面放开认定的背景下，全区仅有1154人申报。因各学校申报积极性不高，导致原计划9月中下旬完成的评审工作一延再延。2017年9月27日，广西教育厅紧急发布文件《关于做好2017年广西中等职业学校"双师型"教师认定申报工作的补充通知》。要求各市、县重视"双师型"教师认定工作，再次发动各校再次组织教师申报，并将个人申报、学校审核公示上报，区专家评审等工作同时延后。由此可见，广西中职教师申报"双师型"教师的积极性不高。广西当前中职学校招生形势喜人，但各学校"双师型"教师比例偏低将成为职业教育发展的瓶颈性因素。"双师型"教师队伍建设任务重、难度大已成为不争的事实。

三、广西"双师型"教师队伍建设存在的问题

广西中职学校"双师型"教师的数量缺口较大，具有创新创业能力的教师极为欠缺，这就使"双师型"教师的培养显得迫在眉睫。"双师型"教师队伍培养是一项长期工程，惠及"校、企、生"，是实现三方共赢的必要因素。近年来，对于"双师型"教师的培养一直处于"摸石头过河"的阶段，广西"双师型"教师不但在数量上达不到新时代职业教育需求，而且在教师质量上也达不到"双创"教育的需要。这就使我们不得不直面广西"双师型"教师队伍建设存在的问题。

（一）考核体系不成熟，激励机制有缺失

广西大多数中职学校沿用传统的教师考核体系，对于"双师型"教师的考核却难以顾及公平公正性激励。中职学校聘请企业的"能工巧匠"或者专业人员到校从事专业教学工作，成为外聘老师。学校对这部分外聘老师的考核监管机制并不成熟，一方面，学校认为外聘老师不属于编制内人员，如果实行严苛的考核机制，会造成外聘老师"难请"的局面；另一方面，部分老师外聘只是把学校教学工作当成副业，对教学的投入很少，其重心还是放在本职工作上，对于学校的考核制度不能严格遵守。因此，不能形成严谨的机制。

广西不少中职学校对专业教师下企业实践缺乏激励机制。传统的观念认为，教师只要做好教学的本职工作就称职了，下企业实践只是"走过场""镀层金"，并不会对教学过程起实质性的作用。因此，专业教师的实践过程缺乏监督，实践结果缺乏反馈，并不能与职称评定、职位晋升、薪资水平相挂钩。

（二）培养与实践脱节，能力与素质不符

广西中职教师的引进，大部分来源于专业理论基础扎实但缺少实践经验的高校毕业生；小部分是学历低、技术水平高、实践能力强的技术人员。而"双师型"教师的培养考核很大程度上还是依靠理论学习与考试，一定程度上

制约了广西中职学校"双师型"教师队伍建设。

虽然在教师队伍建设中强调专业实践能力，但很多老师是从"校园"到"校园"，只有专业知识，没有企业实践的过程。而在"双师型"教师的考核中，往往是"考试型"的教师取得"双师型"教师资格；动手能力强，但理论学习能力较薄弱的技术型教师达不到"双师型"要求。这就造成了广西中职"双师型"教师中，进行专业理论教学的教师"双师型"比重较高，而进行专业核心课程教学的实训指导教师"双师型"比重较低，使"双师型"教师的能力与素质严重不符，甚至脱节。

另外，在广西中职学校中，不少专业实训课程的教师为外聘老师。这种外聘制度，在一定程度上缓解了中职学校缺少"双师型"教师的尴尬局面。但从另一方面而言，很多外聘教师对于教学的精力投入较少，也影响了教学质量。

四、对策与措施

依据广西"双师型"教师认定标准，要成为"双师型"教师，必须同时具备理论教学能力和技能实践教学能力。"双师型"教师必须同时具备理论教学能力和技能实践教学能力。社会建构主义认为，学习是一个文化参与的过程，学习者是通过参与某个共同体的实践活动中建构有关的知识。因此，学习者要获得技能实践教学能力，就必须参与到企业实践活动中建构有关的知识。

根据对广西中职学校师资培养状况的调查发现，大部分学校不具备教师技能实践教学能力培养的环境和条件。因此，要成为"双师型"教师，教师的培养就要突破学校环境的局限，引进校企合作，为教师专业化发展提供企业实践环境。因此，校企合作成为"双师型"教师培养的重要途径。一方面，教师通过企业培训、企业挂职锻炼获取实践教学能力。另一方面，教师在学校的理论教学活动中，通过参加教学技能比赛、指导学生技能大赛以及教研教改，即"学、赛、研"使个人理论及实践教学能力不断提升，从而成长为"双师型"教师。中职"双师型"教师培养"学、赛、研"模式，如图 1 所示。

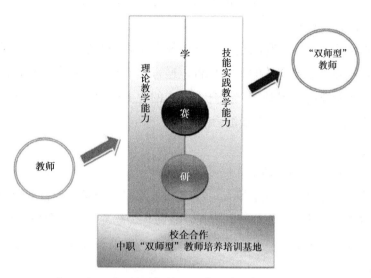

图 1　中职"双师型"教师培养"学、赛、研"模式

（一）学——以学促进

"学"，指效法，钻研知识，获得知识，读书。当今社会日新月异，各种技术层出不穷，教师要具备现代职业教育教学能力，必须具备一定的学习能力，否则将无法适应日新月异的职业教育培养人才的需求。

广西中职学校的不少教师是从高校毕业后，直接到中职学校任教的，没有到企业工作的经历，基本上没有专业的实践工作经验。在这样的背景下，学校必须鼓励教师下企业实践，从制度上给予保障，从经费上给予支持，为教师提供下企业锻炼的平台，通过企业实践提升实践能力，达到以学促进、提升"双师型"教师理论水平的最终目标。

（二）赛——以赛促优

"赛"，比胜负，比好坏，竞争，指各类教学比赛。教师应以各种比赛为载体锻炼、提升自己，积极培养学生参加各级各类技能大赛，成为一名优秀的指导教师。

近年来，各级技能比赛遍地开花，为了达到以赛促学、以赛促教、以赛促优的目的，各个中职学校都很重视参与和投入，很大程度上促进了广西中职学校综合能力的提升。

职业院校的技能大赛既是检验学校教学质量和教学成果的重要活动，也是展示职业院校专业团队的竞技平台。通过这个平台，各个学校可以全方位地了解到本专业的发展动态，提升本专业的业务能力，提升本专业的教学水平，促进"双师型"教师专业能力的培养。

（三）研——以研促精

"研"，指通过教学现象研究、探讨教育规律，是研究教育现象及其本质和规律的活动。任何事物都有其规律，教育作为培养人的社会现象也不例外。要搞好教育工作就必须认识和掌握教育规律，按教育规律办事，从而达到预期的目的。

科研工作是中职学校的一项重要工作，是提升学校竞争力、提高职业教育质量的一个重要途径。而在广西，民族地区中职学校因科研管理水平不高、科研队伍能力薄弱、重教学轻科研等因素，科研工作相较发达地区落后，制约了职业教育发展的速度，也影响了"双师型"教师发展的脚步。广西职业教育科研工作要着眼于解决教学实际问题、立足于教学实践问题、着力于教学实在问题。将科研能力转化为教育教学能力，将科研成果转化为教育教学成果，是广西中职学校促进"双师型"教师的高素质发展、精英化发展不可或缺的一环。

▶▶ **中职电子商务专业"亦师亦商"双师型师资队伍建设实践研究**
——以广西物资学校电子商务专业为例

步入新时代，新技术、新产业的迅猛发展，对职业教育的教育理念、人才培养模式等产生了巨大影响。提高办学质量的关键在教师，紧抓师资队伍建设是提升职教发展的根本环节。面对职教发展重要时期，建设一支高素质、高技能、理念新、创新型的双师型师资队伍，对提高人才培养质量、完善职业教育体系、推进职业教育发展具有十分重要的作用。在职业教育众多专业领域中，电子商务作为新兴技术与产业发展日新月异，大量企业在电子商务转型过程中需要大量电商专业人才。由此进一步引发了如何培养一支高素质创新型电子商务专业双师团队的思考。在长期的实践研究中，广西物资学校电子商务专业创新性地走出了一条培养"亦师亦商"双师型教师特色团队的探索之路。

一、中职电子商务专业"亦师亦商"双师型师资队伍建设的背景

随着科技的迅速发展，对技术技能人才的要求越来越高，新时代的职业教育亟需一支能胜任学校和企业双重岗位、教育及技术水平双高的教师团队。近年来，国家出台的一系列方针政策，无不突出强调职业教育"建设知识型、技能型、创新型劳动者大军"的目标，在教育部文件《教育部关于深化职业教育教学改革全面提高人才培养质量的若干意见》中提出：深化校企协同育人。实现这些目标的先决条件是拥有一支既懂教学又懂技能的"双师型"教师团队，职教师资质量是决定职业教育办学质量和人才培养质量的核心要素。

1. 国家政策的宏观导向

2013 年教育部印发《中等职业学校教师专业标准（试行）》明确制定了体

现"双师"素质要求的中等职业学校教师专业标准，突出职教教师职业教育理论与教育实践相结合、专业理论与职业实践相结合的特征，要求教师同时具备普教教师的职业素质及相应行业人员的职业能力，兼具理实一体教学能力，能够指导学生实训实习。近些年随着国家对职业教育发展改革的高度重视，系列大力发展职业教育的政策得以出台。2019年，国务院发布的《国家职业教育改革实施方案》中提出，"双师型"教师（同时具备理论教学和实践教学能力的教师）占专业课教师总数超过一半，分专业建设一批国家级职业教育教师教学创新团队。并在文件第十二条专门提出"多措并举打造'双师型'教师队伍"，其中明确指出探索培养高技能、高水平、高素质、结构化教师团队，推动企业工程技术人员、高技能人才和职业院校教师双向流动。

2. 教师成长的自我驱动

职校教师应将个人自我成长、自身职业能力发展作为长期的内生需求。"双师型"教师培养正好为教师个人成长提供了有效通道。在双师培养过程中，教师自身需接受企业新信息、新技术、新理念的熏陶和改造，学习过程中反复更新自己的知识结构，提升专业实践技能，从而解决课堂教学、实践操作与企业生产脱节的问题。

在"双师"转型过程中，教师带着问题去企业，带着新技术回到课堂，在教学能力与技术水平的双重提升下，教学水平大幅提升。教师的专业成长有赖于双师机制，是教师能力与素质发展的必经之路，教育者和企业技术人员的角色互转成为教师自我成长、自我实现的可行途径。

3. 电子商务专业"建设'亦师亦商'双师团队"目标的提出

"双师型"教师是我国职教领域的特有概念，但其概念仍属于宽泛的宏观层面，具体到各类不同专业，对"双"的理解要求是不同的。随着社会经济的发展、科学技术的进步及中职专业建设和课程改革的不断深入，可以日益深刻地感受到市场对职业教育带来的挑战。作为财经商贸类专业中最具特色、又充满活力的一个新型复合型专业，电子商务专业立足于现代服务业，其工作岗位本质仍是各类商务活动，若要培养出适应信息社会发展要求的新型商务人才，首先就要培养出既具备"做中学"的教授与指导能力，又能够承担企业管理运行、具备一定商务实践经验和阅历的教师。因此，电子商务专业的"双师型"教师培养目标应该是"师"和"商"的结合，突出教师素质技能的培养和商务能力的培养和引进，即建设一支"亦师亦商"的双师型教师队伍。

二、电子商务专业"亦师亦商"双师型教师的定位

早在 1990 年 12 月 5 日，时任上海冶金专科学校仪电系主任的王义澄就在《中国教育报》提出了"双师型"的概念，提出"双师"就是"教师加工程师"的概念诠释。"双师型"作为职业教育领域特有的产物，旨在要求职教教师兼具教育教学能力和专业技术能力。早在 1995 年，原国家教委印发了最早提及"双师型"的官方文件《关于开展建设示范性职业大学工作的原则意见》，其中指出"双师型"教师强调的是专业实践能力。2005 年出台的文件《国务院关于大力发展职业教育的决定》进一步强调要进行"双师型"教师队伍建设，指出"职业学校中实践性较强的专业教师，可按照相应专业技术职务试行条例的规定，申请评定第二个专业技术资格"。

需要注意的是，不应将"双师"简单定位为"双证"，而是教与做的交叉融合、相互渗透。职业教育的教师应具备自身专业特长，有较完善的能力结构，必须能够胜任本专业的教学。就专业领域而言应该既包括专业知识理论，也包括所属专业的职业技能，构成完善的能力架构。鉴于职业教育专业性极强，"双师型"教师也应定位在实践性较强的专业教师领域，不宜泛化，且根据专业特点不同需掌握的技能也不同。"双师型"教师的培养，不应等同于一般技师，其能力结构应适应"教"的宗旨，实践操作水平在专业领域内应具备多样化、灵活性、广泛性，要及时将新技术、新工艺、新规范纳入教学，推动教学、实训的融合。

从客观需求看，职业院校的专业各有特色，课程设置也有不同，且各类专业彼此区别极大，职业教育"双师型"教师培养目标和标准要立足于教育教学基本需求。纵观各大职业院校，基本将电子商务专业培养目标定位为"能适应行业变化和社会发展需要，兼具良好的职业素养、踏实的工作态度、严谨的行业规范，掌握必需的文化知识，具有专业综合职业能力，能在生产、经营、服务第一线从事企业网络营销、推广、客户服务、网络编辑等电子商

务相关工作，具有较强实际操作能力、能够从事电子商务经营、具备较强竞争力的'网商'"（本段培养目标引自"广西物资学校电子商务专业人才培养方案"）。为实现培养目标，首先需要拥有一支具备相应实践阅历和经验能力的师资团队。

广西物资学校电子商务专业将"双师型"教师定位为"拥有崇高的师德和科学的职教理念、掌握教育教学基本策略与方法，把握职业教育特点，拥有一定电子商务专业理论知识和相关操作技能，了解电子商务行业企业生产和职业岗位工作实际状况，能胜任电子商务相关企业生产、管理、技术等工作，具备电子商务相关商务能力的'亦师亦商'双师型教师"（见图1）。

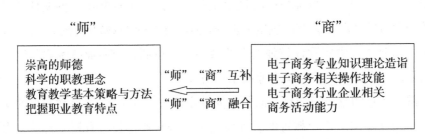

图1 电子商务专业"亦师亦商"双师能力结构

三、电子商务专业"亦师亦商" 双师型师资队伍培养模式

目前，大多数中、高职院校电子商务专业教师来源主要有高校毕业生、基础教育转型教师、从企业聘请的技术骨干等三种。三种师资来源都无法同时满足"师范性""职业性"和"学术性"，他们必须将理论化的知识在企业实践中融合重构，形成系统完善的职业教育知识体系和技能体系。针对电子商务专业亦即"师"与"商"两个方向需双管齐下，齐头并举，补齐短板，方可成长为符合职业教育要求的"亦师亦商"双师型教师。广西物资学校电子商务专业在数年的实践探索中，创立了具有本专业特色的"三融通"亦师亦商双师队伍培养模式，即岗前与岗后培养融通、个人发展与专业建设融通、学校与企业培养融通（见图2）。

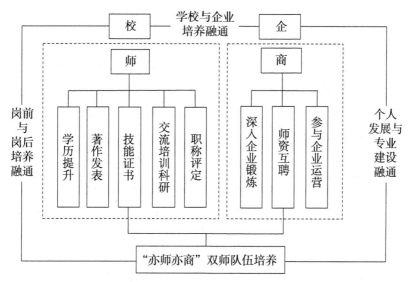

图 2　电子商务专业"三融通"亦师亦商双师队伍培养模式

1. 岗前与岗后培养融通

这里的岗前主要是指新教师入职一年的实习期。通过"老带新"及在职培训的方式对教师进行培养，并建立教师个人成长档案（见表 1、表 2 记录样本），长期跟踪新教师培养过程。一年实习期过后（岗后），仍然记录成长档案，做到一年一回顾，总结"岗前阶段"的问题，规划"岗后阶段"的成长目标和行动计划；而下一个"岗后年"又会成为再下一年的"岗前年"，"岗前—岗后"循环往复、融合互促，最终促使教师能力呈螺旋式提升。"老带新"的过程一直持续到新教师成长为骨干教师，一般历时 3~5 年。

岗前岗后培养融通，侧重于培养新教师的教育理念、基本教学能力与职业素养，形成对职业教育事业的责任感，打下较为坚实的专业基础，包括本专业的基本理论知识、基本教育教学方法以及实践阅历中形成的专业技能；逐渐具备完善的专业从教能力，包括职教理念、课堂教学能力、专业实践能力、课程资源及教材开发能力、组织管理能力、沟通协作能力、基本的科研教改能力、善于反思的能力等。

表 1　　　　　　某教师个人成长档案记录样本（学习计划部分内容）

项目		内容要点	起止时间	周次	课时
常规教学	1	标准教案书写练习	11 月 7 日—11 月 30 日	2	4
	2	课件制作提高	11 月 7 日—11 月 30 日	3	6
	3	C2C 教材熟悉	11 月 7 日—11 月 30 日	4~5	8
	4	B2B 教材熟悉	11 月 7 日—11 月 30 日	6~7	8
	5	2~3 次试讲	第 14~16 周	14~16	6
	6	1 次组内公开课	12 月 2 日	17	4
	7	灵山授课	第 19 周、第 20 周	19~20	10
	8	学会听课与评课	11 月 7 日—11 月 11 日	8~16	8
	9	自主学习中职教学方法、指导学生学习方法	11 月 3 日—期末	4~12	10
	10				
考证		教师资格证，助理电子商务师证	2012 年度		
企业锻炼					
听课	1	各科优秀教师	11 月 3 日—11 月 8 日	12	6
	2	本专业摄影课程	11 月 7 日—11 月 11 日	13	4
	3	本专业 C2C 课程	11 月 7 日—11 月 18 日	13~14	8
	4	本专业 B2B 课程	11 月 7 日—11 月 18 日	13~14	4
	5	本专业其他核心课程	11 月 3 日—11 月 8 日	12	2
授课	1	课题：店铺装修 – 构图与色彩搭配			
	2	课题：网络广告设计 – 构图技巧	12 月 2 日	16	
其他		实习班主任（班级：10 电商一班，指导：黄嘉嘉）	11 月 7 日—期末		
		熟悉学校各项规章制度，熟悉各部门	11 月 3 日—11 月 30 日		

（续表）

项目	内容要点	起止时间	周次	课时
	合计			

教师本人签名：_____ _____年____月____日

指导教师签名：_____ _____年____月____日

专业带头人签名：_____ _____年____月____日

表 2   **某教师个人成长档案记录样本（学习过程记录部分内容）**

学期：上学期（秋） 日期：2011 年 11 月 14 日—11 月 18 日 教学周：第 14 周

项目	时间		学习内容要点	备注
本周学习内容	周一 11 月 14 日	上午	整理本周授课内容、教案、课件，为本周授课做好充分准备	
		下午	组织学生每周开一次班干会议，学习如何处理班级的学习以及生活问题	
	周二 11 月 15 日	上午	第 1~2 节在教室上网店装修之构图与店铺配色（授课班级：11 电商二班）	
		下午	总结上午授课的情况，通过与听课老师的指导与交流，思考如何改进授课过程中的不足之处	
	周三 11 月 16 日	上午	第 1~4 节在 9 号机房上网店装修图片处理部分的课程（授课班级：11 电商三班）	
		下午	经过上午的第一次电脑操作授课之后，总结自身做得不够好的地方。总结：一定要熟悉教材内容，要掌控好学生的纪律，把握好时间，以及指导学生要到位	
	周四 11 月 17 日	上午	第 1~4 节在实训室上网店装修的店招设计课程（授课班级：11 电商三班）	
		下午	通过周三授课的总结，今天的授课情况明显好了很多，学生们也基本学会了店招的制作。总结：要时时关注学生的接受程度，适当调整讲课速度，对大家常犯的操作问题，要及时总结并详细讲解，课堂纪律的掌控从整体到个体都要协调，概括本次课程知识点的，加深学生对本次操作的印象	

（续表）

项目	时间		学习内容要点	备注
本周学习内容	周五 11月 18日	上午	听了秦清梅老师在实训室的上机操作课，与自己授课情况作了对比，发现了自身的不足之处。 总结：上机操作要注意每个工具的多种用途和多种工具制作同一图片的方法。从模仿到借鉴，到创新教学概念的运用	
		下午	熟悉 C2C 教材	
本人周小结	本周主要以授课为主，作一个周总结。 总结：1. 上课暖场到位；2. 课程所学内容简略点评；3. 所学知识点的用途（列举成功例子，失败例子）；4. 学生活动，要有个评定标准，前期准备（分组标准、分组准备）；5. 对任务和提问，要作详细的解释；6.PPT 要全屏播放，注意字体大小；7. 提问积分，调动积极性，提问方式：小组竞争；8. 讲、练时间的搭配；9. 板书时，字体要大，最好统一以 PPT 展示；10. 对学生学习的效果评估，时刻解释和说明问题；11. 案例的引导方式：循序渐进（引导、微引、学生自己、小组竞争）；12. 课堂结束前总结本次课程要点、重点，并一一分析、回顾，评选表现好的小组。 以上是我本周授课总结，请指导老师给予点评和指导，谢谢。 签名：_____			
指导教师周小结	本周教学活动较多，某教师授课效果较好，语言流畅规范，内容符合教学要求。注意对授课进度及时间的掌握，如果内容较多，可考虑分两次授课，保证适当的课堂节奏。班主任工作继续坚持，多与学生接触，多与有经验的班主任沟通交流，自己利用课余时间学习电子商务专业知识，多听课。 签名：_____			

2. 个人发展与专业建设融通

广西物资学校电子商务专业结合专业发展及教师职业发展需要，制定"三—五—十（三年—五年—十年）"阶梯式培养目标，规划相对应的培养步骤，形成"专业促教师""教师促专业"的双向发展模式，使师资队伍建设进入持续发展的良性循环。专业的发展给教师提供了坚实、有利的成长条件，成为教师成长的基石，而教师个人成长需要实现的学历提升、技能提升、职称提升等，这些个人成绩又反过来促进专业建设的发展，最终形成双方共同成长的合力。

广西物资学校电子商务专业将所有专业教师的成长规划纳入统一管理，鉴于电子商务专业本身的特殊性，其技能领域涵盖广泛，故此教师学历教育时期的专业构成也颇为丰富，涵盖了电商、计算机、设计、新闻等专业。因此，根据教师个人的专业特长，专业组要求教师们除具备第一专业外，还必须选择第二方向进行自我学习和成长，例如，第一专业为设计的教师，可考虑将第二学习方向定位为摄影或网络运营技术等。这种方法有效地拓展了教师的技能领域，同时也为专业建设储备了人才梯队，避免了断崖式缺口。明确个人成长方向与目标，可极大提升教师学习的有效性。专业组再通过国内外研修、学术交流培训、职称评定、引进及营运公司、企业挂职锻炼、技能考证、学历提升、参与比赛、服务社会等多种方法，培养教师的专业能力和技能水平，真正实现教师"亦师亦商"之特色。其中，"师"与"商"的培养途径可通过表3的方式进行。

表3   "师""商"培养途径

项目	培养途径
"师"	1. 学历提升。 2. 著作发表。 3. 考取专业技能证书和企业技能证书。 4. 学术交流、各类培训。 5. 职称评定。 6. 主持（参与）课题研究。 7. 以赛促教、以赛促改
"商"	1. 深入企业锻炼。 2. 师资互聘。 3. 参与企业运营。 4. 生产性实践教学项目开发与实施。 5. 开展服务社会提升技能

经过长期实践探索，广西物资学校电子商务专业多举措锤炼出了一支结构优化、技术精湛、专兼结合"亦师亦商"的高水平双师型教学团队。团队目前拥有4名高级讲师、3名全国电子商务职业教育教学指导委员会专家库成员、1名中国电商十强讲师、1名中国电商三十强讲师、4名广西国际电子商

务中心特聘讲师、7 名教育厅认定双师型教师、6 名硕士研究生。此外近几年发表论文 20 余篇，9 项课题完成结题，教师获奖达 50 人次以上，各级各类培训近百人次，并于 2017 年荣膺"中国职业院校电商专业竞争力排行榜（中职校）第四名"，跻身百强之列。

3. 学校与企业培养融通

电子商务专业"双师型"教师重点在"亦师亦商"的特点上，校企双方深度融合，专业教师进企业、企业导师进课堂，形成行业技能与课堂知识的双向互通与转化，搭建起知识和技术沟通的校企融通桥梁。一方面，企业技术人员将所掌握的新信息、新方法、新技术转化为课堂上的教学知识进行传授，促使职教课堂内容得到更新；另一方面，教师到企业实践，以职工的身份参与企业的产品研发、技术改进与推广，承担企业职工的技能培训等活动，发挥自身优势以主人翁的姿态为企业提供智力支持，每两年进行 2~4 个月的阶段性"企业回炉再造"工程为提升教师技能水平提供了持续的能量。在这种"融通"中教师的知识和技术得以有效结合，最终形成了校企发展的新力量。

广西物资学校电子商务专业依托校企合作平台，采取了四种校企深度合作的方法来推进"亦师亦商"双师型教师团队建设。

其一，是"引进来"，包括引企业、引技师。依托校内经营性实训基地与企业合作，构建起"校企双向"教师培养机制及"兼职教师校企共建"建设机制。通过内培外引、共同运营业务等措施，优化师资队伍结构，更新教师观念，提升业务水平。一方面，引企入校使教师掌握基本的专业技能，同时也学习企业先进的管理理念、技师的工匠精神和师傅带徒弟的方法举措，实现了教师在校内即可实现"商"能的培养，同时兼顾课堂与"商场"。另一方面，从企业聘请的技师，在执教过程中，需要补充教育教学基本知识，在指导学生实习实训时，可以在专业实践技能方面加以调整补充，以适应学生学习特点及学校管理要求。企业技师还需要学会将工作与教学进行融通，把工作和技术技能进行科学的分解，开展规范的示范与讲解，掌握指导与纠错的态度、技巧等。

其二，是"走出去"。教师通过阶段性地深入校外企业挂职锻炼，探索企业科学化、信息化管理，在企业岗位磨炼中逐渐了解企业运营流程、各岗位工作职责与流程，树立现代企业先进的管理理念。对于骨干教师，还可以在其中对企业员工实施技能培训和为企业生产提供技术研发的智力支持。

其三，是"自己干"。电子商务专业有其自身独特优势，无须像汽修等专业需要依托大型企业大型设备开展实践研究，在电商领域，部分实践操作仅需网络和计算机即可开展探索。为此，学校及专业组鼓励教师带着学生开展小型创业，例如，开设各类网店真实运营，由此即可产生生产性实训项目，又可在"小而美"的创业活动中实践教学内容，进而提升技术水平。目前物校电商团队已拥有包括淘宝、京东、拼多多等多个平台共计 27 个店铺，全部由组内师生自行运营管理。项目运作一年即实现月销售额 30000 余元，月利润 3000 余元，自主研发项目极大提升了师生积极性，教师的"商"能逐步开发出来，专业实践能力快速提升。

其四，是"服务社会"。为区域经济社会发展服务是职业教育的特点，主动面向社会融入经济社会发展的大潮，对接当地产业特色，自主开发服务课程，提升服务质量，对提高教师适应和服务经济社会、提升技术水平有极大的帮助。广西物资学校电子商务专业充分发挥专业优势及师资特长，联合企业、政府、学校三方打造"智慧农商"团队，积极响应政府"党旗领航，电商扶贫"的号召，自主开发课程、打造互动平台，深入农村一线开展电商扶贫相关培训服务工作。2016 年至今，深入基层为农民工、残障人士、农户、个体户等群众提供各类电子商务培训达 200 场次。截至 2018 年年底，共计完成广西十五个国家级贫困县 69 个乡镇 596 个行政村的电子商务进农村扶贫培训工作，累计培训达到 17100 人次，孵化了土鸡、杜果、沃柑等 20 个农产品品牌，累计帮扶贫困户进行电子商务进农村脱贫培训达到 9052 人次，占总培训人数的 52.94%。电商扶贫等服务社会项目的开展，既结合当地产业使得扶贫助农切实落地，又极大拓展了教师的业务技能和服务社会能力，"亦师亦商"双师型教师队伍得到更多锤炼，进一步完成了专业教师从教书匠到"师傅"即专家的蜕变。

四、结语

我国职业教育的发展历程中始终将师资队伍建设视为举重若轻的工作，

其重要地位与意义日益彰显，多年发展也取得了令人瞩目的成就。"十一五"以来，教育部和财政部共同组织实施"职业院校教师素质提高计划"，为职业院校教师接受业务培训和企业实践提供了宝贵的机会，近65万职校教师受益。《职业学校教师企业实践规定》和《职业学校兼职教师管理办法》等政策的出台，推动教师企业实践的规范化、常态化和长效化建设，极大促进了职业院校教师双师结构的优化和双师素质的提升。

广西物资学校电子商务专业在独创的"亦师亦商"双师型教师队伍建设的实践探索中，尊重教师个人成长的内驱力与主体精神，满足教师"主动提升、自我发展"的自觉能动性和心理需要，促使教师主动参与"亦师亦商"转化全过程，自主确立努力方向，主动把理论知识与实践技能融合贯通转化为教学资源，积极投身服务经济社会；同时学校在制度及机制保障等方面提供了大力支持，引入行业企业和社会的深度参与，最终打造了一支专业技能水平和实践教学能力强、教育教学理念新的"亦师亦商"双师团队。

▶▶ 职业学校教师社会服务激励机制探索

《国务院关于加快发展现代职业教育的决定》（国发〔2014〕19号）中提到，加快发展现代职业教育要以服务需求、就业导向为基本原则之一，服务经济社会发展和人的全面发展。社会服务是职业学校的最核心功能之一，也是职业学校核心竞争力的重要体现。主动融合区域经济发展，以社会培训促进区域技能人才素质提升，以科技研发服务地方企业和产品升级，是职业学校社会服务的宗旨。学校需要建立基于教师成长发展的体制机制，建立配套的激励机制，搭建教师社会服务能力的平台，通过承接企业项目，鼓励学校的专业团队充分发挥技术优势，以企业技术研发、职业技能培训和技术咨询等形式促进地方产业的转型升级，为地方经济提供智力与技术保障，让学校深度融入地方产业链的发展，承担应有的社会责任和义务。

2017年，《人社部关于支持和鼓励事业单位专业技术人员创新创业的指导意见》（人社部规〔2017〕4号）出台，文件中提出了事业单位选派符合条件的专业技术人员到企业挂职或者参与项目合作等，政策出台的背景是贯彻落实党中央、国务院关于加快实施创新驱动发展战略的重要举措，政策的施行充分调动了职业院校教师创新创业的积极性、主动性和创造性，同时也促进了科技创新和科技成果向现实生产力转化方面，发挥了积极作用，得到了广大高校、科研院所科研人员的欢迎和响应。

一、职业学校进行社会服务的意义及必要性

职业学校教师将自身知识技能和智力资源应用于社会生产活动，就需要不同学科领域的教师投身于社会经济生产活动中。教师在社会生产活动中进行实践，将实践技能运用到教学中、将掌握的科研知识融入生产实践，实现教学与实践相互转化、相互提高；深化产教融合需求，开展形式多样的校企合作，发挥育人优势服务地方经济，把教学、科研、社会服务统一起来，促

进"产学研一体化",培养具备高素质、高水平的技能型人才扎根企业,进而为地方经济建设贡献力量。

1. 教师参与社会服务是培养高质量技能型人才的内在需求

职业学校旨在培养在生产一线工作的技术技能型综合素质人才,这个目标决定了职校教师不仅要具备良好的教育教学能力,还应具备较强的生产实践能力和科技创新能力。这就要求必须开展校企合作,教师深入企业参与产品研发、技术咨询、技能培训及当地政府的政治文化活动等社会服务项目,并将其融入教学中,从而实现专业人才的培养目标。

2. 参与社会服务是实现自我成长的外部条件

职业学校和教师的发展与地方行业企业发展密不可分,积极为地方进行社会服务是义不容辞的责任。此外,通过社会服务既能满足地方经济发展需要,又可实现教师自我价值,是体现其社会价值的重要活动。

二、职业学校教师社会服务的主要内容与形式

1. 通过科技创新推动地方经济发展

职业学校参与社会服务,参与行业企业新品研发、工艺改进,提供与专业相关的技术咨询等服务,直接推动地方经济发展。一个地方经济发展程度的根本标志是生产力水平的高低,经济建设属于物质文明建设,起着关键的作用。职业学校归根结底就是通过提高人的素质和物的效能,最终推动两者在新水平上实现新的结合。

2. 开展社会培训及职业技能鉴定,为区域经济发展提供多样化人才结构

职业学校教师与地方行业企业联系紧密,对其需求更为了解;职业学校专业设置较全面、设施设备较先进,可以满足行业企业培养不同层次、不同类型人才的需求,更符合地方企业员工进行继续教育和培训的需求。比如,广西物资学校汽修专业教师承接富士康等企业员工培训、电子商务专业教师到电商示范县开展农村电商培训等活动,都极大地提升了教师技术技能水平。

3. 服务文化传承

教师作为精神文化的传播者,承载着推动优秀传统文化向下一代渲染熏

陶的责任，比如，广西物资学校依托专业优势，开展茶艺培训、咖啡技能培训、中式面点制作培训、中式花艺培训，并成立了中国非遗广西东兴京族独弦琴艺术研习项目，这些都是将中国文化、地方文化发扬光大的积极行动，促进了文化生命力的生长。

三、职业学校教师社会服务的现状

1. 社会服务观念滞后

目前，职业学校的教师对社会服务的观念仍然停留在到企业中挂个职务，完成各类绩效考核的社会服务任务，达到职称晋升评定的要求就满足了。当前在政府层面上，关于社会服务没有相应的制度和标准约束，学校师资队伍数量不足、缺乏平台、制度不完善，承担的教学工作量过于繁重，让很多教师分身乏术，无暇专注于社会服务，没有沉下心做攻关研究的动力，加之学校和政行企均未开展积极有力的宣传鼓励和认可，更没有完善的政策支持，使教师开展社会服务动力不足、瞻前顾后，没有意识到教学与社会实践之间相互促进的作用，阻碍了教师自我培养和提升，也降低了学校融入社会的程度。

2. 专业实践能力欠缺，不同专业参与社会服务情况对比悬殊

娴熟的专业实践技能是职业学校教师进行社会服务的必然条件，而这也恰是当前不少教师所欠缺的。其原因主要是学校教师来源渠道单一，大部分缺乏企业工作背景，从学校毕业再到学校工作，来自企业一线的技术人员奇缺、教学水平也不高。近年来，我国科技创新总体能力不断提升，关键领域创新型产业集群蓄势崛起，这加快了现代产业体系的发展，促进了职业学校部分与之相关的专业对接产业、服务相关行业企业的密度大幅提升，专业教师开展社会服务活动的参与度极高。比如，广西物资学校电子商务专业全体教师早在 2016 年开始便与当地政府、行业协会和企业深度合作，短短 4 年完成 200 多期 21272 人次的农村电商培训，实现近 1000 人次电商脱贫，完成 30 个农产品品牌孵化，建成 31 个农产品网店群，并开发了完整的培训教程及配套数字化资源；此外，该专业还联合政府和当地企业承办了多次本地创业大赛、直播大赛等。教师通过社会服务大幅提升了实战能力，专业整体在广西

职教界声名鹊起、在本地行企校中都具备较大的话语权。反观职业学校绝大部分专业却恰恰相反，对社会服务的参与度极低，不会主动联系相关行业，对比非常悬殊。

3. 评价体系不明确，教师社会服务的激励机制缺乏力度

我国目前现有的关于教师参与社会服务的法规制度尚不完善，学校的评价体系方式单一、标准不够科学，主要采用学生评价、同行评价等方法，缺少量化指标，且反馈滞后，无法达到理想效果。学校在社会服务机制方面的研究执行力度不够，效果不明显，在一定程度上制约了社会服务活动的发展，导致教师的参与积极性不足。随着社会认知度的不断提高，职业学校开始有意识地要求专业教师每两年完成至少两个月的企业挂职锻炼任务，但是这显然远远不够。还有教师教学任务繁重，疲于应付校内的教学和科研任务，并不能很好地执行该项规定，企业锻炼时间是得不到保障的。如前所述，学校和政府都没有建立起完善的社会服务激励机制，学校对教师的考核着重在授课课时量、科研课题研究情况、论文发表情况等偏学术类的内容，对于教师是否走出校园投入社会生产活动没有明确的制度要求及规划。由此导致了教师重理论研究而轻社会实践服务，教师参与社会服务的积极性越来越低，在本专业具有社会影响力和权威的人也屈指可数，这种传统理念极大地影响了教师自身能力储备，制约着教师的专业发展和社会服务能力提升。

四、社会服务激励机制的构建

学校要运用制度、流程、搭建平台、引进项目、外派培训、绩效调节等多种手段构建正向反馈的社会服务激励机制。学校在激励机制的建设中，应进行充分调研、顶层设计，加强宣传指导，细化教师评价指标体系，上下形成共识。

1. 加强宣传凝聚力量，营造积极的学校环境

教师是社会服务的中坚力量，构建一支人心稳定、充满活力、积极向上的师资团队对于学校发展具有重要意义。学校应鼓励教师利用科技工作的成果丰富和更新教学内容，在社会服务实践中不断提高学术水平和专业实践能

力；鼓励教师走进企业、参与企业生产、为企业提供各种信息和技术咨询服务；学校要在意识理念上做好宣传，转变教师思维，让广大教师意识到社会服务工作的重要性、必要性及意义，并明确社会服务的重点，让教师明白学校发展、自身发展与社会服务活动相互促进的作用，感召教师积极投身社会服务工作，并吸引更多优秀的教师加入进来。对每年评选出的社会服务先进工作者进行奖励，将优秀教师打造成对外宣传的典型，从校级层面体现其重要性，转变教师思维，使社会服务工作深入人心，同时促使教师重视自身成长，挖掘自身职业发展潜力，由此产生认同感和幸福感，从而积极主动参与其中。

2. 完善教师评价制度，借鉴企业管理办法

学校应认真对照《深化新时代教育评价改革总体方案》，科学合理地制定教师绩效考核制度，借鉴企业管理中的积极方面，制定出既有利于提升学校人才培养质量，又能提升教师参与社会服务的积极性和创造性的指标体系，构建以业绩为导向，重岗位、重贡献、重业绩的绩效激励机制，形成以能力、实绩和贡献为核心的教师评价机制。从学校实际出发，建立符合发展需要的绩效管理委员会，确保管理层与教师之间沟通渠道的通畅，构建科学完善的考核体系，注重考核的公平公开，从制度上明确考核标准，充分考虑教师能力及限制条件，采取阶段性与结果性相结合的考核方式，将指标尽量量化。教育评价"指挥棒"的作用将极大促进教师投入社会服务行列；不积极参与的教师基于评价指标及绩效分数的影响，会逐步适应并参与其中，从而掌握行业企业前沿一线的技术技能，经过时间积累必将促使这些实践技能丰富到自身知识体系中，这些知识和技能的财富能更好地传授给学生。此外，学校还应加强与行业企业的沟通合作，参考企业人力资源管理办法，结合学校实际，将相关条款合理融入学校的考评制度，借鉴企业对员工的评价，不断激励员工，形成有学校特色的评价与激励机制。

3. 给予资金支持和奖励

教师参与社会服务工作对地方经济生产和精神文化传播极具影响力，经过长期实践锻炼，将会对应用型技术革新非常有利。学校通过加强政府、行业、企业的联系，参与社会服务工作的教师在工作量上可以折合，在资金上

给予扶持，做好教师社会服务的后勤保障，解决教师的后顾之忧，让贡献度高的教师得到认可，并得到相应的回报，更好地激励和参与社会服务。

4. 搭建校企合作平台，建立教师流动制度，提升教师社会服务能力

学校要积极主动与相关行业企业联合，打造合作平台，为教师提供更多与专业技术相符的生产实践岗位和机会。经济运行过程中一定的人员流动是保持其活力的重要条件，而学校传统的管理模式是比较封闭的模式，教师与外界缺乏交流，由此导致了知识长期不更新和社会实践能力欠缺，企业是职业学校教师社会服务能力培养的主阵地，构建校企双向人员流动合作机制，建立校企共享人才库，建立教师企业流动站，通过教师到企业挂职锻炼、企业一线员工到学校授课，形成良性的双向循环，让学生既能得到理论知识的学习，又能得到贴近一线岗位的能力锻炼。将企业实践贯穿教师职业发展各阶段，教师通过企业实践熟悉并掌握典型工作任务和工作经验，知识结构不断更新拓展，并渗透专业素养；形成专职与兼职结合的高水平师资队伍，促进活力与生机，提升师资队伍竞争力，推动教学质量提升，整体提高职业学校教师群体的社会服务能力。

广西物资学校
电子商务专业组

▶▶ 新进教师成长记录手册

（"老带新"过程记录手册）

时　　间：＿＿＿年＿＿月＿＿日—＿＿＿年＿＿月＿＿日

学　　校：＿＿＿＿＿＿＿＿＿＿＿＿＿＿＿＿＿＿

教师姓名：＿＿＿＿＿＿＿＿＿＿＿＿＿＿＿＿＿＿

指导教师（签名）：＿＿＿＿＿＿＿＿＿＿＿＿＿＿

专业带头人（签名）：＿＿＿＿＿＿＿＿＿＿＿＿＿

广西物资学校电子商务专业组 制

说　明

尊敬的来访教师，您好！首先欢迎您到广西物资学校电子商务专业组交流学习，我们真诚地希望通过本次交流活动促进双方教学水平的共同成长。

在本次交流活动中，依据广西物资学校电子商务专业组师资队伍建设的有关规定，我们恳请您完成本手册的内容记录，并提交一些您的个人材料及过程资料，使整个交流活动有计划、有内涵、有收获、有效果，最终实现双方的共同进步。

活动结束后，您需要提交的资料如下：

1.本学习登记手册；

2.您本人的基本资料复印件，包括身份证复印件、职称证书复印件、主要获奖证书复印件；

3.您在我校学习期间的听课记录（填写于"广西物资学校听课记录本"）；

4.您的公开课详案（在本次学习活动中，您需要准备至少一次公开课）。

本次交流活动，我们为您安排本专业教学业务强的骨干教师作为指导教师，如果在学习过程中遇到困难，请联系您的指导教师，他将全力为您服务。

最后，真诚希望您在广西物资学校电子商务专业组度过一段快乐而充实的日子！

您的指导教师基本情况

教师基本情况					
姓名		性别		年龄	
通信地址					
联系电话			邮箱		

教学业务情况	
本学期所授课程及班级	
其他擅长课程	
班主任情况	

给指导教师的话：

尊敬的指导教师，感谢您承担本次指导任务。请您在指导过程中保持良好的教学状态，尽心尽力、全心全意，主动了解所带教师的需求，根据实际情况及时调整指导内容，从工作、生活、思想等各方面关心您所带的教师，展现我校电子商务专业组教师积极上进的工作态度、恪尽职守的工作作风、为人师表的师风师德。请您务必协助您所带的教师顺利完成本次学习交流活动。

另外，请您安排电子商务专业组摄影教师对教学指导活动过程进行摄影，要求提供 5 张照片存档。

基本情况

姓名		性别		出生年月		照片
民族		文化程度		所学专业		
毕业学校		所属部门				
通信地址						
身份证号码						
邮政编码		联系电话		邮箱		
个人专业经历						
备注						

学习计划

项目		内容要点	起止时间	周次	课时
常规教学	1				
	2				
	3				
	4				
	5				
	6				
	7				
	8				
	9				
	10				
考证					
企业锻炼					
听课	1				
	2				
	3				
	4				
	5				
授课	1				
	2				
其他					
合计					

教师本人签名：_____ 年___月___日

指导教师签名：_____ 年___月___日

专业带头人签名：_____ 年___月___日

学习过程记录

学期：_____ 日期：_____ 年____ 月____ 日— ____ 月____ 日 教学周：____

项目	时间		学习内容要点	备注
本周学习内容	周一	上午		
		下午		
	周二	上午		
		下午		
	周三	上午		
		下午		
	周四	上午		
		下午		
	周五	上午		
		下午		
本人周小结			签名：_____	
指导教师周小结			签名：_____	

学习过程记录

学期：_____ 日期：_____年___月___日—___月___日 教学周：____

项目	时间		学习内容要点	备注
本周学习内容	周一	上午		
		下午		
	周二	上午		
		下午		
	周三	上午		
		下午		
	周四	上午		
		下午		
	周五	上午		
		下午		
本人周小结				签名：_____
指导教师周小结				签名：_____

学习过程记录

学期：_____ 日期：_____年____月____日—____月____日 教学周：____

项目	时间		学习内容要点	备注
本周学习内容	周一	上午		
		下午		
	周二	上午		
		下午		
	周三	上午		
		下午		
	周四	上午		
		下午		
	周五	上午		
		下午		

本人周小结

签名：_____

指导教师周小结

签名：_____

学习过程记录

学期：_____ 日 期：_____ 年____ 月____ 日—____ 月____ 日 教学周：____

项目	时间		学习内容要点	备注
本周学习内容	周一	上午		
		下午		
	周二	上午		
		下午		
	周三	上午		
		下午		
	周四	上午		
		下午		
	周五	上午		
		下午		
本人周小结				签名：_____
指导教师周小结				签名：_____

学习过程记录

学期：_____ 日期：_____ 年____ 月____ 日—____ 月____ 日 教学周：____

项目	时间		学习内容要点	备注
本周学习内容	周一	上午		
		下午		
	周二	上午		
		下午		
	周三	上午		
		下午		
	周四	上午		
		下午		
	周五	上午		
		下午		
本人周小结				
			签名：_____	
指导教师周小结				
			签名：_____	

学习过程记录

学期：_____ 日期：_____ 年____ 月____ 日—____ 月____ 日 教学周：____

项目	时间		学习内容要点	备注
本周学习内容	周一	上午		
		下午		
	周二	上午		
		下午		
	周三	上午		
		下午		
	周四	上午		
		下午		
	周五	上午		
		下午		
本人周小结				签名：_____
指导教师周小结				签名：_____

学习过程记录

学期：_____ 日期：_____年____月____日——____月____日 教学周：____

项目	时间		学习内容要点	备注
本周学习内容	周一	上午		
		下午		
	周二	上午		
		下午		
	周三	上午		
		下午		
	周四	上午		
		下午		
	周五	上午		
		下午		
本人周小结				

签名：_____

| 指导教师周小结 | | | | |

签名：_____

学习过程记录

学期：＿＿＿＿＿ 日期：＿＿＿＿＿年＿＿月＿＿日—＿＿月＿＿日 教学周：＿＿＿

项目	时间		学习内容要点	备注
本周学习内容	周一	上午		
		下午		
	周二	上午		
		下午		
	周三	上午		
		下午		
	周四	上午		
		下午		
	周五	上午		
		下午		

本人
周小结

签名：＿＿＿＿＿＿＿＿

指导
教师
周小结

签名：＿＿＿＿＿＿＿＿

学习过程记录

学期：_____ 日期：_____年____月____日—____月____日 教学周：____

项目	时间		学习内容要点	备注
本周学习内容	周一	上午		
		下午		
	周二	上午		
		下午		
	周三	上午		
		下午		
	周四	上午		
		下午		
	周五	上午		
		下午		
本人周小结				
			签名：_____	
指导教师周小结				
			签名：_____	

学习过程记录

学期：_____ 日期：_____年____月____日—____月____日 教学周：____

项目	时间		学习内容要点	备注
本周学习内容	周一	上午		
		下午		
	周二	上午		
		下午		
	周三	上午		
		下午		
	周四	上午		
		下午		
	周五	上午		
		下午		
本人周小结				
			签名：_____	
指导教师周小结				
			签名：_____	

学习过程记录

学期：_____ 日期：_____ 年____ 月____ 日— ____ 月____ 日 教学周：____

项目	时间		学习内容要点	备注
本周学习内容	周一	上午		
		下午		
	周二	上午		
		下午		
	周三	上午		
		下午		
	周四	上午		
		下午		
	周五	上午		
		下午		
本人周小结				
			签名：_____	
指导教师周小结				
			签名：_____	

本人学习情况小结

签名：_____

日期：____年____月____日

学习效果考评

考评项目	考评内容				
公开课 授课情况	评课教师签名：_____				
听课情况 （听课记 录详见听 课本）	序号	授课教师	授课班级	授课时间	所授课程	所授课题
	1					
	2					
	3					
	4					
	5					
指导教师 评定意见	签名：_____ 日期：___年___月___日				
专业 带头人 评定意见	签名：_____ 日期：___年___月___日				

说明：

1. 公开课授课情况：来学习的教师至少要在本专业组内讲授一次公开课，相关专业组教师参与听课，并对其授课情况进行评课，由指导教师记录评课内容，所有参与评课的教师签名确认。

2. 听课情况：本栏记录除指导教师外的其他听课活动，将听课情况填入表中，具体的听课记录填入"广西物资学校教师听课本"中，并于学习结束后与本手册一并上交存档。

指导教师工作小结

（本页由指导教师填写，内容包括指导工作情况小结、指导过程反思、改进意见等。）

签名：＿＿＿＿＿＿＿＿＿

日期：＿＿年＿＿月＿＿日

指导教师工作汇报

（本页由指导教师填写，内容为本次指导活动的工作情况汇报，请将汇报要点填入下表。）

签名：_____

日期：____年____月____日

指导教师工作效果考评

考评项目	来访教师评定（权重50%）	电子商务专业组教师评定（权重50%）	各单项综合评定
是否按计划完成指导任务	☆☆☆☆☆	☆☆☆☆☆	☆☆☆☆☆
是否悉心指导所带教师	☆☆☆☆☆	☆☆☆☆☆	☆☆☆☆☆
是否能及时正确处理各种突发情况	☆☆☆☆☆	☆☆☆☆☆	☆☆☆☆☆
是否按要求提交材料	☆☆☆☆☆	☆☆☆☆☆	☆☆☆☆☆
来访教师评定意见	签名：_____ 日期：___年___月___日		
电子商务专业组教师评定意见	本组教师签名：_____ _____		
综合评定	☆☆☆☆☆（等级：　　　　　）		
专业带头人签名	___年___月___日		

说明：

1. 本页由来访教师、电子商务专业组教师填写。

2. 画"☆"处为等级评定，最高等级5颗星，最低等级0颗星，3颗星合格，4颗星良好，5颗星优秀。涂黑的五角星数即为评定的等级，如：★★★☆☆ 表示3星级；★表示 0.5 星级。

3. 各单项综合评定计算方法：来访教师评定结果 ×50%+ 电子商务专业组教师评定结果 ×50%；

综合评定计算方法：各单项综合评定结果 ×25%，取和。

4. 电子商务专业组教师评定意见：由本组全体教师对指导教师的指导工作作出评定，由专业带头人执笔记录，全体参与评定的教师签名确认。

5

实训基地建设

▶▶ "四位一体法"在电子商务实训教学中的运用初探

电子商务作为网络经济的核心，发展异常迅速，已成为 21 世纪新的经济增长点，各类企业都在积极推进电子商务应用。商务部电子商务和信息化司副巡视员聂林海（时任）在 2011 亚太经合组织（APEC）中小企业峰会上表示，预计未来 5 年我国电子商务交易额将保持年均 20% 以上的增长速度，2015 年将达到 12 万亿元。人才是电子商务未来 10 年的关键词，目前我国电子商务人才缺口巨大，从实际情况来看，至少需要 100 万人的电子商务人才。在此背景下，教育部批准数百所学校开设电子商务专业。电子商务具有多学科交叉、实践性强、发展速度快等特点，具有广阔的发展前景。但受各方面条件的制约，我国电子商务专业的教学存在诸多问题。一方面，社会对电子商务人才需求旺盛，但另一方面，电子商务专业毕业生在人才市场上却遭受冷遇。形成这种反差的原因是复杂的，教学与实践脱节是造成这一现象的根本原因之一。

在实践环节，教学模式仍然采用"教师说，学生听"。尽管这两年很多学校都意识到了这一问题，并提出诸多改革方案，但实践内容相对滞后且缺乏实用性，与实际工作的需要相差甚远。

一、电子商务专业实训教学目标与学生能力结构分析

职业技能一般由四部分组成，即获取相关知识的能力、运用知识的能力、创造性开发的能力和就业与职业生存的能力。具体地讲，通过实习教学应培养三大能力：一是专业能力，专业能力指具备从事电子商务行业所需的技能和知识；二是方法能力，方法能力指具备从事电子商务行业所需的工作方法和学习方法；三是社会能力，是指具备从事电子商务行业所需，如人际关系、公共关系、职业道德等行为能力。

电子商务专业的学生通过实习教学要达到的目标是掌握电子商务相关的

操作技能，达到电子商务员或助理电子商务师的水平，并且需要具有一定专业理论水平和面向一线的实际操作技能。所以在专业理论教学和实践实操教学上，要彻底变革传统陈旧，将传统的照搬以前旧的教学方法，转为注重实践实操的训练，不仅要注重一般职业能力的培养，还要强调关键能力的训练——创造性技能。而创造性技能与其他技能一样，只有通过训练和实践才能真正获得。

二、电子商务专业实训教学现状分析

通过长期的电子商务教学实践发现目前电子商务专业实训教学普遍存在以下问题。

1. 教学劳动强度大

以我校电子商务专业为例，每班学生在50人左右，教师仅1人，既要进行教学指导，又要兼顾实训场所的管理，精神紧张，身心俱疲。

2. 受设备及场地限制

实训内容偏窄偏浅，内容以虚拟仿真为主，与岗位技能要求差距较大。大部分学习内容无法实现与真实工作内容的衔接，只能进行局域网内的仿真练习，教学内容无法深入，更谈不上真实岗位技能的训练。

3. 实践操作时间不足，学生得不到足够的指导与练习

专业师生比例失衡，许多不规范操作得不到及时更正，再加上其他硬件原因，如互联网速度无法满足教学要求，导致学生练习时间与强度得不到保证。

三、实现教学目标的措施

基于以上分析，电子商务专业实训教学是一个摆在当前教学中重要而又紧迫的任务。在此背景下，我们提出结合电子商务专业实训教学的特点，以加强技术、技能和应用能力培养为目标，结合目前教学设备设施和学生学习特点等情况，构建出包括基本操作平台、电子商务仿真软件操作平台、校内实训基地真实操作平台、校外企业真实操作平台的四级实践教学平台体系，

现对这四级平台的基本结构作出如下阐述。

1．基本操作平台

基本操作平台主要用于基础性认知学习，以培养学生的多种单项技能为主，属于基层的能力建设，为将来更高层次的学习打好基础。虽然基本操作平台相对容易教学，但也应引起足够的重视。如商品拍摄、图片处理、网店装修、Logo 设计等单项技能操作练习平台，主要是对专业的了解和基本操作技能的掌握，是电子商务专业各项操作的基础，在实践教学中占有重要的地位。

2．电子商务仿真软件操作平台

电子商务仿真教学软件操作平台，既可以避免因失误操作带来的损失，又可以让操作人员在仿真操作过程中产生临场感和真实感，使学生快速地熟悉和了解电子商务业务操作的工作过程。如博星电子商务教学平台和天行健电子商务模拟教学系统等平台，在平台上可以学习电子商务各种业务流程，并在仿真业务操作过程中，体验各种角色，如买家、卖家、银行、会计、物流、管理者等。仿真平台在实现同样效果的情况下将错误及事故发生率降到最低，但仿真平台也存在着一定的缺陷，如未能体现真实的工作氛围，虽然各个阶段的过程都可以模拟，但和真实的操作还是有所差别。显然，这样的方式对培养学生的综合职业素养是远远不够的。

3．校内实训基地真实操作平台

仿真与实际操作总是有区别的，校内实训基地可采取"筑巢引凤"的方式引进生产型企业，由校方提供真实的工作场所，由企业提供设备、技术、生产任务和管理。在实践环境搭建上充分反映专业培养的方向性特点，解决电子商务仿真软件操作平台无法解决的企业环境仿真的问题，实践教学充分体现与专业人才培养定位的结合。对校内实训基地的建设应有明确的定位，给学生提供真实的工作平台，充分考虑实践环境的搭建、活动安排的合理有序，让学生能够深入了解企业运行的特点和规律。例如，成立一品天成商务公司，学生以准员工的身份参与企业的正常运行，按照正式企业制度考勤，学生在学习中有上班如上岗的感觉，让学生能够有更进一步的工作体验。学生可以接受企业交过来的合作工作任务，在任务完成的过程中，学生得到职业能力的训练，并养成良好的职业素质。

4. 校外企业真实操作平台

学生从基础认知性实验到专业验证性实验，再到应用创新性实验，已经初步具备了一个电子商务从业人员的职业能力。但校内实训基地更多考虑教学需要，而在实践教学条件中的行业要素、企业要素、职业要素毕竟还不是真实的环境，对于培养学生的综合职业能力仍有所欠缺。费舍尔曾说过："在工作过程中直接需要的（区别于学科系统化的知识），常常是在工作过程中获得的知识（包括理论知识）。"要想获得工作过程知识，唯一的途径就是经历具体的工作过程。企业真实的生产环境使培养出来的学生更接近将来岗位的需要，也使学生能较早地直接接触新技术、新工艺、新设备、新理念等。在企业真实操作环境中可以学到在学校教育中学不到的东西。例如，安排学生到正规的电子商务公司从事网店宣传等职位的工作，学生在实际工作中能够真实感受到员工工作的压力、乐趣和成就，让学生在真实的岗位上体会企业文化，培养个人的素质。让学生以员工身份参与工作生产全过程，能够在全方位培养学生的职业能力、职业态度和综合素质，使学生的上岗适应期缩短为零，提高学生的就业水平和竞争力。

四、结论

目前中职教育的瓶颈是理论与实践的脱节。职业教育相对于其他教育来说，它培养的是应用型和操作型专业技术人才，更强调的是学生从学校出来后能够尽快融入社会环境，并在合适的工作岗位上找到自己的位置。因此，除了相应的理论教学，大量的实际演练与操作也必不可少。通过构建基本操作平台、电子商务仿真软件操作平台、校内实训基地真实操作平台、校外企业真实操作平台的四位一体实践教学平台体系，促使学生的实践能力呈螺旋式上升状态，从而逐渐实现与职业技能岗位无缝对接的目标，从源头上解决理论与实践相脱节。同时实训教学模式也是职教工作者在教学工作中需要深入思考和认真面对的问题。

▶▶ "工学结合"人才培养模式下电子商务专业工学教室内涵的研究

一、"工学结合"人才培养模式的含义

"工学结合"人才培养模式是一种以职业人才培养为目的的教育模式，它利用学校和企业不同的教育资源和教育环境，发挥学校和企业在人才培养方面各自的优势，将以课堂传授间接知识为主的学校教育与直接获取实际经验和能力为主的生产现场教育有机结合，满足企业需要，实现学生职业能力与企业岗位要求之间的对接，培养应用型人才。在人才培养的全过程中，通过学校和合作企业双向介入，将在校的理论学习、基本技能训练与在企业实际工作经历的学习有机结合起来，为生产、服务第一线培养实务运作人才。

二、工学教室提出的背景

随着教育与实践相结合的理论和实践研究及其他相关职业教育观念和方法的引进，我国职业教育培养模式的探索也由抽象到具体、由宏观到微观，逐渐深入。在概念的使用上表现为由"产学研合作""产教结合"到"校企合作""工学结合"的变化，因此"工学结合"正是职业教育在探索产教结合过程中需要充实更多实质性内涵的概念。

2005年教育部在天津召开的全国职业教育工作会议上提出要积极推行工学结合的职教模式。教育部周济部长（时任）强调，职业院校要与企业建立紧密联系，改革以课堂为中心的传统人才培养模式，大力推行工学结合、勤工俭学的人才培养模式。2006年在《教育部2006年职业教育工作要点》中又进一步明确要"大力推动各地和职业院校实行校企合作、工学结合的培养模式"。

在教育部的大力推进与扶持下，我国众多职业院校开展了"工学结合"

人才培养模式的研究，并大力建设可进行仿真操作的实训场所，如实训室、专业教室、实训车间、实训中心等。然而，不管学校的教学内容如何先进，与生产、服务一线所应用的新知识、新技术、新工艺相比，总有距离；不管学校的实训设备如何先进，与生产、服务一线生产设备相比，总有距离；不管学校的专业课师资技能如何熟练，与生产、服务一线技术专家、能工巧匠相比，总有距离。传统意义上的仿真实践教学已不能完全满足企业日益增长的要求，这些缺陷只有靠学校与企业合作，学生在企业真实的生产环境里实践，才能培养出高质量的技能型人才。

2010年《国家改革发展示范校建设任务书》提到"工学教室"的概念。将教与学、理论与实践紧密结合在一起，让学生在学习理论的同时，完成实践学习；在完成真实的生产性实践任务的同时，完成学习，这样的课堂被称为"工学一体化"课堂，为"工学一体化"提供的教学场所称为工学教室。也就是说，学生学习不在传统的教室里，而是把课堂变为"学习"和"做工"相融合的"一体化"教室。由此可见，工学教室不再是一个仿真的实训场所，而是一个可以完成真实生产任务的特殊教室。建立能代替实训中心和传统教室的工学教室已成为专业教室建设的重点内容。

三、工学教室相关概念的比较

1. 国内相关概念的比较

"工学结合"的人才培养模式强调在教学地点上学校与企业相结合，将教学场所直接安排在实验室或实训车间，师生双方边教、边学、边做，理论与实践交替进行。建立一体化教学实训中心或专业教室，融教学、实训、实验等为一体，营造良好的职业氛围和环境。目前，我国职业教育处于百花齐放的阶段，各职业院校纷纷建立起了自己的工学结合模式教学场所，与工学教室相近的概念有"专业教室"和"实训车间"。

"专业教室"是指为专业的教学与实践活动专门建设的教室，是用于进行专业现场教学、实验实习、技能训练与考核的专门场所。它是专业专用的，具有明显的专业特色，能为实施专业教学与实践活动提供专门的条件装备，是专业实施课程目标的硬件平台。"实训车间"是指职业院校实训教学过程实施的实践训练场所，其基本功能为完成实训教学与职业素质训导、职业技能训练与鉴定。两者均属于偏正式短语——专业用的教室、实训用的车间，虽然核心词语为教室、车间，但均被之前的定语所限制，用于专业、实训，这也就意味着上述实训场所从定义上就明确了其虽然都具备学生实践操作的功能，从一定程度上解决了理实脱节的问题，将课堂教育与实践教学一体化了，但实现的手段基本上都是仿真教学，未能实现"工"与"学"的无缝对接，让学生完成实际的工作任务，也即真正的工作。

工学教室旨在将"工"与"学"的场所进行有机融合，"工"与"学"是并列对等的，甚至"工"在"学"之前，它不仅强调实现理论和实践一体化、课堂与实习地点一体化、课堂教学与实践教学一体化，突出教学过程的实践性、开放性和职业性，同时也提出了一个新的理念：让学生在教室里工作，完成真实的工作任务，教室同时也是一个实体运行的企业所在，是一个具备法人代表的办公场所。其中，"工"即工作，指学生在企业实践，作为企业员工的一员进行工作，最理想的状态是企业还能付给学生相应的劳动报酬，学生在工作中培养职业素质和提高技能；"学"即学习，指学生在这里还要进行基础知识、专业知识、技术技能的学习以及职业素质的培养，要将学习有机地融合到工作中，学生在完成工作的同时也完成了知识的学习。因此，工学教室强调的是"融合"而不仅仅是"结合"。

2. 国外相关概念的比较

（1）德国"双元制"职业教育模式。

"双元制"职业教育模式是德国职业教育的主体。它是指教学活动的一元在企业实施，另一元在职业学校里实施的教学模式。该模式一般为3年，第一学年进行职业基础教育，第二学年进行专业培训，第三学年则向特定职业深化，在整个过程中学生是双重身份，在校是学生，在企业是学徒。

（2）英国"三明治"职业教育模式

"三明治"模式是一种产生于英国的工作与学习相结合的教育模式。该模式在教学安排上让学生既在校内进行若干期课程学习，又到校外有关工厂、商业部门或其他专业部门参加一期或几期工作（一般有报酬）以接受实际训练，两者交替进行。

（3）美国"合作教育"职业教育模式

合作教育是美国教育制度中的一种很独特的形式。企业与职业学校合作，共同进行职业教育。学生一边在学校学习文化基础课和职业理论课，一边到企业或工厂车间进行实际操作训练。学生将理论知识应用于现实的实践中，然后将工作中遇到的挑战和见识带回学校，促进学校的教与学。

综观上述三种模式，虽然没有对相关模式下的教学场所提出明确的定义，但都有明确的分工：学校与企业合作，在学校学习，在企业实践。虽然都实现了工学结合，把技能型人才的培养与企业紧密结合，在生产实践中培养职业技能，学校文化知识教育和企业技能训练相结合，理论与实践相结合，校企资源共享，但无论是在时间段上还是地理位置上，工与学都有比较明显的区分，即工与学仍然是处在两个不同的场所，在校时侧重于理论知识的学习，在企业时侧重于实践操作。两者交替进行，并没有完全实现学习场所的工学一体化融合。而工学教室强调教学场所上"工"之场所与"学"之场所的一体化，这与上述几种国外具有代表性的模式有明显区别。

四、工学教室概念的界定

基于以上分析，我们认为界定工学教室的内涵需考虑以下三个方面：第一，工学教室的使用主体既是学生又是员工，是双重的身份，学生在其中完成学习和生产任务；第二，工学教室主要指向具体的学习场所和工作场所，二者融而为一；第三，工学教室应引入市场机制，完成的是实际发生的工作任务，而不是仿真的实践教学。因而，我们认为工学教室主要是指为实现教与学、理论与实践相统一，让学生在学习理论知识的同时完成真实的生产性实践任务，并将学习完全融合到工作中实现工与学"无缝对接"的教学场所，该场所既是学习用的教室又是真实存在的企业场所，学习过程即工作过程，具备产品生产的功能，具备企业真实的工作环境、管理模式与文化氛围，在实训中能生产一定的产品，理想状态为能产生一定的经济效益，充分体现工作任务的真实性和社会服务的效益性。教室即工场，工场即教室。

五、电子商务专业人才培养模式及教学环境

1. 普通教室

传统的教学模式师生在普通的教室完成教学。课堂是教师的课堂，讲台是教师的讲台，学生的角色是听课，缺少自己动手的空间。由于条件所限，教师的授课内容往往以理论为主，几乎没有实践操作。这种以教师为主体的传统教学模式使得学生的主动性无从发挥，难以达到理想的教学效果，更不可能培养创造型人才，这是传统教学模式的最大弊端。尤其是电子商务专业，对实际操作技能有较高的要求，学生在普通教室难以实现实践技能的培养。

2. 普通教室 + 实训室

普通教室 + 实训室的模式在一定程度上提高了学生的实践能力，但普通实训室无法满足电子商务行业对学生多方位多技能的要求，通常只能培养部分核心技能，更无从谈起社会能力的培养。因此，各职业院校必须探索更新、更先进的方式。

3. 普通教室 + 实训室 + 实训中心

实训中心可视为多个实训室的集合，或大型综合实训室。实训中心对大幅提高学生专业能力起着重要作用，但仍存在不足。实训中心通常以培养学生的多种单项技能为主，其实践教学环境与实训室比较相似，虽然也有仿真教学，但一般是仅仿真工作流程和工作的操作过程，而未仿真工厂（或企业）的工作氛围。显然，这样的方式不利于培养学生的综合职业素养。

4. 普通教室 + 实训室 + 实训基地

实训基地是指针对行业或职业岗位群的技能而设立的仿真工作环境，是系统的技能训练场所。学生在普通教室里学习理论知识，然后首先在实训室中掌握各个单项的技能，在积累了一定的技能水平后，再到实训基地完成实训任务，感受企业真实的设备、工具、环境、任务，生产出一定的"产品"，实训的过程与实际工作的操作过程一致。学生的实习大都在虚拟的环境中操

作，也有部分院校直接与企业合作，将企业作为实训基地，让学生在真实的工作环境中进行实践操作。但由于理论知识是在普通教室完成的，所以仍然会产生理实脱节的现象，所学不能及时运用到实际生产中，生产过程中获得的新知识也不能及时总结提高。

5. 专业教室 + 实训基地

以上几种模式虽是一个不断改革和进步的过程，但都停留在理 - 实分离的模式上，教师们在普通教室里讲授理论知识，然后学生再到实训室、实训中心或实训基地中进行实践，这种方式导致的结果往往是老师讲时不明白，自己做时记不住，老师不得不多次反复对操作要求进行复述，严重影响教学效率与质量。专业教室 + 实训基地的模式较好地解决了这个问题，在专业教室里学生可以边学边做，极大地提高了技能学习的有效性，学生在校内完成基本的技能训练后，再到实训基地进行综合训练。但这种模式仍不能实现学生在学习与实践上的完全融合，即同时同地统一进行。

6. 工学教室

电子商务工学教室主要是指为实现电子商务专业的教与学、理论与实践相结合，让专业的学生在学习理论知识的同时完成真实的电子商务相关生产性实践任务，并将学习完全融合到工作中实现工与学"无缝对接"，具备明显电子商务专业特色的教学场所。该场所的生产过程、管理模式、企业文化与企业一致，按照电子商务岗位群的要求来布置与运作。充分体现"工学合一"，在"（工）作"中"学"，在"学"中"作"，在实训中能生产一定的产品，最好能产生一定的经济效益，降低实训成本，以真正实现学生零距离就业。

六、小结

综上所述，电子商务工学教室的内涵应包括以下几点：①电子商务工学教室的使用主体为电子商务专业的学生，学生在其中是学生与企业员工的双重身份；②电子商务工学教室能同时满足教学与工作的需要，将"工"与"学"完全融合，学生在其中完成学习和实际生产任务；③电子商务工学教室应引入市场机制，按照电子商务岗位群的要求来布置与运作，完全按照企业管理制度进行管理，充分体现企业文化、生产过程及管理模式。

　　工学教室是学生真正适应社会的第一站，在这里不仅能让学生将学到的专业知识真正运用上，而且完全按照企业的管理制度管理，这样学生不仅实践能力得到了提高，还可以感受到真实的企业文化，使学生真正和企业拉近了距离，树立起自信心，帮助学生提高专业能力、方法能力和社会能力。由此可见，建设工学教室对于职业教育改革有着深远的影响，且必将成为职业教育改革的一个方向。

▶▶ 电子商务专业共享性实训教学体系建设方案

一、建设背景与基础

（一）建设背景

电子商务作为现代服务业中的重要产业，有"朝阳产业""绿色产业"之称，工信部统计数据显示，截至 2012 年 6 月，我国网民规模已经突破 4.95 亿人，相比 2011 年增长了 1000 万人。短短一年内竟有如此神速的增长，这充分说明互联网对人们生产生活的影响正在逐步深化并呈现加速态势。而且移动互联网的使用者已经达到 3.18 亿人，移动互联网的出现和普及更是给电子商务的发展又插上了一双强大的翅膀。2011 年第一季度电子商务的成交量达到 1924 亿元，当年上半年交易总额为 3707 亿元，同比增长 74%。巨大的市场发展前景吸引了大批企业纷纷转向电子商务领域，这预示着我国互联网经济规模十分可观。当网络日渐成为现代生活不可或缺的组成部分时，传统的经济形态不可避免地将遭到颠覆性的更迭，这是时代与科技不可逆的发展浪潮所造成的必然结果。展望未来，一方面电子商务以其锐不可当之势，加速产业、行业新型商务模式的形成与整合，给众多行业带来革命性的变化；另一方面科技的持续进步又将给电子商务带来新的发展契机。这两方面都必将导致对电子商务人才长期的旺盛需求。作为职业技术学校，人才培养如何适应和满足电子商务产业跨越式发展的客观要求，必须了解市场、适应市场、依托市场和开发市场。

据统计，我国登记在册的电子商务企业已达到 1000 多万家，其中大中型企业就有 10 万多家，初步估计未来我国对电子商务人才的需求每年约 20 万人，而我国目前包括高校和各类培训机构每年输出的人才数量不到 10 万人。人才总量不足已成为我国电商发展的瓶颈，企业对电子商务技能型人才的需求呈井喷之势。

在自治区内，广西电子商务发展面临很多机遇。一是国家和广西相继出台了一系列支持电子商务发展的政策，大力支持电子商务发展。二是在"一带一路"沿线开放发展下，广西依托区位优势，中国－东盟信息港建设全面启动，跨境电商发展环境不断优化，东兴市、凭祥市、龙州县等依托边境优势，跨境电子商务快速发展。三是电子商务的渠道逐步从城市延伸到农村的各个角落，目前广西电子商务进农村网点超 1000 个，有 23 个县列入电商进农村全国综合示范县。四是通过开展"电商入桂"，传化集团有限公司、北京至简云图科技发展有限公司、浙江聚贸电子商务有限公司、中万环球有限公司、阿里巴巴—达通等一批电子商务企业落户广西发展。五是举办中国－东盟电子商务峰会、广西"壮族三月三"电商节、"党旗领航·电商扶贫"、广西电子商务创业大赛等活动，电子商务发展创业的氛围日益浓厚。2016 年广西电子商务交易额达到 6180 亿元，同比增长 39.8%，在政策顶层设计、中国－东盟信息港、跨境电商、农村电商、招商引资、示范创建、公共服务、氛围营造、创业创新 9 个方面取得明显突破。2017 年预计广西电子商务仍将保持高速增长态势，交易额将超 7000 亿元。目前广西电子商务人才紧缺，绝大部分电子商务企业存在人才招聘压力。在行业急剧扩张和人才需求量大幅增长的情况下，我校电商专业获得了极好的专业发展外部环境，同时也获得了难得的发展机遇。

（二）建设基础

我校电子商务专业开设于 2001 年，连续招生 18 年从未间断，目前在校生总数 1038 人。现已形成电子商务、国际商务、物流服务与管理、市场营销专业群，同时带动商贸类相关专业共同发展，办学质量达到自治区示范性专业的条件，同时也是"国示校"重点建设专业之一。毕业生"双证率"达 85%，一次就业率为 90%，对口就业率为 85%，用人单位对毕业生评价的称职率为 90%，优良率为 40%。

电子商务专业在建设过程中，根据中职学生职业能力培养的规律以及企业对职业岗位的要求，经调研论证遴选出网店运营、网络营销、网络客服、网络美工 4 个岗位，高仿真岗位实际工作环境在校内构建这些职业岗位的专业校内实训基地（电子商务实训中心，如图 1 所示）。该基地占地面积约 800 平方米，设备总值为 950 万元，能满足专业课理论与实践一体化教学、技能考证培训等需求。

图 1　电子商务实训中心

二、建设思路与目标

（一）建设思路

基于电子商务"典型业务＋典型岗位"的课程体系和"专业＋公司"产教融合教学模式，在电子商务专业校企合作专家委员会指导下，依托各项保障制度，通过校企合作机制，在拥有百度互联网营销实训室、摄影工作室、呼叫中心、工学教室、商务洽谈室、电子商务沙盘实训室的基础上，根据电子商务行业企业需求，进一步完善实训基地的建设，新建跨境电商实训室、O2O 体验中心、移动营销实训室、网络编辑实训室等实训室，使其功能得到规范和强化，使每个工位的设备配置达到电子商务企业的要求。

同时，利用实训基地反过来进一步促进人才培养模式改革、专业与课程建设、"双师"团队建设及实习实训基地建设等专业建设。

（二）建设目标

1. 总体目标

打造集教学、培训、考证、技能比赛于一体的电子商务实训中心，建立学生创业就业平台、教师教研教改实践平台、人才培养模式和课程改革平台、校企合作实践平台、技术创新和实践平台。真正实现专业与产业、职业岗位对接，专业课程内容与职业标准对接，教学过程与生产过程对接，学历证书与职业资格证书对接，职业教育与终身学习对接。从而把电子商务专业建成与企业深度融合、区内一流，在教育教学改革具有突出特色和示范辐射作用的自治区示范性专业。

2. 具体目标

（1）完成基于网络营销、网络客服、网店运营、网络美工4个就业方向所覆盖的若干工作岗位的标准化实训室的升级改造和建设，建成一座新型的、现代化的电子商务实训中心。

（2）利用电子商务实训中心这一平台，进一步完善以职业能力培养为目标的课程体系，完成移动电子商务、网络编辑、微营销等系列课程的开发。

（3）利用电子商务专业实训中心这一平台，激励电子商务专业教师勇于改革创新，不断进行教研教改实践，打造一支满足专业建设需要的高素质教师队伍。

（4）扩大示范辐射及服务社会范围，实现资源共享，发挥设备与人员优势，为企业培训技术人员，为社会经济服务，为合作学校培训师资和学生，起到辐射作用。

（5）利用电子商务实训中心这一平台，探索和实践基地运行管理机制，形成规范化的电子商务实训中心管理模式。

（6）完成电子商务教学和实训资源库的建设，打造现代化、数字化教学平台。

3. 预期效益

（1）电子商务实训基地建成后，实训环境全面升级，企业仿真度增强，标准化程度高，达到自治区一流水平，示范作用凸显。

（2）电子商务实训基地建成后，将进一步增强电子商务专业群实践教学能力，为以学生为中心的"专业＋公司"产教融合教学模式提供有力保障，从而带动电子商务专业群共同发展。

（3）电子商务实训基地建成后，增强了校企合作的契机，电子商务企业的新技术、管理理念、创新意识得以在实训中心实践和应用。

（4）电子商务实训基地建成后，为电子商务专业技能比赛提供专业的标准化场地，为社会提供电子商务专业从业资格以及技术等级考证培训工作提供更好的实训考证场所。扩大服务行业企业范围，增加学校经济效益。

三、重点建设内容

（1）移动电子商务实训室建设项目预算资金 76.658 万元。

（2）跨境电子商务实训室建设项目预算资金 78.203 万元。

（3）网络广告实训室建设项目预算资金 87.729 万元。

（4）O2O 体验中心建设项目预算资金 28.2575 万元。

（5）电子商务实训室升级项目预算资金 151.9112 万元。

共计：422.7587 万元。

四、主要保障措施

（一）设立机构

成立项目建设领导管理小组，由校长担任本建设项目领导小组组长；成立项目方案规划和论证小组，由专业带头人负责；成立项目采购工作小组，由学校采购项目小组专门负责政府采购的计划及具体推进工作；成立软建设工作小组，负责实训室文化建设的设计和实施；成立课程开发和师资队伍建设小组，组织课程开发和师资培训及考核。

（二）保障机制

成立项目建设领导小组，具体负责研究、部署、督促、检查项目推进工作，为项目能够按时、保质、保量完成提供组织保障。

此外，学校完善的财务制度，为项目资金的合理合规使用提供了资金保障。

（三）过程管理

采用项目管理方式，按照学校重大建设项目实施"四定"计划，定负责人、定时间、定任务、定进度，并且执行项目建设情况月报制，确保各项目按照既定的质量标准按时完成。同时将项目建设情况纳入学校相关部门和个人的年度绩效考核内容，与业绩挂钩。

（四）经费保障

将配套资金纳入 2015 年度和 2016 年度学校建设的预算中，领导小组和财务部门负责配套资金的计划和落实。

附件

电子商务实训中心设备配置

序号	建设项目	设备名称	数量（台/套）	单价（元）	总价（万元）
1	移动电子商务实训室	移动 84 寸多媒体液晶触控一体机	1	60000	6
		学生电脑	65	5000	32.5
		教师电脑	1	5200	0.52
		鼠标键盘	66	150	0.99
		平板电脑	66	2100	13.86
		平板电脑安全锁	66	50	0.33
		教师桌椅	1	2500	0.25
		学生桌	33	1000	3.3
		学生椅	66	100	0.66
		音响系统	1	3000	0.3
		辅助材料	1	1200	0.12
		投影机	1	15000	1.5
		电动屏幕	1	1100	0.11
		无线网络设备	3	6000	1.8

（续表）

序号	建设项目	设备名称	数量（台/套）	单价（元）	总价（万元）
1	移动电子商务实训室	交换机	3	1200	0.36
		机柜	1	1500	0.15
		网线	4	750	0.3
		空调	2	7500	1.5
		移动硬盘	20	700	1.4
		U盘	20	250	0.5
		插排	35	50	0.175
		电缆线	6	320	0.192
		水晶头	300	4	0.12
		接线端子	300	0.7	0.021
		综合布线	1	10000	1
		电子防潮箱	1	6000	0.6
		保密柜	2	2500	0.5
		环境装饰	1	50000	5
		商品展示柜	4	6500	2.6
	小计				76.658
2	跨境电子商务实训室	超市货架	10	300	0.3
		小商品收纳箱	30	50	0.15
		商品打包台	5	500	0.25
		投影仪	1	15000	1.5
		电动屏幕	1	1100	0.11
		空调	2	10000	2
		相机	30	4500	13.5
		三脚架	30	200	0.6
		摄影灯组合	30	350	1.05
		摄影底布	30	20	0.06
		存储卡	30	100	0.3
		读卡器	30	30	0.09

（续表）

序号	建设项目	设备名称	数量（台/套）	单价（元）	总价（万元）
2	跨境电子商务实训室	电子防潮箱	1	6000	0.6
		音响系统	1	3000	0.3
		辅助材料	1	1200	0.12
		网线	4	750	0.3
		水晶头	300	4	0.12
		接线端子	300	0.7	0.021
		学生电脑	65	5000	32.5
		教师电脑	1	5200	0.52
		交换机	3	1200	0.36
		学生桌	33	1000	3.3
		学生椅	60	100	0.6
		教师桌椅	1	2500	0.25
		插排	50	50	0.25
		电缆线	6	320	0.192
		机柜	1	1500	0.15
		综合布线	1	10000	1
		业务办理台	40	1050	4.2
		吧台椅子	14	150	0.21
		会议桌	1	4800	0.48
		会议椅	10	320	0.32
		沙发	1	4000	0.4
		文件柜	1	3000	0.3
		实训室文化建设	1	50000	5
		移动84寸多媒体液晶触控一体机	1	60000	6
		镜头	1	8000	0.8
小计					78.203

（续表）

序号	建设项目	设备名称	数量（台/套）	单价（元）	总价（万元）
3	网络广告实训室	电脑	61	5500	33.55
		耳机	61	30	0.183
		学生桌	30	1200	3.6
		学生椅	60	80	0.48
		教师桌椅	1	3500	0.35
		多媒体遥控电子笔	1	100	0.01
		音响系统	1	3000	0.3
		辅助材料	1	1200	0.12
		投影机	1	10500	1.05
		电动屏幕	1	1100	0.11
		简易中控	1	2000	0.2
		机柜	1	1500	0.15
		交换机	3	1200	0.36
		空调	2	10000	2
		非线性编辑系统	2	30000	6
		专业监视器	1	35000	3.5
		高清板卡	1	15000	1.5
		数字内容管理系统核心服务	1	100000	10
		数字内容管理系统转码服务	1	70000	7
		特效素材库	1	20000	2
		以太网交换机	1	2000	0.2
		专业机柜	1	3000	0.3
		集成服务及施工材料	1	2000	0.2
		水晶头	300	4	0.12
		插排	35	50	0.175
		电缆线	6	250	0.15

序号	建设项目	设备名称	数量（台/套）	单价（元）	总价（万元）
3	网络广告实训室	接线端子	300	0.7	0.021
		网线	4	750	0.3
		综合布线	1	8000	0.8
		超清4K摄像机、摄像机套机（含电池、脚架、32G存储卡）	10	8000	8
		环境装饰	1	50000	5
小计					87.729
4	O2O体验中心	展示样品	1	30000	3
		民族文化工艺品陈列或其他	1	30000	3
		O2O基地门头	1	2700	0.27
		展示厅背景柜	1	4800	0.48
		多媒体台及收银台	1	6200	0.62
		吧台椅	4	200	0.08
		展示柜（服装、包包、3C数码、文具、日用品、食品等）	14	4300	6.02
		高柜（二维码扫描区）	1	4800	0.48
		试鞋凳组件（含镜子）	2	900	0.18
		万用板（鞋架区、配件区）	2	6500	1.3
		立柱层板区	1	6500	0.65
		流水台中岛	2	2500	0.5
		组合中岛	1	3200	0.32
		玻璃橱窗	1	8000	0.8
		顶面吊平顶	100	180	1.8
		吊灯	45	100	0.45
		射灯	50	60	0.3

（续表）

序号	建设项目	设备名称	数量（台/套）	单价（元）	总价（万元）
4	O2O 体验中心	台式电脑	1	4500	0.45
		平板电脑	2	2100	0.42
		标签纸	5	65	0.0325
		收银 POS 机	1	3000	0.3
		超市条码电子秤	1	2000	0.2
		价格标签机	1	1350	0.135
		智能小票打印终端设备	1	600	0.06
		移动式智能手持终端设备	2	9300	1.86
		智能门禁系统	1	15000	1.5
		实训室文化建设	1	30000	3
	小计				28.2075
5	电子商务实训室升级	学生电脑	60	5000	30
		新商战电子沙盘	1	190000	19
		投影机	2	8500	1.7
		幕布	2	1100	0.22
		蓝牙无线扩音系统	2	2600	0.52
		鹅颈话筒	2	200	0.04
		多媒体讲桌	1	2900	0.29
		白板及水笔	2	120	0.024
		田字形双面塑料托盘	40	230	0.92
		仓储木制托盘	50	135	0.675
		劳保棉纱手套	60	15	0.09
		安全帽	60	16	0.096
		口罩	30	15	0.045
		网格马甲	60	16	0.096

（续表）

序号	建设项目	设备名称	数量（台/套）	单价（元）	总价（万元）
5	电子商务实训室升级	购买和安装安全隔离铁丝网	30	35	0.105
		纸卡考勤机	5	350	0.175
		考勤打卡纸	50	8	0.04
		打印机	5	1500	0.75
		PP（聚丙烯）手工打包机	100	45	0.45
		PP打包带	30	43	0.129
		铁皮打包扣	10	50	0.05
		封箱胶带	10	312	0.312
		胶带切割器	60	8.5	0.051
		皮尺	30	35	0.105
		帐篷	50	800	4
		塑料路锥	60	10	0.06
		抽湿机	3	1100	0.33
		空调	2	9000	1.8
		投影机	1	10500	1.05
		电动屏幕	1	1100	0.11
		空调（柜机）	4	8000	3.2
		空调（壁挂式）	1	2700	0.27
		电子商务国赛软件系统	1	372082	37.2082
		移动电子商务应用实训软件	1	230000	23
		B2B（外贸）实战教学系统	1	250000	25
小计					151.9112

▶▶ 广西物资学校电子商务专业教学资源库建设方案

一、建设背景与意义

（一）建设背景

1. 电子商务产业发展迅猛

2008 年中国电子商务市场交易额达到 3.15 万亿元，2009 年电子商务市场交易额达到 3.8 万亿元，2010 年中国电子商务市场交易额达到 4 万亿元。据中国电子商务研究中心数据显示，截至 2010 年 6 月底，我国个人开网店的数量已经达到了 1200 万家，而且增长速度迅猛。我国登记在册的电子商务企业已达到 1000 多万家，其中大中型企业就有 10 万多家，2009 年新增电子商务服务企业直接从业人员 130 万人，相当于我国 2008 年全国城镇新增就业的11.7%，由电子商务带动的就业人数已超过 1000 万人。

2. 国家高度重视电子商务产业发展

电子商务产业的发展得到了国务院的高度重视和扶持。2005 年国务院办公厅发布《关于加快电子商务发展的若干意见》；2006 年国务院信息化办公室发布《关于加快电子商务发展工作任务分工的通知》；2007 年国家发展和改革委员会、国务院信息化工作办公室联合发布的《电子商务发展"十一五"规划》、国家发展和改革委员会发布的《高技术产业发展"十一五"规划》中正式将高技术服务业列为八大重点发展的高新技术产业之一，其中"推进电子商务和电子政务发展"是发展高技术服务业的重要内容之一；2009 年商务部发布了《关于加快流通领域电子商务发展的意见》。国家持续的推动，充分表明了电子商务产业的重要性和发展紧迫性。

3. 电子商务人才培养现状

截至 2024 年，教育部已经批准了 339 所本科高校和 650 多所高职高专，设置电子商务专业，在校电子商务类大学生达到 30 多万人，每年有 8 万多毕业生。电子商务人才就业方向主要可分为两类：一类是企业就业；另一类是自主创业。电子商务人才培养存在电子商务人才总体就业率低及中职电子商务人才培养东西部不平衡等问题。

（二）建设意义

1. 为全国中职电子商务人才培养提供指导和学习平台

针对电子商务人才培养这样与电子商务市场需求不符、东西部极不平衡的现状，通过建设电子商务专业教学资源库，快速缩小中职学校之间的培养水平差距，整体提升专业人才培养的水平，从而解决目前电子商务专业的人才培养与市场需求之间的矛盾。

2. 为近1000万家电子商务企业提供服务与学习平台

紧跟国家电子商务发展规划，通过为企业开发业务相关音视频素材的资源检索、在线指导，从而促进企业电子商务岗位设置、员工培训、业务流程规范等方面快速发展。

3. 为社会和家庭自愿学习者提供自主学习平台

通过构建教学资源学习库，为中职在校生，中职毕业生及其他社会学习者的终身教育提供学习服务。

二、现有成就和建设基础

1. 我校电子商务专业在开发教学资源库方面已有一定的成绩

电子商务专业为我校重点建设专业、自治区示范性专业，数十年来一直持续稳步发展，不断壮大。我校电子商务专业曾主持广西中等职业学校电子商务专业示范性教学方案制定和广西中等职业学校自治区级电子商务示范专业设备配备标准的制定，参与多项广西教育厅职业教育教学改革项目课题研究。我校电子商务专业从2007年开始进行基于工作过程的教学改革，目前已构建并实践了电子商务一体化的专业教学计划，开发了基于业务流程的校本教材9门，正逐步推广教学改革成果，取得了较好的成绩。学校电子商务专业资源库建设早在2007年即开始启动，具备坚实的基础。专业团队选取具有广泛代表性、能体现区域电子商务产业特点的样本（电子商务行业、企业、学校和学生）进行人才培养调研，从而正确描述电子商务人才培养的现状，找出存在的问题并提出解决问题的思路。为中职电子商务专业人才培养及电子商务专业资源库建设提供全面的依据。

2. 联合开发团队实力较强

我校电子商务专业依托国示校数字化资源共建共享精品课程开发的契机，聘请国内知名职教专家、电子商务行业企业专家做智囊团，联合省内外同类兄弟学校骨干教师共同开发。行业、企业的深度参与为资源建设提供了丰富的素材，保证资源与企业、行业的关联度。

3. 学校教学条件的建设与改善为资源库建设准备了物质条件

资源库建设的基础是学校教育教学、实践实训教学条件。学校近几年内建设并改善了教育教学条件，基于互联网技术的校企一体化实训基地建设初具规模，特别是建设了满足校内仿真实训课程教学的实训教学条件。学校电子商务专业已建成电子商务工学教室、电子商务综合实训室等实训中心，实训中心运用网络、信息与多媒体等高技术设施设备与手段，为师生与企业员工提供自主、便捷的技能训练平台。

三、建设目标与思路

（一）建设目标

通过参与建设国示校数字化资源共建共享精品课程、搭建电子商务专业群落网站、自建5门专业核心课程及建设实践平台，建成由"综合实践及创业平台、精品课程库、素材库与产学研结合的专业群落网站"等构成的电子商务专业教学资源库。实现：①为中职师生、企业员工及其他社会学习者自主学习与创新创业实践提供便捷、有效的自主学习平台；②为全国中职专业建设、人才培养质量考评与综合实践项目开发、课程开发、实践教学条件开发、校企政合作、优质职业教育资源共享等提供引用、借鉴、交流、研发的前瞻性、实用性平台；③为企业岗位培训、电子商务工作流程优化等提供服务平台。

（二）建设思路

1. 基本建设路径

基于国内外现有电子商务专业教学资源现状调研与电子商务专业相关的四大类学员的自主学习需求调研，以"做中学、做中教"的理念为指导，主要从电子商务职业教育人才培养目标出发，以现代电子商务的三大业务模式（C2C、B2C、B2B）为突破口，构建与电子商务行业发展要求相一致的，以科学、实用、便捷、直观、有效的自主学习为目的的电子商务教学资源库，最终实现电子商务教学资源库系统开发、建设、使用、管理、评价、更新与升级的可持续发展。

2. 具体建设思路

（1）组建开发团队（职教专家、行业企业专家、出版社、电子商务研究所、课程制作技术提供商、软件开发企业及其他同类学校），做好项目建设分工。

（2）制订开发方案。分解、细化开发总任务，形成子项目，明确子项目工作任务和进度要求，制定开发方案。

（3）调研及课程体系构建。根据任务要求，广泛开展相关调研工作，并对调研结果进行详细分析及充分论证，构建课程体系。

（4）教学资源库开发。依据调研结果，分组开发教学课程资源，定期检查和交流开发工作；通过有效对接典型企业的工作任务与项目，搭建集虚拟、实战于一体，具有研发、建设与考评功能的实践及创业平台；以教学活动设计为主线，通过5门电子商务专业核心课程建设，建成集多媒体教学课件、自主学习网络化课程、理实一体化教材、网络化评价试题库等为主要内容，以音频、视频、案例、动画、图片为配套内容，具有服务教师教学及满足学校师生、企业员工、社会不同学习者网络自主学习与创新创业需求、企业培训课程开发等功能的中职教育电子商务专业教学资源库。

（5）试用与反馈。对开发成果进行测试、指导、包装和试运行，通过部分学校试用，收集修改意见，并进一步完善。

（6）使用及日常维护。使用过程中，整合不同区域、不同类型、不同层次电子商务协会、典型性电子商务骨干企业、区域性国家示范骨干商务专业的技术资源、人力资源、智力资源、教学资源，促使资源库每年更新比例不低于10%，通过不断完善资源库网络协同平台的上传、审核、使用、激励等成套管理机制保障体系，逐步将资源建设向全社会开放，形成一个共享共建与边建边用相结合、通用性与个性化相结合、标准化与地方性相结合、先进性与实用性相结合、开放性与动态性相结合的实用型电子商务专业教学资源库。

四、建设步骤与时间安排

（1）第一阶段：组建课题研发团队。

组建：2011年12月1日—2011年12月20日。

制定：2011年12月。

（2）第二阶段：制定开发方案。

讨论：2012年1月1日—2012年1月30日。

签订：2012年1月。

（3）第三阶段：调研论证及课程体系构建。

调研：2012年2月1日—2012年3月10日。

分析：2012年3月。

（4）第四阶段：教学资源库开发。

开发：2012年4月1日—2012年9月30日。

检查：每3个月检查和交流1次。

（5）第五阶段：试用与意见反馈。

试用：2012年10月1日—2012年10月30日。

反馈：2012年10月20日。

（6）第六阶段：完善。

完善：2012年11月1日—2013年6月30日。

五、建设内容

1."国示校"数字化资源共建共享精品课程

参与"国示校"数字化资源共建共享精品课程的建设任务，在教育部及行指委的直接领导下，联合省内外实力雄厚的国家发展改革示范校骨干教师与专家共同研发精品课程，并将建设成果共享，在此基础上根据本区域特色及学生实际情况进行补充与完善，兼顾本区域电子商务应用状况，构建与本区域电子商务应用水平相适应的精品课程库。

2．精品课程库

重点建设完成电子商务专业 C2C、B2C、B2B 系列课程等 5 门专业核心课程的课程教学大纲、理实一体化教材、教学活动设计、网络课程等，并配有相应的多媒体课件、网络化评价试题库。

3．实践平台

以培养具有创新创业精神的高素质技能型电子商务人才为目标，由行业企业参与共同开发，搭建集产品网上销售、网站网络综合推广、互联网产品销售、企业在线售后服务、商务网站开发、网站及网络商铺运营、网络营销方案策划、网络营销软文写作、网络广告文案策划、网上创业、信息收集与调研于一体的综合实践平台。

4．电子商务专业群落网站

与企业合作建立产教结合的电子商务专业群落网站，将产教双方有机结合在一起，形成共生群落，有效促进双方良性互动和发展。搭建电子商务专业的全国性的产教共建共享的信息交流平台（电子商务专业群落网站），全面实施与行业专业特征紧密结合的供求、推广、咨询等相关信息资源的"无缝集成"，有针对性地为业内人士提供"一站式"相关信息服务，为加强产教联系和沟通提供有效载体，带动三方共同发展。

电子商务专业教学资源库建设内容详见表1。

表 1　　　　　　　　　　　电子商务专业教学资源库建设内容

项目	内容	数字化资源
"国示校"数字化资源共建共享精品课程	网店运营	课程教学大纲、理实一体化教材、教学活动设计、网络课程等，并配有相应的多媒体课件、网络化评价试题库及音频、视频、图片、案例、动画等素材
	网络营销	
	电子商务客户服务	
精品课程库	C2C 电子商务系列课程	
	B2C 电子商务系列课程	
	B2B 电子商务系列课程	
实践平台	实践及创业平台	产品网上销售、网站网络综合推广、互联网产品销售、企业在线售后服务、商务网站开发、网站及网络商铺运营、网络营销方案策划、网络营销软文写作、网络广告文案策划、网上创业、信息收集与调研
电子商务专业群落网站	产教结合的电子商务专业共生群落	全国性的产教共建共享的信息交流平台，全面实施与行业专业特征紧密结合的供求、推广、咨询等相关信息资源的"无缝集成"，有针对性地为业内人士提供"一站式"相关信息服务

六、预期成果

通过建成先进、实用、开放、通用、标准化的教学资源库，达到以下预期效果。

1. 作为示范引领作用

通过专业教学资源库建设，可以为其他专业资源库建设提供范式借鉴。电子商务专业以"做中学，做中教"为设计理念，充分体现以学生为主体、强调培养学生实践能力的模式，借助国家发展改革示范校建设平台，整个建设过程充分体现了国家职业教育专业资源库的要求。

2. 合作共享扩大服务能力

通过合作开发，得到高水平教学资源，全面提升专业教学的核心竞争力，可为全国庞大的各中职学校电子商务专业共享，避免了重复投资与建设，极大地节约了专业建设成本，可将资源库的服务能力最大化。

3. 方便学生自主学习，有效提高学习者就业竞争力

提供个性化服务，搭建终身学习平台以及开放、动态的数字化资源库，为所有学习者提供一个按需、不限时间、地点自由的学习知识库，扩展学生视野，激发学习兴趣，增强学生学习独立性，学生解决问题能力得到提高，从而不断提升其岗位技能和专业知识，有效提升其个人竞争力为学习者搭建终身学习平台。

4. 提升教师的专业技能和教学水平

促进以教师为中心的教学结构和教学模式的变革，使教师在线接触不同类别的学习者，有效提升教师专业技能和教学水平。

七、保障措施

1. 组织保障

成立建设指导小组、建设工作组，指导和负责教学资源库建设工作。由职教专家、教育技术专家和各联盟单位的专家组成，负责方案论证、业务指导、资源审定和项目成果的审查等工作。由骨干教师、企业专家组成项目建设工作组。团队成员组成结构合理，有电子商务专业人员，也有海外留学归来的职业教育硕士；有工信部的研究人员，也有第一线承担专业课教学的教师；有教育工作者，也有企业家。大多数的项目团队成员之间已有多年磨合的经历，也曾参与相关课题研究，彼此之间配合默契。

2. 制度保障

（1）项目责任制度

建立子项目负责制度。将教学资源库建设项目分解为若干个子任务，依据各个联合单位的特点，确定其承担的任务及子项目负责人并与牵头单位签订《协议书》。

（2）项目监督制度

牵头单位负责项目建设的信息收集、反馈，定期审查项目实施进度和建设质量。

（3）绩效考核制度

设立项目建设专项奖励基金，做到奖罚分明，对建设项目的执行情况分季度进行检查和中期推动，实行绩效考核，确保整体资源库建设项目按期完成。

（4）资金管理制度

制定《教学资源库建设项目专项资金管理办法》，设立专项资金账户，严格实行专款专用和审批制度，严格按照项目建设投资计划，合理有效使用各项建设经费。

（5）经费保障

在资源库建设资金管理方面，坚持"总体筹划、分段实施；单独核算、绩效考评；分项管理、保证重点"的原则，实行"统一规划、单独核算、专款专用"的管理办法。建立资源库建设专项资金管理责任制，由各子项目负责人对建设资金实行全程负责，定期向组长单位汇报项目实施进展和资金使用情况，确保资金不被截留、挤占和挪用。

八、经费预算

序号	工作内容	预算（万元）
1	组建研发团队，进行广泛深入的调研工作	0.5
2	"国示校"数字化资源共建共享精品课程	8
3	精品课程库	1
4	实践平台	30
5	电子商务专业群落网站	3
6	推广试用	0.1
7	收集、分析反馈意见	0.1
8	完善资源库内容建设	0.2
9	资源库内容进行持续维护、更新与完善	0.1
	合计	43

6

典型案例

▶▶ 聚焦品牌专业 促职教精准扶贫

——校企合作共建品牌电商培训中心，服务农村电商扶贫

一、基本情况

广西物资学校电子商务专业与广西农小二农业科技有限公司、广西壮族自治区通信产业服务有限公司科技培训分公司合作，组建培训中心，携手培训企业、农业电商企业共同开发适合农民、城乡个体户的电商阶梯式实战培训模式，深入基层为农民工、残障人士、农户、个体户等群众提供各类电子商务培训与指导。电子商务培训记录见表1。培训中心自2016年7月至今已开展了200多场次培训，超2万人次直接受益，目前已经带动500多人开展电商运营，极大地推动了区域电子商务发展。培训中心于2017年通过培训、考核增加全省中职电商教师30名，扩大了原有的电商培训师资库，成为区内有名的电商培训教师输出中心。

表 1 电子商务培训记录（部分）

序号	时间	项目	培训地点	培训人数（人次）
1	2019年8月	2019年上林县直播电商大赛赛前培训	上林县	34
2	2019年8月	南宁市残疾人04期计算机操作职业技能培训	南宁市	28
3	2019年10月20日	宾阳精英班三期	宾阳县	35
4	2019年10月25日	宾阳精英班四期	宾阳县	29
5	2019年10月26日至27日	2019年宾阳县电子商务进农村精英四班	宾阳县	29
6	2019年11月25日	大化农村电商培训	大化瑶族自治县	38

（续表）

序号	时间	项目	培训地点	培训人数（人次）
7	2019 年 11 月 30 日	天等县电子商务进农村人才培训	天等县	96
8	2019 年 12 月 5 日	大化县电子商务进农村综合示范县培训班大化职校专场	大化瑶族自治县	49
9	2019 年 12 月 9 日	罗城电子商务进农村实践型人才培训	罗城仫佬族自治县	100
10	2019 年 12 月 13 日至 14 日	金秀县电子商务进农村综合示范县培训班（金秀职校专场）	金秀县	78
11	2019 年 12 月 2 日	大化农村电商培训	大化瑶族自治县	50
12	2019 年 12 月 7 日	梧州龙圩农村电商培训	梧州龙圩区	50
13	2019 年 12 月 19 日	扶绥县残联 2019 年残疾人电子商务培训班	扶绥县	12
14	2019 年 12 月 21 日	隆林电子商务进农村人才培训	隆林各族自治县	50
15	2020 年 1 月 8 日	德保县电子商务进农村实践型人才专题培训第二期（隆桑镇专场）	德保县隆桑镇	75
16	2020 年 1 月 16 日	天等县电子商务进农村人才培训	天等县	87
17	2020 年 1 月 17 日	环江毛南族自治县电子商务进农村综合示范项目专业技能提升培训第 2 期	环江毛南族自治县	82
18	2020 年 4 月 23 日至 24 日	扶绥县 2020 年电商实践型人才技能第 1 期培训班	扶绥县	43
19	2020 年 4 月 25 日	大化县扶贫干部培训	大化瑶族自治县	186

（续表）

序号	时间	项目	培训地点	培训人数（人次）
20	2020 年 7 月 13 日至 15 日	南宁市残疾人电子商务职业技能培训	南宁市	45
21	2020 年 7 月 16 日	南丹县领导干部学习贯彻习近平新时代中国特色社会主义思想和党的十九届四中全会精神集中轮训班（第二期）	南丹县	71
22	2020 年 7 月 18 日	天峨农村电商培训	天峨县	50
23	2020 年 7 月 20 日	大化农村电商培训	大化瑶族自治县	50
24	2020 年 7 月 27 日	都安农村电商培训	都安瑶族自治县	50
25	2020 年 7 月 30 日	2020 年天等县电子商务进农村人才培训（青年创业班）	天等县	52
26	2020 年 8 月	南宁市残疾人电子商务职业技能培训（第六期）	南宁市	50
27	2020 年 9 月 8 日	2020 广西区桂林市永福县第二期电商高素质农村培训班	南宁美丽南方	119
28	2020 年 9 月 9 日	南宁市残疾人电子商务职业技能培训（第七期）	南宁市	25
29	2020 年 9 月 15 日	2020 年电子商务进农村人才培训	环江毛南族自治县	50
30	2020 年 9 月 16 日	玉林市 2020 年第一期农村党员电商技能提升示范培训班	玉林市五彩田园	130
31	2020 年 9 月 25 日	西乡塘区农村党员大培训电子商务专题培训班	西乡塘区	96
32	2020 年 10 月 12 日	南宁君雄电子商务培训	南宁市	30
33	2020 年 10 月 20 日	教学成果分享	河池市职业教育中心学校	215

（续表）

序号	时间	项目	培训地点	培训人数（人次）
34	2020 年 10 月 31 日	农村电商	上林县	50
35	2020 年 11 月 3 日	南宁市良庆区第一期高素质农民教育培训电商班	南宁市良庆区	50
36	2020 年 11 月 18 日	南宁市武鸣区"党旗领航电商扶贫"电子商务技能培训班	南宁市武鸣区	100
37	2020 年 12 月 17 日至 18 日	广西环江毛南族自治县电子商务培训	环江毛南族自治县	50
38	2020 年 12 月 25 日	2020 年度"直播助力扶贫 832 平台"电商产教融合对接活动暨培训会	田阳区人民政府	96
39	2020 年 12 月 31 日	龙州县电子商务服务网点农村电商培训会	龙州县	47
40	2021 年 1 月 8 日至 9 日	桂平市 2021 年试行结果导向型扶贫项目高素质农民培育第七期淮山经营管理班	桂平市	77
41	2021 年 1 月 11 日至 12 日	桂平市 2021 年试行结果导向型扶贫项目高素质农民培育第八期荔枝产业生产经营班	桂平市	65
42	2021 年 1 月 14 日至 15 日	桂平市 2021 年试行结果导向型扶贫项目高素质农民培育第九期荔枝产业生产经营班	桂平市	63
43	2021 年 1 月 16 日	桂平市 2021 年试行结果导向型扶贫项目高素质农民培育第十期荔枝产业生产经营班	桂平市	65
44	2021 年 1 月 22 日	桂平市 2021 年试行结果导向型扶贫项目高素质农民培育第十一期荔枝产业生产经营班	桂平市	50
45	2021 年 2 月 25 日	博导 2020 开年线上大课	线上培训	1356

（续表）

序号	时间	项目	培训地点	培训人数（人次）
46	2021 年 3 月 19 日至 21 日	桂平市 2020 年世行结果导向型扶贫项目高素质农民培育第十一期水稻生产经营班	桂平市	53
47	2021 年 3 月 20 日	桂平市 2020 年世行结果导向型扶贫项目高素质农民培育第十二期水稻生产经营班	桂平市	49
48	2021 年 4 月 1 日	广西环江毛南族自治县电子商务培训	环江毛南族自治县	50
49	2021 年 4 月 10 日	桂平市 2020 年世行结果导向型扶贫项目高素质农民培育第十四期荔枝生产经营班	桂平市	50
50	2021 年 4 月 10 日至 11 日	桂平市 2020 年世行结果导向型扶贫项目高素质农民培育第十五期荔枝生产经营班	桂平市	58
51	2021 年 4 月 22 日	广西扶绥电商实践人才培训	扶绥县	55
52	2021 年 4 月 23 日	扶绥县 2021 年电商实践人才培训班	扶绥县	48
53	2021 年 5 月 14 日	桂平市扶贫项目高素质农民培育	桂平市	70
54	2021 年 10 月 16 日至 17 日	2021 年港口区第一期高素质农民教育培训综合班	防城港市港口区	60
55	2021 年 11 月 3 日至 7 日	广西第一期电子商务师（一级、高级技师）国家职业技能等级认定培训	广西商贸高级技工学校	34
56	2021 年 11 月 9 日	2021 新媒体运营技能提升培训班（滨都美食广场、小水街、新源大厦）	南宁市西乡塘区	45
57	2021 年 11 月 16 日	富士康集团南宁科技园助理电子商务师培训	南宁市江南区	100
合计				4925

二、主要做法

（一）独创阶梯式培训模式

针对巴马瑶族自治县、靖西市、横州市、柳城县等地农特产品进行调研论证，制定了网络销售策略，同时针对培训对象具体情况进行调研分析、制定培训策略，最终以网络销售农特产品为切入点打造"阶梯式培训模式"，将培训分为三级进阶：初级、中级、高级（见图1）。初级班学员主要学习微商运营模式销售自有产品；中级班在此基础上学会淘宝等平台操作运营及网络营销技巧；高级班则要学会农特产品品牌塑造。初、中、高级采用阶梯式培训，逐层选拔。阶梯式培训既打造了当地领袖型学员，可带领其他农民、个体户开展电商活动，又保证了培训对象都能开展基本电商活动。

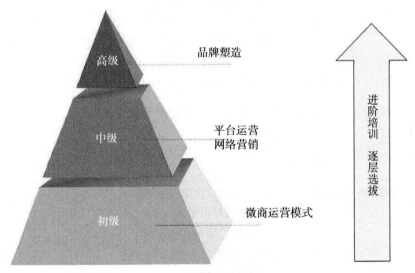

图 1　阶梯式培训模式

（二）利用实际产品作为教学案例

围绕学员实际案例，通过电商手段解决学员实际问题，以此为基础开展培训，实用有效。学员提供自有农特产品作为实操培训道具，初级班培训讲师根据产品特性手把手指导农民、个体户利用手机开展微商活动；中级班则利用"手机＋电脑"学会简单的网络营销并建立个人或企业淘宝店进行运营管理；高级班带领学员分组对既定的农特产品进行分析、重组，通过各种推广手段完成品牌塑造及品牌注册。

三、主要亮点

1. 结合当地产业，孵化农村电商项目，培训切实落地

利用当地农特产品为培训案例，教会农民、个体户开展电商活动，并建立社群开展长期电商辅导工作，持续解决农民、个体户开展电商过程中遇到的困难，社群有效提升了学员黏性，更好地推动团队的组织、活动的开展，活跃性非常高，各个群内学员积极讨论电商活动与分享成果，极大提升了培训效果。

2. 搭建"企业＋学校＋农民"立交桥式帮扶

促进电商扶贫的有效开展，同时极大提升了教师技能水平及服务社会能力。自深度合作以来，我校电商教师同时带领学生共同深入参与项目，完成了专业教师从教书匠到"师傅"即专家的蜕变，学生的参与也为农村电商未来发展做了人才储备。

▶▶ "1+X 证书标准引领、岗课赛证融通"的电商专业人才培养模式
——广西物资学校 1+X 证书制度试点工作典型案例

一、建设背景

为贯彻全国教育大会精神，近年来，中共中央、国务院相继制定《国家职业教育改革实施方案》《深化新时代教育评价改革总体方案》，以进一步推进职业教育改革，培养高素质技能人才。1+X 证书制度作为"职教 20 条"的一项重要创新，是进一步落实立德树人根本任务、完善职业教育和培训体系、深化产教融合及校企合作的一项重要举措。广西物资学校电子商务专业为自治区示范专业、全国首批"国家中等职业教育改革发展示范学校"重点建设专业、2020 年广西首批品牌建设专业，并于 2017 年荣膺"中国职业院校电商专业竞争力排行榜（中职校）第四名"，跻身全国百强之列，专业始终保持区内中职电商领先水平，具有较大影响力和先进性。2019 年广西物资学校电商专业被遴选为广西壮族自治区中职院校首批 1+X 证书制度改革试点专业，自此专业逐步将 1+X 职业技术等级证书融入专业建设中。专业在开展 1+X 证书制度试点工作过程中，逐步探索形成了"1+X 证书标准引领、岗课赛证融通"的电商专业人才培养模式，实现课证融合、赛证融合、校企融合。以 1+X 职业技能等级标准、职业需求为导向，以实践能力培养为重点，以岗位技能和综合素质为核心，推进课证融通，逐步将证书的技能点融入专业人才培养方案和课程体系中，并通过赛训结合、校企合作、组建教学团队、强化师资培训、开展线上线下混合式教学等多元化方式，发挥"X"对"1"中的技能、知识、素养等方面的强化、补充与拓展作用，推进"1"和"X"有机衔接和融合。

二、工作举措

（一）强化教师培训，将培训师资做强

为深入开展 1+X 证书制度试点，培养一支能够准确把握 1+X 证书制度先进理念、深入研究职业技能等级标准、做好专业教学整体设计、满足新技术和新技能培养培训需求的教学创新团队，学校积极对接试点证书培训评价组织，结合试点工作要求和学院实际情况，强化教师培训力度。一是加强专业带头人培养，加强 1+X 证书制度新理念的学习，准确把握试点工作的背景与意义、职业技能等级证书及标准的内涵与要求，带领专业团队做好人才培养方案开发等试点工作的顶层设计。二是加强专业骨干教师培养，通过参加教师素质提高计划项目、参与职业技能等级标准培训等形式，提高专业骨干教师实施教学、培训和考核评价能力。学校组织电商专业全体教师开展了"1+X 证书农产品电商运营""1+X 证书网店运营推广""1+X 证书电子商务数据分析""1+X 证书直播电商"的初、中、高级系列培训，教师获取职业技能等级证书如表 1 和图 1 所示。

表 1　　　　　1+X 试点工作中教师获取职业技能等级证书一览

职业技能等级证书	初级	中级	高级
1+X 证书农产品电商运营	15 人	15 人	—
1+X 证书网店运营推广	8 人	12 人	5 人
1+X 证书电子商务数据分析	9 人	10 人	9 人
1+X 证书直播电商	6 人	15 人	—

图 1　教师参加 1+X 培训获得培训教师证书示例（中级）

（二）1+X证书标准引领，构建岗课赛证四位一体的模块课程

在1+X证书制度的行业企业职业标准引领下，依据电商行业职业岗位工作任务，按照电子商务工作流程作为课程教学主线，结合1+X职业技能等级标准以及技能大赛考核要求，构建"1+X岗课赛证四位一体"的课程体系，并按照分层教学的理念，将1+X职业技能等级初级、中级、高级与学生的基本技能、专项技能、创新技能的培养相结合，逐步培养学生的认知探究、实践运营、创新创业能力。为实施的1+X证书制度提供可参考的课程范式。在1+X证书制度的行业企业职业标准引领下，将电子商务五个方向职业岗位、转化为五个以真实企业项目为载体的模块化课程内容、并结合1+X职业技能等级证书培训和电商技能赛，构建"1+X岗课赛证四位一体"的课程体系，如图2所示。

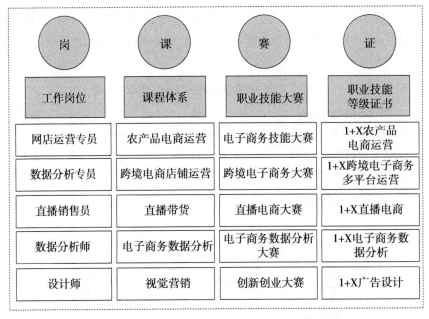

图2　"1+X岗课赛证四位一体"的模块化课程体系

（三）创新合作路径，将试点工作做深

为了培养电子商务企业需要的高素质技术技能人才，使电子商务专业

课堂教学过程与企业生产过程相对接，北京鸿科经纬科技有限公司在电子商务专业领域内先进的培训标准、优质的培训资源、丰富的培训经验，电子商务专业与培训评价组织、龙头企业等在制定人才培养方案、开发优质信息化资源、培育创新性教学团队、建设开放共享的实训基地等方面探索开展多样化、多元化的合作，大胆推行面向企业真实生产环境的任务式教学模式。在与培训评价组织保持联系、沟通的同时，深入其他院校和企业就课程体系设计、课程方案实施、实训学期安排等方面如何与1+X职业技能等级证书对接融通等进行调研，制定人才培养方案，结合1+X职业技能等级证书要求优化教学进程，完善课程标准。召开专题教学研讨会，讨论课程实施方案、分解教学任务，将1+X职业能力基础培养融入电商专业课程教学中，实施课证融通，深化三教改革，把1+X职业技能等级证书制度工作落到实处，夯实学生自主学习、终身学习和可持续发展的职业素养和技能基础。

（四）以赛促教、以赛促学、赛训结合，助推"X"技能提升

为了全面提升技能水平，电子商务专业学生以技能大赛为抓手，采取"以赛促教，以赛促学、赛训结合"的模式，激发学生的自主学习能力。教师在教学活动中融入竞赛内容，实现教学相长，提升人才培养质量；同时，将技能大赛中的新技术、新方法纳入教学标准和教学内容中，更好地做到学以致用，助推"X"技能提升。教学重技能，竞赛显身手，将理论与实践结合，做中学，学中做。以赛促教、以赛促学、赛训结合，让学生在熟练掌握理论知识的基础上，加强对知识的运用和实践，实现在实训中领悟，在领悟中提升。在2021年广西职业技能大赛中，我校电子商务专业学生取得全区电子商务技能团体赛一等奖、直播电商团体赛一等奖、电子商务数据分析团体赛二等奖等。

（五）线上线下联动，将学生技能练细

为了创新中职电子商务专业人才培养模式，巩固线上教学对提高教育质量发挥的积极作用，将1+X证书考核内容融入专业人才培养过程中，电子商务教学团队根据参训学员的实际知识能力，通过实施"两步走"的方法，进

行教学、实习，逐步提升学生的专业能力。

第一步：采用混合式教学模式开展学期实训。

学期实训依托 1+X 证书制度试点项目，采用混合式教学模式进行实训。充分利用合作企业北京鸿科经纬科技有限公司的 1+X 云课程在线学习平台进行学习，如图 3 所示。教学团队把项目按知识点录制成视频，发布到 1+X 云课程平台供学生学习，学生灵活掌握学习进度；并提供丰富的模拟试题作为实训项目的补充。线下教学主要解决学生遇到的问题，并根据 1+X 试题完成情况强化讲解相关技能点。混合式实训全方位鼓励学生勇于实践，勤于动手，加强合作，充分利用线上线下教学资源完成实训学习，为 1+X 证书考核奠定了良好基础。

图 3 "1+X 云课程"在线学习平台

第二步：开展 1+X 证书分方向考前强化集训。

开展为期两周的电商专业 1+X 职业技能中级证书考前强化集训。在完成正常教学的情况下，于临近考证的前两周让学生根据自身所长，选择其中一个证书进行考证。为了保证通过率，根据学生所选 1+X 不同证书，电商专业将原来的 6 个班重新调整分班，分为农产品电商运营、直播电商、电子商务数据分析、网店运营推广四个1+X分方向教学班。将报考相同证书的学生调整为同一个方向班，并安排一名专门钻研该证书的教师进行专项考前强化集训。构建真实工作环境，通过模拟实战，提升学生实际操作能力。在实际操作过程中，专业教师扮演培训师，以培训者视角设计培训场景与培训内容，以学生的获得感为标准，强调培训过程中学生的体验、反馈与互动，完成了教师向培训师转化的首次尝试。

（六）开启证书考试，将培养质量做精

电商专业教师分工完成考试考场布置、软件安装、考试监考等工作，顺利完成试点考核。电商专业2020年首次"1+X网店运营推广"职业技能初级证书考试取得了优异的成绩，获证率92%。2021年电商专业全体267名学生参加电商类的1+X农产品电商运营、直播电商、电子商务数据分析、网店运营推广四个职业技能证书考证，取得了非常好的成绩，获证率80%，其中农产品电商运营和直播电商获证率100%，位居全国前列，众多学校纷纷表示要向我校学习经验。在校学生在毕业前顺利获取"X"证书，更加有力地加强学生专业技能、拓展学生职业发展空间，顺应行业对人才需求，提升学生职业技能水平和就业竞争力。标志着我校在落实1+X证书制度试点工作上迈出关键的步伐，为今后其他证书试点工作顺利开展积累了宝贵的经验。1+X证书考试现场如图4所示。

图4　1+X证书考试现场

三、主要成效

（一）构建"1+X证书标准引领、岗课赛证融通"的电商专业人才培养模式

2020年以1+X为背景申报广西职业教育教学改革研究项目，电商专业带头人秦清梅老师的"基于1+X证书制度的'标准引领、课岗证赛四位一体、三级递进'的中高职衔接电子商务专业人才培养模式的构建与实践"项目获批2020年度广西职业教育教学改革研究项目中的中职重点项目。利用项目契机，修订电商专业人才培养方案，构建了基于1+X证书制度的"标准引领、课岗证赛四位一体、三级递进"的中高职衔接电子商务专业人才培养模式，该体系采用"课证融合"，为1+X证书制度提供可参考的课程范式，并推广至同类院校电子商务专业。

（二）1+X证书制度试点工作推进了电子商务专业三教改革

自教育部提出1+X开始，我校电商专业在各方面建设均逐步融入1+X相关内容，编写的《跨境电商实务》《店铺运营》《直播带货教程》《农村电商运营》等五本教材更是深度融入相关1+X标准及课程思政内容。目前已出版的《店铺运营》第二版（"十二五"职业教育国家规划教材，高等教育出版社）可看到具体成果。

四、工作启示或推广应用

我校电子商务专业是第一批开展1+X网店运营推广证书考证学校，培训考证的工作经验也得到了同行院校的认可与学习，其中灵山县职业技术学校、容县职教中心等同行学校为了做好1+X证书培训考证工作，到我校交流学习1+X考证工作经验，对我校开展的试点工作给予了高度的评价，并尝试将我校培训模式运用到本校的试点工作中。灵山县职业技术学校来我校交流1+X工作情况如图5所示。

灵山县职业技术学校
关于到贵校交流合作和学习的函

广西物资学校：

我校在 2019 年第二批 1+X 证书试点院校申报中获认定为 1+X 网店运营推广证书试点学校，为了做好 1+X 网店运营推广证书培训考证工作，更为了向贵校学习 1+X 网店运营推广证书培训考证的工作经验。我校定于 2020 年 7 月 3 日由欧阳泳主任带队一行共 4 人到贵校学习，请贵校给予接洽为盼，现将学习有关具体事项函告以下：

一、学习时间：
2020 年 7 月 3 日 14:00—18:00。
二、学习内容
1. 14:00—16:00 现场观摩了解考证考试具体操作事项；
2. 16:00—18:00 向贵校开展培训考证相关部门或教师学习培训考证工作经验。
三、学习成员
欧阳泳（培训办主任）、蒙秀莲（电子商务专业副组长）、邓平熠（电子商务专业副组长）、管颖飘（电子商务专业教师）

联系人：欧＊泳　186＊＊＊＊＊＊＊＊

图 5　灵山县职业技术学校来我校交流 1+X 工作情况

通过参与 1+X 职业技能等级证书试点，学校在师资培训、课证融通、学生培养、考核认证等方面进行了有益探索，取得了一定创新与突破，促进了学校的教学改革。同时，学校将总结试点工作经验，积极扩大影响，进一步增加试点的专业和人数，重点围绕电子商务职业技能等级证书融入专业人才培养、师资队伍建设、课程建设、教学方法改革、实施高质量职业培训等开展工作。

▶▶ **学校企业双主体、学校员工双角色、引企入校做项目**

——广西物资学校电子商务专业校企合作开展校内生产性实践教学的案例

为了更好地贯彻"校中企、做中学"的人才培养模式，我校电子商务专业致力于打造"学校企业双主体、学校员工双角色、引企入校做项目"的深度校企合作之校内生产性实践教学。现已成功与南宁好用网络科技有限公司、广西时空网等12家企业进行了项目合作，校内生产性实践教学项目实施已初现规模。

一、电子商务专业校内生产性实践教学概述

本专业立足专业实际，以"校中企、做中学"为人才培养模式，将传统的课堂教学组织模式改革为"专业＋公司"产教融合教学模式。专业依托学校创新创业中心，建立起具有专业特色的"校中企"。

"校中企"指的是由学校支持、专业经营的实体公司南宁市鑫物商务服务有限公司和广西农小二农业科技有限公司。学生一进入学校即拥有双重身份——学校学生和公司员工，"校中企"成为教学模式开展的主要场所，教学依托"校中企"开展，在"校中企"教学管理框架下专业依托广西农小二农业科技有限公司完成专业课教学，依托南宁市鑫物商务服务有限公司完成经营性公司实习。

在这样的"校中企"模式下，学生实现了"做中学"，即在完成任务中完成学业。因此，教学内容也由传统的理论和模拟案例变为"理论＋实践"，而且这个"实践"是真实的企业任务而不是单纯的模拟案例。从事这样的教学就是校内生产性实践教学。

表 1　　　　　　　　　　电子商务专业生产性实践教学结构

教学内容	企业项目、任务
教学主体	教师 + 学生
教学场所	实训室 + 企业
教学评价	任务完成情况
教学激励	获得知识、技能、工作报酬

二、立足课程体系，设立工作岗位

我校电子商务专业将学生就业定位在熟悉电子商务领域 C2C、B2C、B2B 等典型业务和掌握网络营销、网络客服、网络美工和网站建设与维护四大典型岗位能力上。同时，将电子商务师、网络编辑员的国家职业标准纳入课程体系。在此基础上，形成了以实践课程引领理论课程、以项目带动相关知识的基于电子商务"典型业务 + 典型岗位"的课程体系。电子商务专业课程体系改革情况对照，如表 2 所示。

表 2　　　　　　　　电子商务专业课程体系改革情况对照

项目	改革前		改革后	
体系名称	基于电子商务学科体系的课程体系		基于电子商务"典型业务 + 典型岗位"的课程体系	
专业方向	3 大方向	电子营销； 客户服务； 网站建设	5 大方向	网店运营； 网络营销； 网络客服； 网络美工； 网站建设与维护
专业课名称	学科式课程	电子商务网络技术； 电子商务基础； 网络营销； 电子商务网页制作； 网上贸易实务； 电话销售；	电子商务典型业务课程	C2C 电子商务系列； B2C 电子商务系列； B2B 电子商务系列
			电子商务典型岗位课程	网络营销； 网络美工； 网络客服； 网站建设与维护

（续表）

项目		改革前	改革后
专业课名称	学科式课程	网店管理； 客户关系； CRM（客户关系管理）； 客服实务； 客服综合实训； 网站建设与维护； 网络编辑技术； 网络广告设计与制作； 网络编程基础	
专业课类型		理论课、实践课	"理实一体化"课程

根据电子商务"典型业务＋典型岗位"的课程体系，专业将课程内容与企业实际相结合，立足岗位需求，对接实践内容，在"校中企"中设立了相应的工作岗位，负责各项业务。

表3　　　　　　　　　　电子商务"校中企"岗位

岗位	技能
平台搭建与维护	1. 市场调研； 2. 框架设计； 3. 后期维护； 4. 美工； 5. 摄像； 6. 文字
流量中心	1. 流量分析； 2. 引流； 3. 流量转化率
客服、销售	1. 售前、售中、售后； 2. 直销
商业策划	1. 产品促销； 2. 品牌宣传

（续表）

岗位	技能
会员运营	1. 会员销售行为分析； 2. 会员维护； 3. 大客户维护； 4. 二次营销

三、深化实践内容，对接生产性实践项目

在"校中企"的运行管理上，打破传统的校内虚拟实训为主的实践教学模式，通过"校中企"积极引进企业生产性项目作为教学实践内容，令实践内容与企业真实工作项目对接，虚实结合，让学生完成模拟任务之后更进一步深入完成对应的生产性实践项目，从而全面提升学生实践能力，并身临其境体验企业工作环境。经过摸索，我专业形成了一套完善的校内模拟实训与生产性实践项目（如图1所示）相对接的实践操作体系。

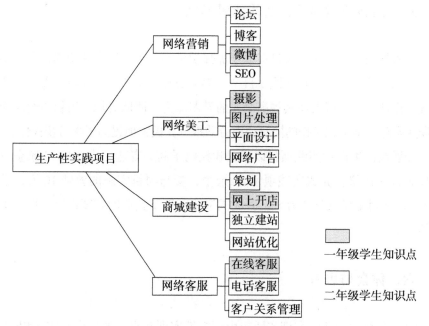

图 1　电子商务生产性实践项目实施模块

四、项目分级，流程管理

生产性实践项目主要由专业教师与企业洽谈并引入，根据难度不同分别归类为初级、中级或高级。其中，初级及中级项目主要面向一年级学生，高级项目由二年级学生完成。所有生产性实践项目均与课程内容相对接，以课程顺序为基础次序展开，使项目得以流程化地实施、管理。项目实施流程，如图2所示。

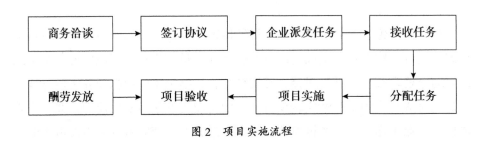

图2　项目实施流程

五、实训质量提升，实践成果丰硕

引入校内生产性实践项目有助于加强学生实践动手能力的培养，真正实现学习与工作的零对接。在实践项目中，学生面对真实的企业项目，以员工角色完成工作任务，可以促使其提高个人的学习能力、团队意识、组织与纪律观念等职业素养。学生在工作的同时获得劳动报酬，极大地提高了学习积极性。

开展校内生产性实践项目以来，我校电子商务专业已成功与12家企业签订校企合作协议，完成实践项目20余个，参与项目实施的教师10人、学生100人，项目金额共计2万元，验收成果皆获得了企业的高度肯定，树立了良好的口碑。

六、体会与思考

（1）商贸类专业的实训实践应由模拟性实训和真实的生产性实践相结合，

缺少任一途径都很难实现商贸类专业的校企合作人才培养目标。

（2）专业开展生产性实践教学最重要的就是要有一个校企合作沟通的平台，通过"校中企"能够很好地解决这个问题，一方面能够保证企业的教育性，另一方面能够保证企业项目任务引进的合法性和真实性。

▶▶ 广西物资学校电子商务专业教学创新团队建设案例

广西物资学校电子商务专业教学创新团队以全面提升教学团队整体能力为核心，以提高专业人才培养质量为目标，探索"在岗与兼职培养、个人发展与专业发展、学校与企业培养三融通"的师资培养模式，创新建立教师个人成长档案袋、团队建设档案袋和专业发展档案袋"三个档案袋"，促进教师专业发展，提升团队的师德师风水平、教育教学能力、服务社会能力和教学评价能力，推动三教改革，引领教学模式改革创新和推进专业人才培养质量持续提升，建成具有鲜明农村电商特色的结构化教学创新团队。

一、建设经验

（一）健全管理制度，全面提高团队教师能力

1. 加强师德师风建设

以习近平新时代中国特色社会主义思想为指导坚持"四有"好老师标准，围绕教师职业行为"十项准则"，以师德师风建设为核心，建立师德师风建设的长效机制，努力营造"敬业爱生、风清气正、甘于奉献、乐于从教"的良好师风教风，建设一支政治素质过硬、业务能力精湛、育人水平高超的党和人民满意的教师队伍，实现全员、全程、全方位育人。

2. 健全团队建设制度体系

（1）建立"专业带头人＋企业带头人"的团队运行机制

整合校内外优质人才资源，组建结构化教学团队。建立团队管理制度，围绕团队建设目标任务、准入标准、主要职责、保障措施等方面建立完整的团队管理制度体系，建立团队工作责任制，对团队建设实行过程监控及目标管理，不断优化团队人员配备结构。

（2）制定团队教师能力标准

以教学能力、服务能力和评价能力为核心，制定包括模块化教学设计能力、课程标准开发能力、教学评价能力、团队协作能力和信息技术应用能力、实习指导能力、技术技能积累创新能力等的教师能力标准。针对创新团队教师能力标准，制定团队教师能力发展路径和教师能力提升方案，依照团队成员的专业特长，分类别、分批次对团队教师开展专项培训，全面提升团队教师的教学能力、服务能力和评价能力。

（3）健全教师考核评价制度

实施项目绩效评价管理，开发基于国家级职业教育教师教学创新团队建设关键绩效的考核评价体系，建立常态化、可持续发展的绩效评估、诊断改进、考核评价和激励奖惩机制。实行自评、专家评、同行评价、企业评价等全方位、多形式综合评价模式，激发教师工作动力，全面提升教育教学质量。

3. 创新"三融通"培养模式，全面提升团队教师能力

探索"在岗与兼职培养融通、个人发展与专业发展融通、学校与企业培养融通"的师资培养模式，促进教师专业化发展。通过国内外研修、学术交流、引进及营运项目、技能考证、学历提升、参与比赛、开展培训、孵化农特产品项目、技术技能指导等多种形式，全面提升团队教师能力。

（1）建立在岗与兼职培养融通的"双师"能力养成机制

采用以"老带新"、在（教学）岗与在（企业兼任）职等多种方式，以三年为一周期，实施双"123"计划，每位教师在岗"研究1个方向、主持2门核心课程、参与3个教改项目"，在职"兼任1个企业岗位、指导2个学生团队、完成3个月电商创业实践"，同时培养教师"为师"的能力和"为商"的能力，促使团队双师能力和水平呈螺旋式提升，双师型专任教师比例达到100%，实现"亦师亦商"团队建设目标，如图1所示。

（2）建立个人发展与专业发展融通的成长激励机制

形成"专业建设促教师发展"和"教师业绩促专业发展"的可持续的良性循环。根据教师的专业特长和个人意愿，制定"一人一案"的教师专业发展规划，根据学校发展定位制定专业发展规划和团队建设方案，使用"档案

袋"管理工具,建立教师个人成长档案袋、团队建设档案袋和专业发展档案袋,将教师的个人成长、团队建设和专业发展规划纳入统一管理,不断优化和迭代,实现教师与团队共成长。

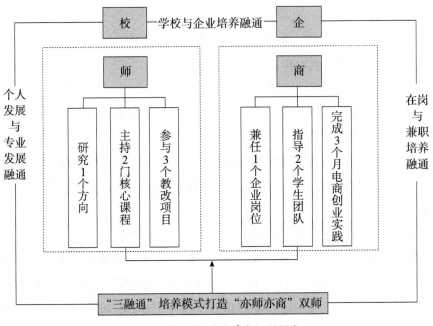

图 1 "双师"能力养成机制模式

(3)建立学校与企业培养融通的双向培养机制

专业教师进企业、企业导师进课堂,搭建起知识和技术沟通的校企融通桥梁,形成行业技能与课堂知识的双向互通与转化。一方面,企业技术人员将所掌握的新信息、新方法、新技术转化为课堂教学知识进行传授,更新了职教课程内容;另一方面,教师到企业实践,参与企业的产品研发、技术改进与推广,发挥自身优势为企业提供智力支持,促进企业关键技能改进与创新,每 3 年 3~6 个月的阶段性"企业锻炼"为提升教师技能水平提供持续能量,提升教师实习实训指导能力和技术技能积累创新能力。

（二）建设团队建设协作共同体，提高复合型技术技能人才培养质量

1. 完善校际协同工作机制，建设校际协作共同体

按照"开放共享、相互协作、共同发展、提升质量"的思路，加强与自治区内外中职、高职和本科院校的专业教学团队的人员交流、研究合作和资源共享，建立协作共同体，完善校际协作工作机制，在团队建设、人才培养、教学改革、职业技能等级证书培训考核等方面协同创新，从而促进教师个体和团队整体水平不断提升。

2. 完善校企协同工作机制

推动院校与合作企业形成命运共同体。共建高水平教师发展中心和实习实训基地，在人员互聘、教师培训、技术创新、资源开发等方面开展全面深度合作、促进"双元"育人，切实提高复合型技术技能人才培养质量。

（三）完善教学标准体系，推进专业建设转型升级

1. 完善人才培养方案，推进人才培养模式转型升级

服务"1"与"X"的有机衔接，校企深度融通，共同研究制订专业人才培养方案。将1+X职业等级证书培训和国际（家）技能竞赛内容纳入专业教学，实现岗课赛证融通。协同政府、行业实现政校企行四方联动，构建"农商项目引领、岗课赛证融通、服务家乡振兴"的人才培养模式，推进人才培养模式转型升级，有效提高人才培养质量，如图2所示。

政校企行四方协同建设"农商校中企"电子商务运营公司，开发以广西地方特色农产品为主的电商项目，将实际运营的真实项目作为项目方向课程。在项目方向课程学习阶段，教师、企业、学生三方根据学生意愿和能力特长，组建项目方向班，按照学徒制模式开展生产性实践教学，学生在项目方向班中拥有学生和员工双重身份，团队教师既是教学老师也是企业师傅。学生学业评价也分为学业成绩考核和企业实绩考核，构建了科学有效、全面全程的"学校＋企业"的双模监控评价体系。

通过师徒制项目方向的学习实践，改变以教师为中心的传统教学理念，突出学生的主体地位，提高学生学习的主动性和创造性，激发学的学习积极性，学生从被动学习转化为主动学习。在把广西地方特色农产品融入运营项

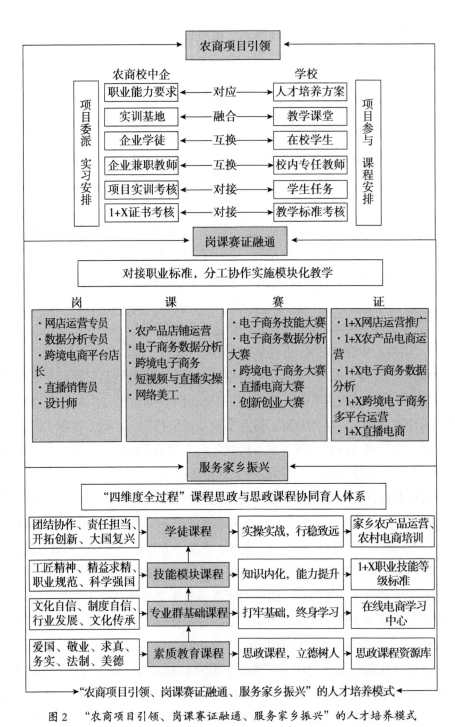

图 2 "农商项目引领、岗课赛证融通、服务家乡振兴"的人才培养模式

目中，不仅能激发学生热爱家乡、服务家乡、振兴家乡的热情，还能有效孵化一批电商创业项目，积累创业典型案例，树立创业榜样，服务地方经济发展。

2. 优化课程内容和结构，推进课程体系转型升级

持续完善"通识教育＋专业教育"的课程体系，将数字素养、人工智能等新一代信息技术课程纳入通识教育课程，提高阅读写作、生活体育、文化艺术和劳动教育等课程素质课程的数量。优化专业教育课程设置，融入 1+X 证书培训与考核，并匹配相应的竞赛活动，实现岗课赛证的真正融通。构建"宽基础、活模块、分方向"的模块化的专业群课程体系，做到底层基础课程可共享，中间核心技能课程可融合，高层方向项目课程可选择。遵循学生学习成长规律，参照工作体系、工作过程以及岗位工作任务的逻辑组织课程。"宽基础、活模块、分方向"课程体系结构如图 3 所示。

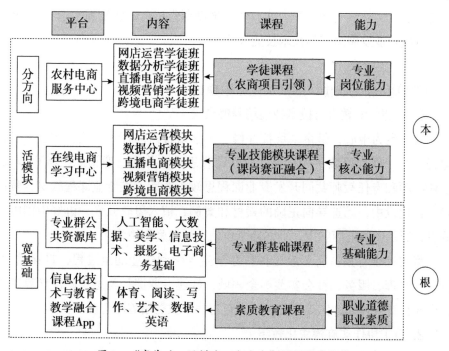

图 3　"宽基础、活模块、分方向"课程体系结构

深化专业课程内容改革。对接产业或职业岗位的能力需求遴选教学内容，将 1+X 证书制度标准与课程标准、教学内容有机衔接，及时将新技术、新工艺、新规范课程内容，开发适用现代学徒制的师徒项目化课程和在线开放课程。

迭代完善专业教学标准、课程标准、实习标准等，准确定位数字经济和人工智能背景下电子商务专业的培养目标、课程定位、教学内容和教学评价，培养适应人工智能时代要求的技术技能人才。

3. 建设师生教学共同体，推动课堂教学革命

依托电商学习中心的资源优势和智慧学习功能，深化"三教"改革。以项目为框架编写以工作过程为主线，体现"课程思政""做中学，做中教""理实一体化"等职教思想的新型教材，支持混合式教学和自主研究学习的新型教学资源，按照企业项目实施过程重构教学流程，开展"以学生为主体"的项目教学法改革，实践启发式、探究式、情景式教学、工作过程导向等行动导向教法，实施线上线下混合式教学，推动课堂革命，建设师生学习共同体，培养适应行业发展急需的技术技能人才。

（四）创新团队协作的模块化教学模式

1. 思想政治教育与技术技能培养融合统一

以学生为中心，健全"德技并修、工学结合"的育人模式，构建"思政课程"与"课程思政"大格局，建立课程思政工作室，邀请思政教育专家、企业导师和专任教师共同开发专业课程思政资源库，在专业课程教材、资源和项目建设中，筛选导向正确的素材和案例，植入思政元素，讲好中国电商故事，展示中国电商魅力，增强四个自信，根植爱国情怀。

落实三全育人，将思政工作贯穿学生入学到毕业的全过程，贯穿教学、科研、管理、服务、社会实践等全领域，构建专业课程与思想政治教育工作同向同行育人体系，实现思想政治教育与技术技能培养融合统一。

2. 分工协作实施模块化教学

开展模块化教学模式改革课题研究，推动"通识课程 + 技能模块课程 + 学徒课程"课程体系的落实。根据模块化课程体系，组建"1+1+5"共 7 个

课程组，其中，1个专业群基础课程组（含人工智能、大数据），1个素质教育课程组，5个职业技能＋对应学徒课程组，每个课程组由一个模块课程负责人和助教构成。明确团队教师（含企业教师）职责分工，每位教师要全面参与人才培养方案制（修）订、课程标准开发、教学流程重构、课程结构再造、学习管理与评价等专业建设全过程。同时，支持每位教师根据自己的教育背景和研究方向选择课程组，主讲（持）1~2门课程，形成特色教学风格。推行模块课程首席讲师制，汇聚力量，打造网红级模块课程讲师。如表1所示。

表1　　　　　　　　　　　　课程组及负责人

序号	课程组	模块课程负责人	助教
1	专业群基础课程组	陈刚	陈娜那、蓝莹、黄坤忠、莫海燕
2	素质教育课程组	陈静	卢俊林、张学青
3	网店运营课程组	冷玉芳	秦清梅、莫永宁、段建
4	数据分析课程组	莫丽梅	李翔、苏杨媚、黄清
5	直播电商课程组	秦清梅	班欣、蓝莹、江洪建
6	视觉营销课程组	班欣	莫丽梅、陈娜那、武明聪
7	跨境电商课程组	李翔	冷玉芳、黄坤忠、丁国勋

3. 信息化技术与教育教学融合

充分利用移动终端的便捷性，推动人工智能、大数据、虚拟现实等新技术在教育教学中的应用。开展文化基础课程的结构化改革，构建更加适合以学为主的课程结构，重构体育、阅读、写作、艺术等基础课程，实现课程App全程管理学生的学习，有效开展过程监测、学情分析、学业水平诊断和学习资源供给。体育课程App，学生可以自动记录学生每日跑步或运动数据，评价成绩；音乐课程App，学生可以自己试唱、自动获得评分；语文课程App，学生可以记录自己的阅读情况等。

充分利用电商学习中心的智慧教育功能和丰富的教学资源，向学生提供

"混合式教学"、线下教学和网络教学。学生可根据自身需求，自主选择学习方式，全面推进信息技术与教育教学融合创新，提高教学效能。

（五）打造国际化高质量电商特色服务品牌

1. 优化业务模式，塑造农村电商服务品牌

由物校电商教学团队＋企业导师团队＋职业院校教师三方合作的讲师团，与培训合作企业、示范县政府合作形成农村电商服务提供商，为"农村电商小白""农产品运营小老板"以及"农商企业家"提供电商服务，全程跟踪指导服务农产品电商运营，定制个性化培训课程，服务农商企业标准化运作，塑造高知名度电商服务品牌，如图4所示。

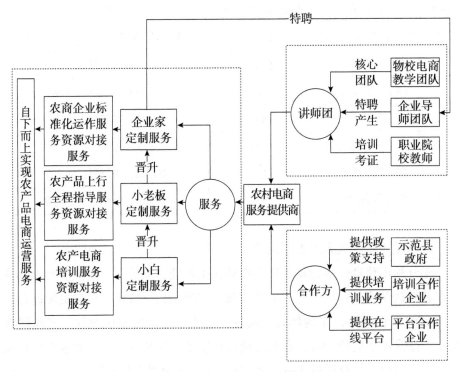

图 4　农村电商服务品牌塑造模式

2. 携手国际化企业服务东盟区域电商教学发展

面向"一带一路"共建国家，尤其是面向东盟国家，依托全国行业职业

教育教学指导委员会电商谷项目，开展东盟国家电商培训业务，与南宁跨境电商自贸试验区企业签订"园中校"协议，服务留学生电商教学业务，向东盟国家输出电商技术标准、教学标准和课程标准。

二、质量控制经验

（一）目标设计论证

广西物资学校以电子商务专业群发展研究基地为平台，严格按照《全国职业院校教师教学创新团队建设方案》的要求开展教师教学创新团队建设，学校电子商务专业教师教学创新团队将锐意进取、分工协作，引领电商专业群教育教学模式改革，推进人才培养质量的提升。围绕广西及东盟电子商务行业发展、乡村振兴战略要求，推进多样化、多层次的复合型电商人才培养模式改革；大力推行 1+X 证书全面覆盖专业群，实现"岗课赛证融通"，结合课程思政，以职业工作过程为导向重构专业及专业群课程体系；开展创新团队协作的模块化教学模式改革，推动项目式、情景式、行动导向式等教学方法创新应用；加强国际交流合作，依托跨境电商业务"走出去"，将服务和教学内容涉及跨境业务辐射东南亚。具体目标包括以下几个方面。

1. 建立规范系统的创新团队长效运行机制

突出规范化和系统化，研究并建立创新团队内部运作的长效运行机制，促进团队师德师风建设，保证团队创新成果的数量与质量，促进团队成员优势互补与长期持续发展，形成"亦师亦商"复合型创新团队。支持团队教师定期到企业实践，学习专业领域先进技术，促进关键技能改进与创新，提升教师实习实训指导能力和技术技能积累创新能力，充分发挥国家级创新团队的引领与示范作用。

2. 形成教师教学创新团队协作共同体

依托自治区级电商专业发展研究基地建设，打造包含电子商务专业、会计专业、市场营销专业和相关行业典型企业的电子商务专业群，在广西现代物流集团领导下建立校企教师教学创新团队协作共同体，深化产教融合，形成校企共同制定的人才培养方案与课程标准，深化 1+X 职业技能等级证书制度，增强人才培养方案与行业岗位需求的衔接，共建高水平教师发展中心或实习实训基地，切实提高复合型技术技能人才培养质量。

3. 重构对接职业标准的课程体系

以培养高文化素质的电子商务行业复合型技术技能人才为目标，将职业知识、能力、素养和思政目标融入各个课程模块中，制定和完善各门课程的课程标准。组织团队教师集体备课、协同教研，规范教案编写，严格教学秩序，做好课程总体设计和教学组织实施，推动课堂教学革命。

4. 改革模块化教学模式

以学生为中心，健全德技并修、工学结合的育人模式，构建"思政课程"与"课程思政"大格局，全面推进"三全育人"，实现思想政治教育与技术技能培养融合统一。支持每位教师形成特色教学风格。建设电子商务群现代实训基地，推动人工智能、大数据、虚拟现实等新技术在教育教学中的应用，推进信息技术与教育教学融合创新。

（二）全过程质量控制方案

学校坚持以教学为中心，构建基于 PDCA 理念的全过程教育教学质量控制体系，不断推进教学质量管理工作的标准化、科学化、系统化。学校成立电子商务专业群教学质量诊断与改进工作组，建立学校－专业二级质量管理模式，通过基于诊改平台的数据分析，对专业群建设的年度目标及任务的完成进度、质量、水平进行监测，持续实施专业群教学质量和教师团队建设质量的全过程螺旋递进控制与改进。

1. 完善团队建设制度体系

学校基于 PDCA 理念建立起全过程教育教学质量控制体系，采用校－专业二级质量管理模式，将建设管理指标围绕团队建设目标、建设内容、保障措施等方面进行分类设定，实行全过程性监控及目标管理，实现团队合作效益的最大化。

2. 引入诊改大数据平台进行过程管理

大数据管理智能化监控，合理计划团队建设进度，按照三年分前期、中期及后期三阶段将本团队的建设工作纳入学校大数据平台进行管理，按照整改的"8字螺旋"模式对团队建设工作进行常规管理，两周进行一次推进会，积极监控过程性建设过程，严格按照建设计划积极推进团队建设。

3. 优化绩效激励机制

学校成立专门的创新团队建设绩效改革领导小组，积极推进团队建设绩效改革工作，把团队建设成果纳入年度学院绩效薪酬体系。通过薪酬制度的重大改革，构建差异化的考评体系，制定针对高层次人才的薪酬管理制度，构建多元化的薪酬体系，确保计划顺利推进及完成。

4. 健全教师及团队考核评价制度

通过成立教师发展中心，对团队建设实行过程监控、目标管理和年度绩效考核。绩效评价拟采用团队自评、专家评估、第三方评估等方式开展，遵循定性评价与定量评价相结合、过程性评价与终结性评价相结合、自评与他评相结合，形成诊断改进报告和绩效评估报告，评价目标的实现程度，总结经验教训并提出对策建议。团队在建设过程中，按照前期加强规划、中期注重落实、后期保证成效的原则按年度建立各项任务的建设进度，根据团队分工情况将具体指标落实到具体人员，形成科学合理、行之有效的考核评价体系。

三、成果应用经验

（一）成果应用思路

创新团队经过反复实践与验证提炼出研究成果，诊断建设成果的价值点，确保研究成果的科学性、先进性、实用性、权威性、可操作性和时效性，在此基础上开展成果转化与推广。设立创新团队秘书处，协调本专业教师团队与全国同类院校专业之间的有效互动；设立成果转化实验基地，与全国同类专业院校进行有针对性和实效性的交流；组织开展专业专题论坛，组织学术交流，加速同类院校专业教师成长；编辑出版建设成果，促使建设成果转化。

（二）成果应用方案

1. 区域层面

近年来，团队8次承办广西职业教育技能大赛电子商务赛项，借助承办机会举办广西职业教育技能大赛电子商务赛项暨广西中职电商专业交流论坛活动，面向全省开设有电商专业的学校展示电商团队的建设研究成果，并接收各个学校的邀请进行交流，此项活动开展至今推广效用大，可继续沿用此活动推广团队建设研究成果。另外，团队已为 26 个且将为更多的广西电商示范县输出电商培训与农产品电商运营孵化，借助各县政府力量，协同电商协会共同推广团队建设研究成果。

2. 国家层面

依托 i 博导平台（平台已拥有 20 万名教师用户，800 万名学生用户，博导公司亦是三个电商 1+X 证书颁发企业），合作开发电商学习中心，上线多门电商教学资源，推向全国开设有电商专业的院校使用。出版专著《电子商务专业群建设研究与实践》推向全国院校，带动示范应用。举办国家级 1+X 农产品电商运营证书等师资培训班，推广团队建设研究成果。

3. 国际层面

借助北京博导前程信息技术股份有限公司面向东盟国家的电商谷项目，依托中国东盟职业教育联展的优势，输出电商专业教师教学创新团队建设标准、电商教学标准、电商教学资源，带动东盟国家开展电商职业教育，提升团队国际影响力。

（三）成果应用预期成效

能够坚持以效果为导向、以高质量发展为主线，协同化推进项目实施，精细化开展项目管理，确保圆满完成国家级职业院校教师教学创新团队建设各项任务，实现预期成效，推动学校整体办学水平、人才培养、专业群发展、"双师"队伍、社会服务、校企合作、国际交流合作等显著提升。

四、保障措施建设经验

（一）组织保障

1. 设立项目领导小组

设立"广西物资学校教学创新团队建设领导小组"，由校长牵头担任负责人，成立秘书处、项目指导组、项目开发组、协调保障组和质量监控组等小组，对团队建设进行全方位、全过程的科学组织，系统开发建设和协同管控，举全校之力支持团队建设。

2. 成立建设委员会

成立"广西物资学校教学创新团队建设委员会"，成员除团队成员与相关项目负责人外，聘请省内外优秀教师、企业高级技术员、行指委专家、职教师资培训基地专家担任指导顾问，加强团队建设工作的咨询指导、业务培训、绩效评价和监督检查。与其他教学创新团队"结对子"，建设协作共同体，完善工作机制，系统开展培训，加强资源共享，协同研究创新，推动共同体发挥作用、取得实效。

3. 完善教师发展中心

将所有教师的成长规划纳入统一管理，促使教师能力呈螺旋式提升，培养教师教育理念、教学能力、教改能力与职业素养，形成对职业教育事业的责任感。形成"专业促教师""教师促专业"的双向发展模式，使师资队伍建设进入持续发展的良性循环。通过国内外研修、学术交流、职称评定、运营"校中企"、企业挂职锻炼、技能考证、学历提升、参与比赛、服务社会等方法，提高教师的专业能力和技能水平。

（二）制度保障

在"广西物资学校教学创新团队建设领导小组"领导下建立健全团队建设体系、专业化发展管理、考评及绩效激励机制。

1. 健全团队建设制度体系

完善高层次人才引进、教师工作业绩考核、"双师型"教师队伍建设、选拔培养优秀中青年教师等系列制度，分层分类构建职教教师专业标准体系。学校指导团队制定建设任务，配套人才引进、培养及考核相关制度，并对团队建设实行过程监控及诊断，最大层面保障团队建设。

2. 完善教师专业化发展管理制度

实行对教师分层分类管理，确保教师入职培训、老带新培养、技能培训、素质培训、业务培训等培养方式得以顺利开展，并确保教师职称晋升、学历晋升顺利进行。依托政府及校企合作发展平台，共建教师企业实践机制，为增强行业前沿认知及实践能力提供保障。

3. 强化教师考评及绩效激励制度

以国家级教学创新团队建设绩效考核评价体系为指导，建立考评及激励机制，通过教师、学生、同行、企业四方对团队教师的教学质量、专业及课程建设、科研成果转化成效进行全面评价。通过薪酬及绩效改革，对在专业技能比赛、基地建设、社会服务等质量工程项目中做出突出贡献的人员给予职称评审倾斜及专项业绩奖励，激励教师能动性。

（三）条件保障

1. 项目资金保障

学校根据教育部、财政部相关政策制定《广西物资学校教学创新团队项目建设资金使用与管理细则》，保证建设资金规范、合理使用。按照"统一管理、集中核算、专款专用、定期检查"的原则，设立专门账户，实行专款专用，强化专项资金的日常管理，确保项目资金使用的合法性和合理性。

2. 学校相关行政机构、后勤服务等支持配合

制定《广西物资学校教学创新团队建设委员会工作条例》《广西物资学校教学创新团队建设项目管理办法》确保学校各个职能部门全力支持团队建设，为团队开展工作配备完善的软硬件。

3. 健全多元投入机制，共享建设成果

深化产教融合，加强国际合作，充分利用企业资助资金以及社会服务收入资金等，建立多元投入机制，进一步拓宽筹资渠道。制定多元参与方激励措施，提高社会服务能力，共享项目建设成果。